한국교육심리학회 학습컨설팅 총서

*Learning Consultation*

# 학습컨설팅

## : 이론과 설계

이명숙 김민성 최지영 윤초희

박영story

# 발간사

우리나라에서 학습컨설팅과 학습컨설턴트 양성이 본격적으로 시작된 것은 2011년으로, 한국교육심리학회가 주도적으로 준비모임을 가지고 자격연수를 출범한 것에서 비롯되었습니다. 물론 이전에 학술행사나 학습컨설턴트에 대한 전문가들의 발표와 연구가 있었지만, 학습컨설팅이 하나의 '교육운동'으로서 학회원들의 공통된 이해와 관심을 이끌어 내고 새로운 지향점을 탐색하도록 추동한 것은 매우 의미있는 일이었으며 시의적절하였던 것으로 생각됩니다. 이제 학습컨설팅에 대한 그동안의 학술적, 실제적 접근은 '학습컨설팅 총서'라는 텍스트를 통하여 표준적 지식구성체로 나타나게 되었습니다.

올해는 교육심리학회가 반세기의 역사를 바탕으로 새로운 100년을 시작하는 뜻깊은 해입니다. 이제 처음으로 선보이는 본 총서는 학습컨설팅 제도의 발전에 굳건한 토대가 될 것이며, 더 나아가 교육심리학 전공 교육과정과의 연계나 교육심리학자의 전문성 심화에 중요한 촉매 역할을 할 것으로 기대합니다.

한국교육심리학회 학습컨설팅 총서는 권수를 정해 놓거나 완결을 예정하지 않으며 지속적으로 속간해 나갈 것입니다. 우선 학습컨설팅이라는 분야를 한국교육심리학회의 주요한 과제로 선정하고 열정적으로 추진해주신 박병기 전 회장님, 교육현장에서 일어나는 학습컨설팅에 대한 요구를 학회의 전문성 강화로 연결시키기 위해 애써주신 김성일, 김정섭 전 회장님, 전문위원장으로서 학습컨설팅 총서 작업을 시작하여 일차적으로 마무리해준 어윤경, 김민성 교수님, 완성도 높은 6권의 전문서적 완간을 위하여 불철주야 애써준 책임저자 및 30여 명의 집필저자께 진심으로 감사의 말씀을 드립니다. 또한 학습컨설턴트 자격연수 과정에 직접 참여하여 본 학습컨설팅 총서의 각론에 대한 필요성과 내용에 대한 조언을 아끼지 않았던 학습컨설턴트 및 현장 교사 여러분께도 다시 한 번 고마움을 전합니다.

**2018년 1월**

**한국교육심리학회 회장 김 동 일**

# 머리말

본서 「학습컨설팅: 이론과 설계」는 한국교육심리학회 학습컨설팅 총서 가운데 하나로 학습컨설팅의 입문을 위한 공동 저작물이다. 학습컨설팅은 학교장면에서 제공되는 학생들의 학습, 정서, 동기 및 행동에 관한 전문 심리서비스 활동으로, 전통적으로 교육심리학, 학교심리학, 상담심리학 및 생활지도 영역의 전문가들이 제공하는 역할 중에 하나이다. 이들 전문가들이 하는 주요 역할은 진단, 평가, 컨설팅, 중재 및 연구인데, 학습컨설팅을 이끌어가는 학습컨설턴트 또한 이 모든 역할을 수행한다. 학습컨설턴트는 모든 학습자의 학습요구를 분석하여, 중재방안을 제공할 뿐만 아니라 컨설티가 의뢰한 다른 사람들과도 컨설팅을 하는 종합적인 서비스 제공자이다. 이 책은 학습컨설턴트가 학습컨설팅을 성공적으로 수행하고 지원하는데 필요한 이론적 및 실제적 측면의 정보뿐만 아니라, 컨설티의 대상에 따른 컨설팅을 설계할 때 필요한 지식, 기술 및 자원을 제공하고 있다. 이 책에 이론과 설계라는 부제목이 들어간 것도 이와 같은 맥락에서이다. 1부에서는 학습컨설팅의 이론적 기초를 다루고, 2부에서는 컨설티 지원 학습컨설팅을 위한 학습컨설팅의 설계를 다루고 있다. 1부의 1장에서는 학습컨설팅의 성격과 이론적 기초를 다루고 있으며, 정신건강 컨설팅 모형, 행동 컨설팅 모형, 협력적 컨설팅 모형, 조직 및 체제 컨설팅 모형을 소개하고 있다. 2장에서는 시작 단계, 진단 단계, 실행 및 개입 단계, 평가 단계로 이루어진 일반적인 학습컨설팅의 절차에 대해 상세히 기술하고 있다. 2부의 3장에서는 교사지원 학습컨설팅의 중요성과 함께 컨설팅 과정에서 요구되는 수업과 학습, 교직 및 교사 문화, 교사의 신념 및 학생에 대한 이해를 다루고 있으며, 이러한 이해에 기반하여 이루어지는 교사지원 학습컨설팅 과정을 단계별로 다루면서 구체적인 사례를 제시하고 있다. 2부의 4장에서는 학부모지원 학습컨설팅의 의미와 절차에 대한 소개와 함께 다양한 유형의 학부모 특성을 제시하고 있다. 또한 학업, 대인관계 및 심리정서 영역에서 적용되는 학부모지원 학습컨설팅을 기술하고 있으며, 나아가 이에 대한 실제 사례를 제시하여 학부모지원 학습컨설팅에 대한 전반적인 이해와 적용 능력을 향상시키는 데 도움이 되도록 구성되어 있다.

그리고 마지막 5장에서는 학교조직 내에서 컨설턴트와 학교구성원이 협력하여 학교 및 학생들의 다양한 요구에 맞는 컨설팅 지원과 당면한 학습관련 행동의 해결 및 증진을 도모하는 학교지원 학습컨설팅을 다루고 있다. 학생 개인 수준뿐만 아니라 학교시스템 수준에서 이루어지는 컨설팅의 모형, 영역, 사례, 실행조건 등에 대한 내용을 총체적으로 구성하여 제시하고 있다.

이 책을 통하여 독자들은 학습컨설팅에 대한 새로운 이해와 통찰을 얻기를 바라며, 학습컨설턴트와 학교심리사들은 과학적 기반의 학습컨설팅 실제가 되기 위한 새로운 실증적인 데이터를 창출해 줄 것을 기대한다.

끝으로 이 책의 출간을 위해 많은 지원을 아낌없이 해 주신 박영스토리의 안상준 상무님과 교정 및 편집 업무를 위해 수고해 주신 모든 분들께 진심으로 깊은 감사를 드린다.

2018년 7월

**저자 일동**

# 차 례

P/A/R/T
## 01 학습컨설팅의 이론

### CHAPTER 1 학습컨설팅의 성격과 이론적 기초

**1 학습컨설팅의 성격** 11

1) 학습컨설팅의 특성과 정의 _____ 11

2) 학습지원 활동과 관련된 개념 _____ 12

3) 학습컨설팅의 구성요소 _____ 15

4) 학습컨설턴트의 역할 _____ 17

**2 학습컨설팅의 목표** 19

1) 학습컨설팅의 차원에 따른 목표 _____ 19

2) 컨설팅 대상에 따른 목표 _____ 20

**3 학습컨설팅의 이론** 22

1) 학습컨설팅의 이론적 기반 _____ 22

2) 학습컨설팅의 모형 _____ 24

3) 컨설팅 모형의 비교 _____ 34

▸ 참고문헌 39

## CHAPTER 2 학습컨설팅의 절차


1 학습컨설팅의 과정 41

2 학습컨설팅의 일반적 단계 42

1) 도입 단계 _____ 42

2) 진단 단계_____ 44

3) 목표설정 단계_____ 49

4) 실행 단계_____ 50

5) 종료 단계_____ 53

▸ 참고문헌 55


# P/A/R/T 02 학습컨설팅의 설계

## CHAPTER 3 교사지원 학습컨설팅


1 교사지원 학습컨설팅의 기초 59

1) 교사지원 학습컨설팅의 의미 _____ 59

2) 학습의 의미 _____ 60

3) 수업의 의미 _____ 61

4) 교사에 대한 이해 _____ 64

2 컨설팅 과정에서 컨설턴트-교사의 협력적 관계형성 68

1) 컨설팅 과정에서 관계형성의 중요성 _____ 68

2) 컨설팅에서의 컨설턴트-교사의 협력의 모습 _____ 70

3 교사지원 학습컨설팅의 영역 71

1) 교사의 신념에 대한 성찰 _____ 72

2) 학생에 대한 이해 _____ 77

3) 효과적인 수업운영 _____ 85

4 교사지원 학습컨설팅 실제 90
1) 교사지원 학습컨설팅의 단계 _____ 90
2) 교사지원 학습컨설팅의 사례 _____ 95
▸ 참고문헌 102

CHAPTER 4 학부모지원 학습컨설팅

1 학부모지원 학습컨설팅의 기초 105
1) 학부모지원 학습컨설팅의 의미와 절차 _____ 105
2) 자녀의 학습에 대한 부모의 역할 _____ 107
3) 학부모 이해하기: 학부모의 발달특성과 다양한 유형의 학부모 _____ 108
4) 학부모지원 학습컨설팅 시 유의사항 _____ 112

2 학부모지원 학습컨설팅의 영역 115
1) 학업 _____ 115
2) 대인관계 _____ 117
3) 심리·정서문제 _____ 120
4) 학부모의 저항 다루기 _____ 121

3 학부모지원 학습컨설팅의 실제 123
1) 사례 1: 친구관계로 인한 학업문제 _____ 123
2) 사례 2: 자녀의 학업성적향상을 원하는 학부모의 사례 _____ 127
3) 맺음말: 학부모지원 학습컨설팅을 지원하는 학부모는 누구인가? _____ 130
▸ 참고문헌 132

CHAPTER 5 학교지원 학습컨설팅

1 학교지원 학습컨설팅의 개념 133
1) 조직컨설팅의 대두 배경 _____ 135
2) 학교지원 학습컨설팅의 구성요소 _____ 138

2 학교지원 학습컨설팅의 모형 142
1) 전문가 초빙 모형 _____ 142

2) 의사-환자 모형 _____ 146
3) 과정 모형 _____ 147

**3 학교시스템 변화의 최근 동향과 학습컨설팅 149**

1) 중재반응 모형 _____ 149
2) 학교 전반의 긍정적 행동지원 _____ 151

**4 학교지원 학습컨설팅의 영역과 국내·외 사례 154**

1) 학교지원 학습컨설팅의 영역 _____ 154
2) 학교지원 학습컨설팅의 국내·외 사례 _____ 156

**5 학교지원 학습컨설팅의 실행조건 162**

1) 학교 내외의 전문성 활용 _____ 162
2) 행정적 지원 확보 _____ 163
3) 맥락적 적합성 유지 _____ 164

▸ 참고문헌 166

❒ 찾아보기 169

# P/A/R/T 1

# 학습컨설팅의 이론

C/H/A/P/T/E/R 1

# 학습컨설팅의 성격과 이론적 기초

이명숙

## 1 학습컨설팅의 성격

### 1) 학습컨설팅의 특성과 정의

학교장면에서의 심리 서비스는 다양한 형태로 제공될 필요가 있으며, 일반적으로 학생들의 학교생활 적응과 학업적 측면에서 도움을 주는 데 관여하는 대상은 심리학 관련 전문가, 교사, 학부모, 그리고 학교 및 학교 종사자들이다. 이들 중 가장 중요한 학습자는 물론 다른 대상들도 외부 전문가의 컨설팅을 통해 체계적인 정보를 공유하여 제공할 필요가 있다. 학습컨설팅(learning consultation)은 바로 교육현장에서 발생하는 다양한 학습자의 특성을 개선하고 증진시키려는 목적으로 전문적인 도움을 제공하는 학습지원 서비스 활동이다. 즉, 학습컨설팅은 교육심리학의 이론(theory)을 학생의 발달과 학습에 적용하는 실제(practice)에 초점을 두는 심리적·교육적 서비스의 성격을 띤다.

많은 연구자들의 주장에 근거하여 볼 때, 학습컨설팅이란 학습자의 학습과 행동을 향상시키기 위해 전문성을 갖춘 컨설턴트가 컨설티(교사, 학부모, 기타 관계자)에게 심리 및 교육 서비스를 제공하면서, 이들과 협력적으로 일하는 과정으로 정의 내릴 수 있다. 이러한 협력적 과정에서 컨설턴트는 클라이언트가 당면한 문제를 해결하기 위해 컨설티에게 전문적 지식과 자원을 제공하고, 체계적인 문제해결 과정에 따른 격려와 피드백 등을 제공한다. 또한 컨설턴트는 컨설티가 학습자를 도울 수 있도록 연구기반(research-based)의 효과적인 중재 방안을 선택하고 실행할 수 있는 간접적인 지원을 제공한다. 이러한 맥락에서 컨설턴트는 학습컨설팅이 의뢰된 문제 상황에 대한 진단, 평가, 중재, 컨설팅의 기능을 모두 수행한다(이명숙, 2015; Erchul & Martens, 2002; Brown, Prayzwansky, & Schulte, 2001; Williams, 2000). 이처럼 학습자의 학습지원을 위한 학습컨설턴트의 역할과 기능은 학교 장면에서 수행될 수 있는 독립적인 전문성을 가지므로 추후 국가적 차원에서 학습컨설팅 서비스가 체계적으로 지원될 수 있도록 많은 노력을 기울여야 할 것이다.

## 2) 학습지원 활동과 관련된 개념

### 가) 코칭

코칭(coaching)은 1880년대 스포츠 분야에서 처음으로 사용된 용어로 선수의 경기력을 향상시키기 위하여 지도하는 행위를 의미하였고, 1950년대에 경영학 분야에 도입되어 조직원의 직무 기술을 현장에서 도제 형식으로 훈련시키는 것을 의미하였다. 일반적으로 코칭은 일정한 지식과 기술을 효과적으로 전수하고 습득하게 하기 위하여 전문가 혹은 상급자가 도와주고 훈련하는 과정으로 각 개인의 훈련에 초점을 두고 있다. 이처럼 운동선수의 지도를 목적으로 출발한 코칭은 음악가, 연사, 배우, 경영 분

**표 1.1** 코칭의 정의

| 학자 | 정의 |
|---|---|
| Downey(1999) | 수행, 학습, 발달을 촉진하기 위해 예술적 영감을 받은 사람이 미래를 실현하도록 지도 |
| Collins(2004) | 개인이나 집단의 현재 수행수준보다 더 유능하고 만족스러운 수준으로 수행하도록 지도하는 활동 |
| Stanley & Clinton (1992) | coach와 coachee의 관계를 통하여 과제를 완수하기 위한 격려와 기술을 제공하는 일련의 과정 |
| Stolzfus(2005) | 코치는 리더로서 책임감을 가지고, 잠재력을 극대화하도록 돕는 변화 전문가이고, 코칭은 삶의 여러 영역에서 훈련하는 과정 |
| Tyler(1998) | 코칭은 공식적인 상황에서 새로운 기술, 작업 방법 및 양식을 연습하도록 하는 전 과정을 계획하고 진전을 측정하는 일 |
| David & Clutterbuck (1995) | 현재의 직업 행동을 규명하고, 문제를 물어보고, coachee에게 목적과 기대를 말하고, 동의를 얻고, 피드백을 제공하는 일련의 활동 |

야 등에서 주목받고 있고 <표 1-1>에서 보듯이 그 정의도 다양하다. 이들 정의는 개인의 잠재력 개발과 함양, 목표 및 업무 달성의 최대 효과, 그리고 코칭의 효과를 위한 일련의 과정과 코치(coach, coacher)-피코치(trainee, coachee)의 관계에 초점을 두고 있다.

코치는 단순한 강사가 아니라 피고용인의 행동을 관찰하고 이들과 개선 계획을 개발하고, 피드백을 주어 미래 행동에 대한 제안을 한다. 이러한 코칭의 개념을 학습 장면에 도입하여 학습코칭이라 칭하며 개인의 기능적 역량과 수행을 증대시키는 것을 목적으로 관련 지식과 기술을 전수하는 개별화 지도과정인 것이다. 최근에 Schein (2006)은 코칭을 컨설팅의 한 하위영역이라고 제안하였다.

### 나) 멘토링

멘토링(mentoring)은 전문적 경험이 있는 개인 멘토(mentor)가 경험이 없는 멘티(mentee)에게 지원, 도움, 안내를 제공하여 긍정적인 영향을 미치고 생애(진로) 발달을 돕는 활동이다. 일반적으로 멘토링은 직장에서 현직에 있는 사원이 입사한 사원을, 학교의 고학년 학생이 저학년 학생이나 새로 전학 온 학생을, 지역의 어른들이 어린 청소년들을 안내하고 가르치는 활동으로, 멘토는 친구, 코치, 교사 및 안내자로서의 역할을 하는 것으로 표현하기도 한다.

<표 1-2>에서 여러 학자들이 제시하는 멘토링의 정의에서 보듯이 그 강조점과 의미를 서로 달리함을 알 수 있다. 멘토와 멘티 사이의 상호적·발달적 과정의 관계가 중요하다. 멘토는 멘토링 활동을 통해 첫째로 멘티와 긍정적인 관계를 유지하고, 둘째로 멘티에게 삶에 필요한 기술을 발달시키도록 돕고, 셋째로 멘티가 필요한 자원을 얻을 수 있도록 도와주고, 넷째로 멘티가 대인관계 능력을 발달시키고 정서적 건강을 유지하도록 도와준다. 멘토링 활동은 학업, 사회성, 진로, 고용, 친구관계, 대인관계 집단의 특성 등에 초점을 둔다. 멘토링에는 두 가지 유형, 즉 비형식적 멘토링과 형식적 멘토링(후원 멘토링)이 있다. 비형식적 멘토링은 계획되거나 기대하지 않고 일어나는 관계이다. 두 사람 사이에 전문적, 개인적 및 심리적 성장과 발달을 목적으로 어떤 화학작용이 일어난다. 비형식적 멘토링은 쌍방에게 상당한 의미를 갖는 질적인 경험이다. 그러나 비형식적 멘토링의 경우 어떻게 멘토링 관계가 시작되어 발전되고, 유지되는지 설명하기가 어렵다. 반면 형식적 혹은 후원 멘토링은 고안된 과정이며, 다양한 목표와 목적을 달성하기 위하여 잘 설계된 방법으로 프로그램을 계획하여 실시

**표 1.2** 멘토링의 정의

| 학자 | 정의 |
|---|---|
| Heller & Sindelar (1991) | 존경받고, 경험있는 사람이 도움을 필요로 하는 사람에게 제공하는 충고 |
| Daloz(1999) | 성장과 정체성 발달에 관여하는 활동 |
| Blackwell(1989) | 지적 및 진로 발달을 위해 상급자, 성취가 높은 사람, 명강사들이 상담, 안내, 촉진하는 과정 |
| Lester & Johnson (1981) | 행동 모델을 보여주고 깊이 있는 대화로 소통할 수 있는 나이든 사람과 젊은 사람 사이의 일대일의 관계 |
| Moore & Amey (1988) | 멘티의 기술, 능력, 그리고 이해를 발달시키고 심화시키기 위한 전문적인 사회화의 한 형태 |
| Galbraith & Zelenak (1991) | 멘토와 후배(제자)가 개인적, 전문적, 지적 성장과 발달을 경험하는 강력한 정서적 및 열정적 상호작용 |

한다. 이와 같은 맥락에서 국가 및 지역사회 차원에서도 일반 성인이나 대학생 및 중·고등학교의 청소년들이 봉사활동의 일환으로 학습 멘토링 및 다문화 멘토링과 같은 결연봉사에 참여하여 도움이 필요한 학생들의 학습과 행동 및 정서적 지원을 제공하는 운동을 하고 있다.

### 다) 카운셀링

상담(counseling)이란 도움을 필요로 하는 내담자(client)와 도움을 주는 전문 상담자(counselor) 간의 관계 형성을 통해 내담자의 자기이해, 문제 예방과 해결, 삶의 질 향상 등 바람직한 인간적 성장과 변화를 향한 조력 과정이라고 할 수 있다. 로저스는 '상담'을 훈련받은 상담자와 도움을 받고자 하는 내담자를 연결짓는 상호작용 과정으로서, 상담자는 내담자의 감정을 수용하고, 명료화하고, 허용하여, 내담자 스스로가 이해하고 발전적인 수준으로 나가도록 도와주는 과정이라 하였다. 즉, 상담을 통해 내담자가 자신의 감정을 탐색하고 통찰하여 자신의 인생에 긍정적인 변화를 만들 수 있도록 상담자가 도움을 주는 활동으로, 내담자는 자신의 감정과 사고를 파악하고 적극적인 삶을 사는 방법을 배우며, 통찰을 얻고 문제해결을 할 수 있게 된다. 상담에 대한 많은 정의 가운데 공통적인 특성을 열거하면 다음과 같다. 1) 상담은 개인 대 개인의 관계이다, 2) 상담은 언어적 수단에 의한 역동적인 상호작용이다, 3) 상담은 전문적인 조력을 주는 관계이다, 4) 상담은 학습의 과정이다, 5) 상담은 사적인 관계이다.

상담의 목표는 내담자가 요구하는 목표이어야 하고, 상담자는 이들 목표를 달성할 수 있도록 도와주어야 하며, 상담목표의 성취 정도를 평가할 수 있어야 한다. 상담의 소극적 목적은 내담자의 문제해결, 적응, 치료, 예방, 갈등해소 등이며, 적극적 목적으로는 긍정적 행동변화, 합리적 의사결정, 전인적 발달, 자아존중감 향상, 개인적 안녕감의 증진 등이 있다.

#### 라) 컨설팅

컨설팅(consulting)이라는 용어는 다양한 분야에서 사용되고 있다. 가장 쉽게 떠올릴 수 있는 경영 컨설팅뿐만 아니라 의료, 회계, 건축, 금융, 설계, 엔지니어링, 법률 컨설팅 등을 들 수 있다. 컨설팅의 사전적 정의는 전문가의 조언을 제공하는 자문 행위이며, 일반적으로 컨설팅이란 컨설턴트(consultant)가 기술적 전문성을 바탕으로 컨설티(consultee) 또는 의뢰인(client)에게 당면한 문제의 해결에 필요한 지식, 기술, 정보, 태도, 관점 등을 제공해 주거나, 의뢰인의 대응 능력을 향상시키기 위해 전문적인 서비스를 제공하는 것이다.

학교 장면에서의 컨설팅은 일반적으로 심리사, 상담가, 사회복지사 및 기타 정신건강 전문가인 컨설턴트가 다양한 상황에서 자주 제공하는 서비스 활동이지만, 상담, 심리치료, 장학, 교수, 개입 등과 같은 활동과는 구분이 된다. 컨설팅은 컨설티(상담가, 생활지도사, 교사 및 학부모)와 협력적인 관계를 바탕으로 클라이언트(학생, 클라이언트 체제)에게 이익이 되는 도움을 주는 체계적인 활동인 것이다. 클라이언트 체제는 개인이 될 수도 있고, 집단, 조직 혹은 지역사회 전체도 될 수 있다. 학교컨설팅이 학교체제 전반의 개혁이나 문제해결을 위해 요청되는 전문적인 활동이라면, 심리적·교육적 서비스 활동으로, 체계적이고 과학적인 일련의 문제해결 과정이다. 일반적으로 컨설턴트와 컨설티는 학생의 학습과 관련된 인지적·정의적·행동적인 측면의 문제해결을 위해 도입, 진단, 실행, 종결의 과정을 거치며, 이러한 일련의 과정에서 컨설턴트는 자신의 실무 전문성에 대한 책무성을 지녀야 한다.

### 3) 학습컨설팅의 구성요소

학습컨설팅에서는 클라이언트를 대상으로 직접적으로 서비스를 제공하는 경우도 있고, 컨설티와 협력적 관계를 유지하면서 클라이언트를 위한 서비스를 제공하기도 하며, 또한 컨설티의 요구에 부합하는 서비스를 제공하기도 한다. 이들의 관계를 [그림

1−1]에서 살펴볼 수 있다. 컨설팅의 구성 요소 가운데 컨설턴트(consultant)는 전문 자격과 역량을 갖춘 자로 학습컨설팅 전체 과정의 시작에서 종료에 이르기까지 주요 역할을 수행한다. 이들은 주로 교육심리학, 학교심리학, 상담심리학, 특수교육 및 생활지도 영역에서 전문성을 훈련받은 전문가들이다. 그 다음의 구성 요소는 컨설티(consultee)로서 학생의 교육 상황에 관여하는 일반교사, 학부모, 학교상담사, 특수교사, 교장을 비롯한 기타 학교 성원들이 여기에 해당된다(Dougherty, 2009). 마지막으로 클라이언트(client)가 있으며, 이는 개별 학생, 소집단 학생, 학급 학생, 전교생, 학교조직이 이에 속한다.

외국의 경우 일반적으로 학교 내부에 학교심리사(학습컨설턴트 역할 수행)가 고용된 경우도 있지만, 각 교육청 산하 혹은 개인 실무 전문가와 같은 외부의 컨설턴트가 학교 장면에서 역할을 수행하는 경우가 있다. 이럴 경우 클라이언트에게 직접적인 서비스를 제공하기보다는 컨설티와 협력적인 관계를 유지하면서 간접적인 서비스를 제공한다는 의미에서 [그림 1−1]에서는 최소 상호작용이라 기술하고 있다. 이런 맥락에서 교사, 학부모, 학교상담사, 특수교사, 교장 등의 컨설티와의 컨설팅을 통하여 학생에게 간접적으로 영향을 줄 수 있다. 그러나 문제의 특성에 따라 필요한 경우, 전문성을 갖춘 컨설턴트가 클라이언트에게 직접적인 서비스를 제공하여 학습 및 행동과 학교 및 학습시스템을 개선시킬 수 있다.

그림 1.1 컨설팅의 구성요소

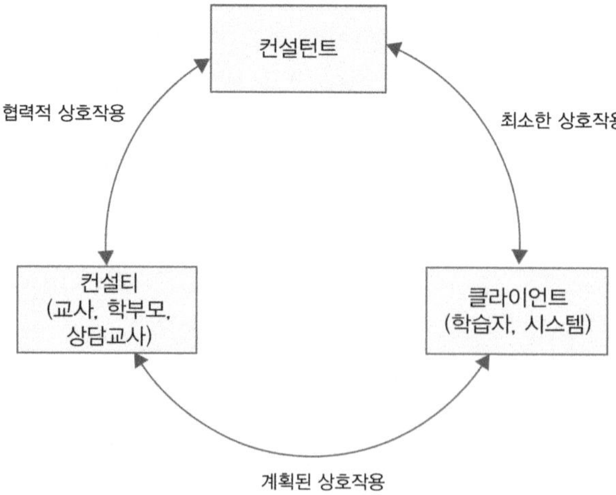

### 4) 학습컨설턴트의 역할

학교 장면에서 학생들의 교육적 · 심리적 문제에 대해 컨설팅 서비스를 제공하는 전문 조력자로 학교심리학자, 교육심리학자, 임상심리학자, 상담심리학자 및 관련 전문가들이 역할을 수행해 왔다. 1990년대에는 학교심리학자들의 컨설팅 역할을 IDEA 법에 명시하였으며, 이들이 긍정적 행동지원 및 행동 중재계획의 개발과 실시를 포함한 심리 서비스를 제공하였다. 컨설턴트는 다양한 역할을 수행하는데 2000년대에 들어오면서 이전에 중심을 이루었던 심리교육적 평가의 역할을 줄이고 중재와 컨설팅 활동이 학교기반 서비스에 상당 부분을 차지하고 있다.

컨설턴트의 역할은 컨설턴트와 컨설티의 기술, 지향 및 가치를 포함하는 다양한 변인과 다루는 문제의 성격에 따라 다양할 수 있다. 여러 연구자들이 제안한 공통적인 역할은 연속선상에서 직접적인 역할에서 간접적인 역할로 기술해 볼 수 있으며, 지지자, 전문가, 훈련가, 교육자, 협력자, 사실 발견자, 과정 전문가로서의 역할이 있다. 첫째, 지지자 역할은 가장 직접적인 것으로, 클라이언트 시스템을 위한 실행에 관한 컨설티의 결정에 영향을 미치기 위해 컨설컨트가 설득을 할 때 일어난다. 컨설턴트는 또한 사회적 정의를 증진시키고자 할 때 이 역할에 관여한다. 둘째, 전문가 역할은 보통 컨설턴트에게 주어지는 흔한 역할로, 컨설턴트가 제공하는 전문지식, 추천서 혹은 서비스를 포함한다. 셋째, 훈련가 혹은 교육자의 역할에 관여할 때 컨설턴트는 클라이언트 시스템에 사용할 새로운 지식과 기술을 습득하려는 컨설티와 함께 일을 한다. 넷째, 협력자의 역할에서 컨설턴트와 컨설티는 클라이언트 시스템과 일하는 과정에서 컨설티의 결정을 도울 수 있도록 각자의 자원을 활용해야 한다. 협력자의 역할은 컨설팅의 전 과정에 적극적으로 관여하는 컨설티를 통해 효과적인 예방을 증진시킬 수 있다. 협력적 역할을 활용하는 컨설턴트는 컨설팅을 할 때 협력자의 역할을 한다고 볼 수 있다. 다섯째, 사실 발견자의 역할은 컨설턴트가 정보를 수집하여 컨설티에게 체계화된 정보를 제공할 때 이루어지며, 이러한 정보는 컨설티가 클라이언트 시스템과 일할 때 도움이 된다. 여섯째, 과정 전문가 역할은 가장 간접적인 것으로, 컨설턴트는 내용에 대한 문제보다는 과정의 문제에 초점을 둔다.

한국교육심리학회에 의하면 학습컨설턴트는 학생들의 학습, 정서, 행동/적응 문제와 관련된 전문 서비스를 학부모, 학생, 교사 및 기타 관련자들에게 제공하기 위해 전문 교육과 훈련을 받은 전문가로 간주한다. 이들의 주요 역할은 학교 장면에서 의뢰된 문제 상황에 대한 진단과 평가의 역할을 수행하고, 이의 결과에 따른 적절한 중재와 프로그램을 제공하여 문제 상황에 대한 개선을 목적으로 일련의 컨설팅 과정에서 다양한 역할을 수행한다.

나아가 컨설팅 과정에서의 컨설턴트의 역할을 다음과 같이 나누어 볼 수 있다. 첫째는 정보전달의 역할로서 컨설턴트는 학생의 학습문제 및 정서행동 문제에 관한 정보, 아이디어, 사실, 견해, 자원 등을 의뢰인에게 제공한다. 예를 들어, 컨설턴트가 학습장애(ADHD, 언어 및 의사소통 장애, 정서 및 행동장애, 인지적 및 사회적 기능 장애) 학생을 위해 이들의 특징과 수업 과정에서 필요한 전략 등에 대한 정보를 제공하는 것이다. 둘째로 조정과 촉진의 역할을 들 수 있다. 컨설턴트는 의뢰된 행동 및 학습 문제 해결을 위한 계획을 수립하고, 교사와 협력적 관계를 유지하는 방안을 구축하는 역할을 수행 할뿐만 아니라 문제 행동의 변화를 위해 어떻게 조정하고 촉진시켜야 하는지를 알아야 한다. 문제 해결을 위한 촉진적 역할은 단순한 전문적인 조언을 주는 것이 아니라 의뢰인이 문제를 해결하도록 컨설턴트가 촉진자의 역할을 하는 것이다. 예를 들어, 교사, 학부모 등의 사람과 협력적 과정에서 문제를 명료히 규명하기 위해 문제 확인과 문제 분석의 과정에서 객관성을 유지하도록 하거나, 긍정적인 태도와 분위기를 조성하고, 일련의 컨설팅 과정을 효율적으로 진척시키는 역할을 들 수 있다. 셋째로 서비스 제공의 역할을 들 수 있는데, 학생들의 문제 행동에 관해 직접 서비스를 제공하는 경우와 교사와 협력하면서 간접 서비스를 제공하는 형태를 취할 수 있다. 실제로 컨설턴트는 직접적인 서비스를 제공하도록 훈련 받았으나 학교 내부로 들어 왔을 때 역할 혼란이 일부 발생하는 경우도 있다. 넷째로 컨설턴트는 자신의 전문성 개발을 위한 노력을 끊임없이 수행해야 한다. 컨설티의 컨설팅 의뢰는 전문 지식이나 기술이 부족해서 출발하는 것이 일반적이므로 컨설턴트는 다양한 이론과 실제에 관한 전문성을 구축하는 역할을 수행해야 한다. 마지막으로 컨설턴트에게 윤리적 실천의 역할이 주어진다. 내부 컨설턴트이건 외부 컨설턴트이건 전문가로서의 윤리 규정을 준수해야 한다. 전문가적 능력, 사회적 및 도덕적 책임감, 의뢰인의 인권 보호와 비밀 유지, 다른 협력자들과의 협력적인 분위기를 만드는 역할을 수행해야 한다.

## 2 학습컨설팅의 목표

### 1) 학습컨설팅의 차원에 따른 목표

모든 컨설팅의 목표는 문제를 해결하는 것이다. 즉, 컨설팅의 궁극적인 목적은 컨설팅을 통하여 학습한 지식과 기술을 다양한 상황으로 전이할 수 있는 능력을 함양하는 것으로, 컨설팅이 종료된 이후에 유사한 문제 상황에 직면할 때 스스로 문제를 해결할 수 있도록 하는 것이다. 여기서의 문제는 어려움이나 장애와 같은 부정적 의미만 지니는 것이 아니라 기회 증진이나 잠재력 개발과 같은 긍정적 의미도 지닌다. 즉, 컨설팅을 통해 해결하는 문제는 컨설티의 전문 지식과 기술의 결여로 해결하지 못하는 문제, 학습 체제의 변화에 요구되는 전문성의 요구, 컨설티의 역량 증진과 클라이언트 체제의 성장 잠재력 증진 및 사회와 시대의 변화에 따른 새로운 가능성의 요구에 따르는 문제 등을 포함한다. 따라서 컨설팅의 목표는 컨설티와 클라이언트 모두의 역량을 향상시키는 것이어야 한다(Zins & Erchul, 2002).

컨설팅에 대한 정의가 다양하듯이 컨설팅의 목표 또한 다양하다. 컨설팅의 유형은 치료적 차원과 예방적 차원에 따라 목표를 구분하기도 한다(West & Idol, 1987). 즉, 학습컨설팅은 클라이언트(학생)가 가지고 있는 학습 문제를 치료하는 것과 학습문제를 예방하거나 새로운 학습을 위한 기회를 경험하게 하는 목적으로 나누어 볼 수 있다. 또한 Caplan(1964), 이명숙(2014), 이명숙, 김동일, 이기정(2016)은 문제의 심각성에 따라 세 수준으로 나누었는데, Ⅰ 수준에서는 학생들이 학습이나 행동문제를 일으키지 않도록 미리 예방하는 차원에서 컨설팅과 중재가 이루어진다. 즉, 적절한 교육과정과 교육방법, 학급 규칙, 예방 행동 규율, 다양한 프로그램이 예방 교육의 목적으로 이루어다. Ⅱ 수준에서는 학업적, 정서 행동적 측면에서 일반 학생들에 비해 기대치에 도달하는데 어려움이 있는 학생들을 대상으로 집중적인 컨설팅이 이루어진다. Ⅲ 수준의 컨설팅은 학습장애를 경험하는 특수교육 대상자로부터 의뢰된 심각한 문제를 다룬다. 대부분의 학교에서 학습컨설팅의 의뢰는 Ⅱ 수준과 Ⅲ 수준의 문제를 가진 학생들을 위해 이루어진다. 이 세 수준에서 문제를 해결하기 위한 계획을 구축하고, 이를 해결하기 위한 전체적인 학습컨설팅 과정에서 컨설턴트는 단계별로 목적을 설정하고, 중재의 효과성에 대해서 지속적인 평가 활동을 수행해야 한다.

## 2) 컨설팅 대상에 따른 목표

컨설팅의 구성 요소에서 컨설팅의 대상에 따라 세 가지로 구분할 수 있다(Kratochwill & Pttman, 2002). 첫째, 클라이언트 중심(client-centered)의 문제해결 컨설팅이다. 이 유형에서 컨설팅의 목표는 클라이언트의 당면 문제를 해결하는 것이 우선이다. 클라이언트의 문제를 진단하고, 그 문제를 해결하는 데 필요한 전략이나 프로그램을 실시하여 클라이언트의 문제를 해결하는 데 목표를 둔다. 둘째, 컨설티 중심(consultee-centered)의 컨설팅이다. 이 유형에서 컨설팅의 목표는 클라이언트인 학생의 문제를 해결하는 것에 있지만, 컨설티에게 간접적으로 문제해결과 관련한 적절한 지식과 기술을 협력적으로 제공한다(Vernberg & Reppucci, 1986). 이 유형에서 컨설턴트의 역할은 특정 학생의 문제를 직접 해결하는 것이 아니라 컨설티인 교사나 학부모에게 학생의 문제를 해결하는 데 도움이 되는 정보를 공유하면서 컨설팅이 이루어진다. 예를 들어, 특정 학생의 학업문제를 해결하는 데 있어 시간관리가 중요하다고 진단된다면, 컨설턴트가 그 학생에게 직접 시간관리 기술과 프로그램을 중재하는 것이 아니라, 학부모나 교사에게 시간관리에 관한 지식과 기술에 대한 정보를 제공하여 협력적인 관계를 유지하면서 문제를 해결할 수 있도록 도움을 제공한다. 셋째, 시스템 중심(system-centered)의 컨설팅이다. 이것은 학교 전체나 특정 조직의 시스템을 변화시키는 것을 목표로 하는 컨설팅이다. 기업이나 교육행정 영역에서 주로 시스템 중심의 컨설팅을 제공하지만, 최근에는 심리적 컨설팅에서도 조직 컨설팅에 관심을 넓히고 있다(Kratochwill & Pittman, 2002). 학교 장면에서의 조직 컨설팅의 예로, 최근 미국의 학교에서는 특정 공동체를 형성하는 것을 강조(Senge, Cambron-McCabe, Lucas, Smith, Dutton, & Kleiner, 2000)하고 있는데, 차터스쿨, 홈스쿨링 등과 같은 대안학교의 설립과 조직 문제를 중심으로 컨설팅이 이루어지고 있는 것을 들 수 있다. 또한 학교의 교육 환경 개선이나 학교장이 학교 구성원들 간의 원활한 소통을 위한 컨설팅을 요구할 수 있는데 이런 경우도 조직 컨설팅을 외부 전문가에게 의뢰할 수 있다.

학습컨설팅의 차원과 대상에 따라 컨설팅의 목표와 역할을 <표 1-3>과 같이 요약할 수 있다. 클라이언트 중심의 치료적 컨설팅의 목표는 학생의 문제를 진단하고 그 문제를 해결하기 위한 방안을 구축하여 적용하고 그 효과를 평가하는 것이다. 컨설턴트는 학교심리사, 전문 상담가 또는 클리닉 전문가로서 역할을 수행한다. 클라이언트 중심의 예방적 컨설팅에서는 현재 별문제가 드러나지 않지만, 장래에 문제가 발생할 가능성을 진단하고 예방하는 것이 목표이다. 컨설턴트는 주로 정보 전달자의 역

**표 1.3** 학습컨설팅의 차원과 대상에 따른 목표 및 역할

| 차원 \ 대상 | 클라이언트 | 컨설티 | 시스템 |
|---|---|---|---|
| 치료적 컨설팅 | 목표: 클라이언트의 학습, 정서, 행동 문제 진단과 처방 및 평가<br>역할: 심리사, 학습클리닉 전문가 | 목표: 클라이언트의 문제해결을 위해 컨설티에게 전문지식과 기술 교육<br>역할: 훈련가, 교육자 | 목표: 조직 문제의 진단과 처방. 갈등관리 문제 해결<br>역할: 장학사, 협력자 |
| 예방적 컨설팅 | 목표: 클라이언트의 잠재적 학습 및 행동 문제의 진단과 예방<br>역할: 정보전달자 | 목표: 클라이언트의 역량 강화를 위한 지식과 기능 교육<br>역할: 협력자, 교육자 | 목표: 조직 구성원의 역량 강화<br>역할: 촉진자, 협력자 |

할을 수행하게 된다. 예를 들어, 학생의 학습 및 행동/적응 문제에 관한 정보, 아이디어, 사실, 견해, 생각거리를 컨설티에게 제공하여 예방할 수 있도록 한다.

컨설티 중심의 치료적 컨설팅은 컨설티에게 클라이언트의 문제를 해결하는 데 필요한 기술을 훈련 또는 교육하는 것이 목표이며 훈련가 또는 교육자로서 역할을 한다. 반면 컨설티 중심의 예방적 컨설팅에서는 클라이언트의 역량을 강화하는 기법을 교육하는 데 초점을 둔다. 예를 들어, 시간관리나 주의집중력을 학생들에게 훈련시키는 것은 현재 시간관리를 못하거나 주의집중이 부족해서가 아니라 이런 기술을 획득하게 되면 학생의 역량을 더 향상시킬 수 있기 때문이다.

시스템 중심 컨설팅은 학교나 학교의 하부 조직에 문제가 있어서 난항을 겪고 있는 경우에 그 시스템의 문제를 진단하고 처방하는 것이 목표이다. 이런 컨설팅은 장학과 매우 유사하므로 학교심리학보다는 교육행정학 영역에서 더 발달되어 있다. 하지만, 최근 학교심리학자들 사이에서도 시스템 차원의 컨설팅의 중요성을 인식하고 시스템 컨설팅을 확대하려는 노력이 증가하고 있다(Dougherty, 2009).

# 3 학습컨설팅의 이론

## 1) 학습컨설팅의 이론적 기반

모든 컨설팅의 이론이나 모형에서는 인간 행동의 이해에 대한 특정한 입장을 가진다. 일반적으로 학습컨설팅의 이론적 기반은 정신건강 컨설팅, 행동 컨설팅, 사회인지 컨설팅, 개인심리 컨설팅, 조직 및 체제 컨설팅, 수업컨설팅 등에 두고 있으며, 컨설턴트는 실용적인 이론을 원한다(Kampwirth & Powers, 2016). 그러나 인간행동에 대한 종합적이면서도 실용적인 이해가 컨설팅에 모두 포함되지는 않고 있다. 인간 행동을 위한 전문 서비스인 컨설팅의 출현은 여러 이유에 기인한다. 첫째 이유는 우리 사회에서 점차 증가하는 정신건강 문제와 이들 문제를 다룰 수 있는 전문가의 부족이라는 문제가 대두되었기 때문이다. 둘째는 인구기반의 입장에 근거한 예방적 심리치료(Caplan, 1964)가 출현한 것도 한 이유이다. 이에 대한 근거는 치료적인 문제를 집중적으로 다루기보다는 대중들 사이에서 일어나는 정신건강 문제의 발생을 줄이는데 지역사회에서 심리치료가 예방적 중재 역할을 할 수 있다는 점에서이다. 심리적인 문제의 발생에 영향을 미치는 사회적인 힘으로 인해 정신 질환을 감소시키는 예방 프로그램을 개발할 수 있게 된 것이다. 이와 같은 결과는 지역사회 역동성을 다루는 심리치료와 프로그램 계획, 프로그램 직원 역량, 그리고 프로그램 평가를 다루는 심리치료에 근거한다. 그리하여 심리치료는 지역사회의 심리적 안녕감을 증진시키고 동시에 지역사회에서의 정신건강 문제의 발생을 감소시키는 예방적 효과를 가져 온다는 것이다. 셋째 이유는 정신역동적 모형과 관련한 대안적 치료의 출현과 함께 컨설팅의 틀로서 이들을 사용하게 되면서 컨설팅 개념의 사용이 더 폭넓어진 점이다. 그리고 마지막으로 여러 가지 법 조항들에서 공인된 서비스로서의 컨설팅을 포함시킨 이유를 들 수 있다.

Caplan의 정신건강 모형은 학교조직을 포함한 다양한 맥락에서 사용되어 오고 있다. 정신건강 모형은 정신건강 증세와 장애에 대해 어려움을 호소하는 양육자 혹은 돌보는 사람에게 전문성을 제공한다. 개인적 욕구가 일상의 기능을 방해할 수 있으므로 컨설팅 서비스는 예방적으로 정신건강과 관련한 문제를 강조할 수 있다. 사실 컨설팅에서는 어떻게 아동과 양육자의 개인적 욕구가 아동의 기능에 영향을 미치는지에 관심을 둔다. Caplan의 모형에서 사회적 환경 이론 및 대인관계의 심리역동 이론의 전제와 입장은 중재 계획을 할 때 아주 중요한 것으로 고려된다. 아동의 사회적 환경은 다양한 양육자에 의해 영향을 받는다. 적절하게 지지적인 사회적 환경이 지원되면 아동은 효율적인 대처능력을 학습하고 발휘할 것이며, 더 적응적이고 심리적인 방해를 덜 받을 것이다. 양육자의 개인심리학 또한 컨설팅에 영향을 미친다. Caplan은 양육자들이 어려움을 예방할 수 있는 사회적 환경을 제공하고 아이들의 정신건강을 증진시킬 수 있는 방법을 함께 찾아야 한다고 주장하였다.

교육적 및 정신건강 지원 컨설팅에서 컨설턴트는 클라이언트가 학생인 경우 이들의 행동기능을 개선시키기 위한 수단으로 컨설티(교사)와 함께 일하면서 행동컨설팅을 자주 사용한다. 초기 Bergan의 행동 컨설팅은 행동주의 이론에 근거하여 정신 상태나 인지보다는 직접 관찰할 수 있고 측정할 수 있는 외현적 행동에 초점을 두었다. 이어 Bandura의 사회인지 이론을 행동 컨설팅에 적용하게 되었다. 이후 컨설턴트(교육 및 정신건강 전문가)와 컨설티(교사)가 협력적으로 문제를 규명하고, 정의내리고, 분석하고, 중재의 효과성을 평가할 수 있게 하는 구조화되고 체계적인 문제해결 방법을 사용하였다. 컨설팅의 행동주의적 방법은 예방적인 성격을 지니며, 행동 컨설팅은 교사들에게 미래 행동문제를 관리하는 학습전략을 제공할 뿐만 아니라 아동과 청소년들의 행동 문제를 다루는 데 주로 사용된다.

행동 컨설팅 모형과 사회인지이론 컨설팅 모형(social cognitive theory model of consultation) 모두 클라이언트의 행동 변화를 격려하지만 주요 차이점이 있다. 행동 컨설팅은 클라이언트의 행동 변화를 위해 조작적 학습을 사용하지만, 사회인지이론 컨설팅은 행동 변화를 위해 컨설티와 클라이언트의 인지 변화에 초점을 둔다. 사회인지이론 컨설팅 모형에서 개인의 내적인 인지적 변인, 개인이 나타내는 행동적 변인, 그리고 개인의 환경적 변인 모두가 컨설턴트, 컨설티 및 클라이언트의 기능에 영향을 미치는 것으로 간주한다. 이처럼 주요 차이점은 컨설티와 클라이언트의 기능을 개념화하는 데 있다.

컨설팅의 또 다른 이론적 기반으로 Adler의 개인심리학 이론(theory of individual psychology)을 들 수 있다. Adler의 이론에서 제시된 기본 전제로 다음과 같은 것을 포함시킬 수 있다. 첫째, 인간은 사회적 존재이고, 인간의 행동은 사회적 맥락에 내포되어 있다. 둘째, 행동은 개인의 주관적 실체에 근거하며, 이를 이해하기 위해서는 개인 특유의 경험을 살펴보아야 한다. 셋째, 개인은 총체적인 기능을 하는 존재이므로 환원주의적 관점에서 인간행동을 보아서는 안 된다. 넷째, 성격을 이해하기 위해 개안의 자기(self) 관점에 대한 신념과 특성의 양태를 조사해야 한다. 다섯째, 행동의 모든 측면은 목표지향적이고 목적적이다. 여섯째, 인간은 소속의 욕구가 있다. 일곱째, 인간은 자신의 태도와 행동의 통제에 대한 선택 권한을 가진다'는 전제를 포함시키고 있다. 이러한 전제를 기반으로 한 아들러 이론 컨설팅(Adlerian consultation: AC)의 주요 목표는 격려(encouragement)를 통한 정신건강 문제를 예방하는 데 있다. 건강한 개인으로 발달하도록 지원하기 위해 행동적 성취의 강화보다 개인의 능력과 가치에 대한 신념을 표현해야 한다. 아들러 이론 컨설팅은 격려(encouragement)의 중요성을 강조하는데, 교사와 학부모들이 격려를 사용하여 교육할 수 있도록 컨설티에게 기회를 제공한다. 이는 건강하지 않은 삶의 방식을 예방하기 위한 교육적 시사점을 가진다.

마지막으로 조직 및 체제 컨설팅(organizational and systems consultation: OSC)은 산업 심리학 및 조직 심리학의 이론과 집단 역동 이론에 기반해 조직의 개발과 조직 변화를 주요 목적으로 하며, 행정수준(예: 위기 예방 프로그램) 혹은 아동 수준(예: 교실 관리의 구조화)에서의 프로그램 구축과 정책 설계의 구축을 목적으로 한다. 조직 및 체제 컨설팅의 이론적 기반은 Bronfenbrenner의 생태학적 발달 이론을 포함하기도 한다. OSC는 일반적으로 조직개발 컨설팅(organizational development consultation)과 중재조력 컨설팅(intervention assistance consultation)으로 나눈다. 조직개발 컨설팅은 조직의 규준, 구조 및 절차의 개선을 증대하기 위한 목적적이고, 지속적인 노력의 과정이다. 학교에서의 조직개발 컨설팅의 목표는 대인관계 과정과 학생 성취의 증진에 있다. 중재조력 컨설팅은 체제 중심 서비스 제공 모형으로서 구조화된 문제해결 전략을 사용하여 개별 학생의 요구에 맞는 중재를 제공하며, 예방과 조기 문제 발견에 초점을 둔다.

## 2) 학습컨설팅의 모형

모형(model)이란 문제를 개념화하거나 문제에 접근하는 방식을 말하는 것으로, 이 장에서는 인간 행동 이해에 대해 잘 구축된 이론에 근거한 정신건강 컨설팅 모형과 행동 컨설팅 모형 및 학교 장면에서 잘 적용할 수 있는 조직컨설팅 모형에 대해 살펴볼 것이다. 또한 컨설팅 모형의 기능적 측면에서 강조되는 협력적 컨설팅 모형, 컨설티중심 컨설팅 모형에 대해서도 살펴볼 것이다.

### 가) 정신건강 컨설팅 모형

#### (1) 개관과 주요 전제

정신건강 컨설팅 모형(mental health consultation model)은 정신역동 이론에 근거한 것으로 '정신건강 컨설팅의 이론과 실제'라는 책을 출간한 Caplan(1970)에 의해서 가장 먼저 제기되었다. 이후 Caplan과 Caplan(1970)은 '정신건강 컨설팅과 협력'이라는 책을 출간하면서 컨설팅에서 협력을 강조하였다. 정신역동적 접근은 인간의 행동은 무의식적 동기의 산물이고 대부분의 개인적 문제는 어린 시절의 초기 경험에 근거한다고 보고 있다. 이들 문제는 행동에 영향을 미치는 내적 갈등을 유발하고 문제를 야기시키는 것으로 본다.

정신건강 컨설팅 모형은 개인 내적인 심리적 정서와 이들이 대인관계에 미치는 영향을 강조한다. 비록 정신건강 모형에서 일차적으로 개인 내적 및 대인관계 변인을 강조하지만 그렇다고 환경적 영향을 무시하는 것은 아니다. Caplan은 클라이언트와 컨설티 간의 의사소통 양태와 클라이언트와 컨설티 모두의 행동에 영향을 미치는 조직과 공동체 같은 생태학적 맥락의 중요성을 강조하였다. 정신건강 모형은 클라이언트보다는 컨설티에 초점을 둠으로써, 주요 목표는 컨설티의 역량을 증대시키는 것이 된다. 따라서 정신건강 컨설팅 모형에서는 클라이언트의 결과 자료보다는 컨설티의 태도나 행동 변화에 대한 자료를 수집한다(Kampwirth & Powers, 2016). 이의 예로, 정신건강 컨설팅이 아동을 돌보는 사람의 민감성, 자기효능감, 직업만족 및 유능감의 향상에 미친 효과를 보고한 연구(Brennam, Bradley, Allen, & Perry, 2008)에서 아동의 결과보다는 컨설티의 변화를 강조한 것을 들 수 있다.

외부자인 컨설턴트가 내부자인 컨설티의 세계로 들어갈 때, 꼭 알아야 할 것은 자신과 다른 세상에 들어간다는 것, 각자의 규준, 신념, 습관 및 일 처리 방식이 있다는 점이다. 아무리 컨설턴트가 유능하다 해도 중재를 최종적으로 효과적이게 실행하는 대상은 컨설티이므로 그 책무가 크다고 할 수 있다. 따라서 컨설팅에서 협력의 필요성을 강조하지 않을 수 없다. 협력을 함으로써의 사례와 의뢰 문제에 대한 적극적 해결 노력에서 부담을 줄일 수 있게 된다.

Caplan과 Caplan(1993)은 정신건강 모형의 주요 전제로 다섯 가지를 제안하였으며, 이 모형은 학교 장면에 적용할 수 있다고 하였다. 첫째, 컨설턴트와 컨설티 간의 관계는 위계적이 아니라 협조적이다. 이는 바로 협력의 기본 전제가 되는 것이다. 컨설티가 컨설턴트에게 의뢰를 하므로 종속관계로 보이지만 협력적 모형에서 일하는 관계는 동등한 파트너인 양자관계인 것이다. 둘째, 컨설팅은 보통 일련의 짧은 면담으로 이루어진다. 학교 장면에서 컨설턴트와 컨설티가 오랜 시간 동안 면담하기가 용이하지 않기 때문에 여러 달, 여러 주에 걸쳐 면담이 이루어지며, 보통 2–5번의 만남 혹은 전화나 이메일로도 면담이 이루어 질 수 있다. 셋째, 컨설턴트는 컨설티의 개인적인 문제에 관여하지 않는다. 만약에 컨설티가 어떤 정서적 갈등을 겪고 있어서 컨설팅을 수행할 수 없다면 다른 전문가에게 상담을 받도록 의뢰해야 한다. 넷째, 모든 컨설팅의 궁극적인 목표는 컨설티의 수행기능을 증진시키는 것이다. 이러한 목표를 위해 컨설턴트는 컨설티에게 부족한 기술, 지식, 자신감, 객관성을 제공해야 한다. 이러한 것들은 컨설티가 앞으로도 유용하게 사용할 것이다. 다섯째, 정신건강 모형은 주로 정신건강 문제 해결을 위해 사용된다. 그러나 정신건강 컨설팅 모형은 학생들의 행동이나 학습문제에도 적용할 수 있다.

정신건강 컨설팅 모형은 다른 모형에서 강조하지 않았던 개인 내적 및 대인관계적 요인을 강조하기 때문에 중요하다고 할 수 있다. Caplan, Caplan, & Erchul(1995)은 정신건강 접근을 사용하기를 원하는 학교 컨설턴트는 협력적 모형으로 바꾸는 것이 중요하다고 역설하였다. 컨설턴트는 컨설티와 상황과는 거리가 먼 외부 전문가인 경우도 있지만, 학교는 내부 직원(상담가, 특수교사, 학교심리사, 교육과정 전문가 등)이 컨설팅에 관여할 수 있음을 수용해야 한다. 또한 정신건강 협력 모형은 Caplan에 의해 초기에 제기된 MHC보다 덜 심리역동적이어야 하고, 더더욱 협력적인 것(Knotek et al., 2009)으로 나아가는 경향이 있다. 이상에서 기술한 내용을 간략히 요약하면 정신건강 컨설팅 모형은 다양한 차원에 따라 전통적인 정신건강 컨설팅(MHC) 모형과 정신건강 협력 모형으로 나눌 수 있고, 학교 장면에서 점차적으로 활발하게 적용하고 있는 것이 정신건강 협력 모형이다.

### (2) 정신건강 컨설팅의 유형

Caplan과 Caplan(1993)은 컨설팅의 유형을 네 가지, 클라이언트 중심 사례, 컨설티 중심 사례, 프로그램 중심 행정, 및 컨설티 중심 행정으로 분류하였다. 앞의 두 가지 유형은 개별 클라이언트(또는 소집단)의 문제를 다루고, 나머지 두 유형은 조직이나 체제의 문제를 다룬다. 이들 유형은 또한 컨설팅의 초점 대상에 따라 <표 1-4>와 같이 나누어 볼 수도 있다. 이들 네 가지 유형은 학교 장면에서 흔히 사용되고 있다.

첫째, 클라이언트 중심 사례 컨설팅(client-centered case consultation)에서 컨설턴트는 컨설팅 서비스(평가나 처치)를 제공하기 위해 혹은 컨설티가 클라이언트에게 적용할 수 있는 방안을 만들기 위해 직접적으로 클라이언트(학생)와 일을 한다. 이 유형에서 컨설턴트는 컨설티와 직접적인 상호작용은 거의 하지 않는다. 학교 상황에서의 예를 들면, 교사가 한 학생(클라이언트)의 심각한 읽기부진에 대해 읽기학습 전문가에게 의

**표 1.4** Caplan과 Caplan의 컨설팅 유형

| 컨설팅 | 클라이언트 중심 사례 | 컨설티 중심 사례 | 프로그램 중심 행정 | 컨설티 중심 행정 |
|---|---|---|---|---|
| 문제차원 | 사례 | 사례 | 행정 | 행정 |
| 초점대상 | 클라이언트 | 컨설티 | 프로그램 | 컨설티 |
| 목적 | 클라이언트의 행동변화 | 클라이언트를 위한 컨설티의 서비스 수행 향상 | 프로그램의 효과적인 실행 | 컨설티의 프로그램 실시 및 수행 능력 향상 |

뢰를 하면, 이 전문가는 교실에서 그 학생을 데려와 진단과 평가 작업을 하고, 그 학생에게 도움이 될 사항을 적은 보고서를 교사에게 제시한다. 교사는 전문가의 제안을 수용할지 결정하고 이를 실행한다. 클라이언트의 행동변화가 주요 목적이므로, 컨설턴트는 클라이언트를 직접 만나 관찰과 면담을 통해 진단을 하는 것이 특징이다.

둘째, 컨설티 중심 사례 컨설팅(consultee-centered case consultation)에서 컨설턴트는 클라이언트의 문제를 다루는 계획을 컨설티가 수립할 수 있도록 직접적으로 컨설티와 일을 한다. 이 유형에서 컨설턴트는 클라이언트를 직접 만나거나 상호작용하지 않는다. 컨설턴트는 컨설티와 많은 논의의 시간을 가짐으로써 문제 사안에 대한 이해를 확장하게 되고, 컨설티에게 필요한 정보를 점검할 수 있다. 학교 상황에서의 예를 들면, 읽기학습 전문가는 교사를 만나고, 교사가 학생을 돕는 계획을 세우고, 계획 실행을 점검할 수 있도록 돕는다. 이 경우 컨설턴트는 학생을 전혀 만나지 않는다.

Caplan과 Caplan(1993)은 컨설티가 학생을 다루는 데 있어 부족한 점으로 지식, 기술, 자신감, 객관성을 제시하였는데, 이러한 점들은 특히 컨설티 중심 사례 컨설팅에서 관심을 가져야 할 측면이기도 하다. 컨설티가 클라이언트의 갈등, 정신건강, 학습 등의 문제에 대한 해결 방법에 대한 이해가 부족할 경우, 클라이언트에게 부적 영향을 미칠 수 있다. 예를 들어, 교사는 학생의 과제수행력을 증진시키기 위해 어떤 피드백 전략을 사용해야 할지 모를 수가 있을 것이다. 이때 컨설턴트는 필요한 지식을 컨설티에게 제공하고 문제를 다루는 실제적인 전략들에 대한 정보를 제공할 필요가 있다. 지식과 기술은 풍부하지만 성공적인 중재에 대한 자신감이 부족할 경우에도 컨설팅은 실패할 수 있다. 처음으로 클라이언트를 다루어야 하는 컨설티의 경우는 더욱 그러하다. 컨설턴트는 컨설티의 자신감과 효능감의 향상을 위해 동료 지지, 강점, 능력, 기술 등을 강화하는 방안을 활용할 수 있다. 또한 컨설티가 문제해결에 필요한 지

식, 기술, 자신감을 가지고 있다고 하더라도 문제의 본질을 파악하는 데 필요한 객관적인 시각이 결여된다면 정확한 진단과 치유를 방해할 수 있다(Erchul & Schulte, 1993). 컨설턴트는 컨설티가 사례를 객관적으로 다룰 수 있도록 하는 도움을 제공해야 하며, 컨설티의 부족한 점을 다양하게 점검하여 클라이언트의 문제를 효과적으로 다룰 수 있도록 조력을 해야 할 것이다.

셋째, 프로그램 중심 행정 컨설팅(program-centered administrative consultation)에서 컨설턴트는 정책이나 프로그램을 평가하고 이를 개선하는 계획안을 구축한다. 학교 상황에서의 예를 들면, 외부의 읽기 전문가가 어떤 학교의 읽기 프로그램에 대한 평가를 의뢰 받고, 이의 개선을 위한 일련의 지침서를 개발하는 것이다. 또 다른 예로, 폭력 예방 및 자살방지 프로그램에 대한 평가를 전문가에게 의뢰하면, 전문가는 이들 프로그램의 실시에 따른 다양한 실태를 점검하여 효과를 평가하고, 더 개선된 방안을 제안할 수 있다.

마지막으로, 컨설티 중심 행정 컨설팅(consultee-centered administrative consultation)에서 컨설턴트는 컨설티 집단과 함께 일하면서 그들의 프로그램을 잘 관리할 수 있는 방안을 구축하는 데 도움을 제공한다. 학교의 효과적인 정책 구현, 특정 프로그램의 개발 및 관리와 관련된 학교체제와 조직의 행정 역량의 강화를 목적으로 한다. 학교 상황에서의 예를 들면, 컨설턴트가 학교기획 팀원들과 만나 학교 전반의 프로그램과 특정 읽기 프로그램의 결과에 대한 검토를 하고, 현재 읽기 수행이 기준점 이하인 학생 수를 줄일 수 있도록 프로그램을 개선하는 데 도움을 제공한다. 또 다른 예를 들면, 컨설턴트가 학교장을 만나고, 학생들의 학습 역량을 강화하기 위한 교수학습 프로그램의 개발과 관리에 필요한 지식과 기술을 지원하는 주기적인 워크숍을 제공한다.

### 나) 행동 컨설팅 모형

#### (1) 개관 및 주요 전제

행동 컨설팅 모형(behavioral consultation model)은 Watson, Skinner, Bandura, Meichenbaum 등의 행동이론가들이 제안한 학습이론에 근거하며, Bergan(1977)과 Bergan & Kratochwill(1990)에 의해 제시된 것이다. 행동주의는 초기 급진적 행동주의 이론에서 후기 사회학습이론을 거쳐 인지행동이론에 이르기까지 100년 넘게 연구되고 활용되어 온 심리학의 한 학파이다. 행동주의자들은 학습은 선행 자극과 반응의 유관성에 의해 일어나며, 행동과 환경 및 인지적 맥락 사이의 기능적 관계라고 가정한다. 행동주의의 기본 전제는 모든 행동은 어떤 기능을 하기 때문에 의미 있다고 본다. 또한 밖으로 나타나는 학습 행동에 대한 과학적 접근의 입장을 취하며, 모든 행동은 관찰가능하고, 측정가능하다고 본다. 따라서 컨설턴트가 왜 학생이 교실에서 문제행동을 하는지를 이해하려면 문제행동을 일으키는 사건이나 강화 요인을 찾아야 한다. 또한 강화, 처벌, 소거, 행동조성, 토큰경제 등을 활용하여 바람직한 행동을 증대시키고, 바람직하지 못한 행동을 감소시킬 수 있다. 행동 컨설팅 모형에서 문제 상황은 특정 행동의 빈도, 강도, 수준, 지속시간 등이 아주 과잉하거나 아주 부족해서 자신과 타인에게 해를 끼치는 경우이다. 이러한 표적 행동은 응용행동분석, 행동수정, 긍정적 행동 지원 등의 절차에 의해 수정되고 변화시킬 수 있다. 이후의 사회학습 이론에 근거하여 컨설팅을 할 때는 정적 강화가 따르는 상황에서 특정 행동에 대한 역할 모델과 시연이 행동의 변화를 가져오는 기술이 될 것이다.

이처럼 행동 컨설팅 모형은 기본적으로 행동 이론을 바탕으로 컨설티와 클라이언트의 행동을 변화시키는 데 초점을 둔다(Bergan, 1977; Bergan, 1995; Bergan & Kratochwill, 1990; Kratochwill, Sladeczek, & Plunge, 1995). 행동 컨설팅 모형도 아주 다양하다. Sheridan & Kratochwill(1992)의 협력적 행동 컨설팅, Bergan & Kratochwill(1990)의 행동 컨설팅(조작 행동 모델), Tharp & Wetzel(1969)의 행동수정 기반 컨설팅 모형, Piersel(1985), Russell(1978), Keller(1981)의 조작적 이론 기반 컨설팅 모델, Bandura(1977)의 사회학습이론 모델 등이 있다. 여기서는 행동컨설팅과 협력적 행동컨설팅에 대해 고찰한다. 행동 컨설팅 모형은 실제로 문제해결 컨설팅 모형과 상당히 중첩된다. 왜냐하면 행동 컨설팅이 학교 장면에서 문제해결 컨설팅의 기초가 되기 때문이다.

#### (2) 행동 컨설팅과 협력적 행동 컨설팅

행동 컨설팅(behavioral consultation: BC)은 최초에 Bergan(1977)에 의해 제기된 것으로 조작적 학습이론을 활용한 것이다. 이후 Bergan & Kratochwill(1990)이 초기 모델을 확장한 것이 현재 가장 잘 알려져 있고 경험적으로 지지되는 BC모형이다. BC모형은 컨설팅 과정에서 체계적인 문제 해결과 행동 기술의 사용과 같은 행동주의 학습의 원리에 근거를 두고 있으며, 컨설턴트는 컨설팅의 전 과정에서 그러한 기술을 사용한다. Bergan & Kratochwill(1990)이 컨설팅은 컨설턴트와 컨설티 간의 간접적인 문제 해결과정이라 정의하였는데, BC모형에서 컨설턴트는 의사소통 과정에서 제기된 문제에 적합한 심리학적 원리를 사용하고, 컨설턴트가 제안하는 중재안을 컨설티가 잘 수용할 수 있도록 언어적 구조화 기술을 활용한다. 컨설티는 클라이언트의 문제

행동을 기술하고, 행동변화를 독려하는 중재를 실시함에 있어 적극적인 역할을 해야 하고, 컨설턴트는 잘 구조화하여 지침을 제공하는 역할을 수행해야 한다.

의사소통 과정에서 컨설턴트의 중요한 목표는 제기하는 문제에 대한 핵심적인 정보를 끄집어내는 것이다. 나아가 컨설턴트는 컨설티의 표현에 주의를 기울여야 한다. 컨설턴트는 다음의 일곱 가지 영역과 관련한 잘 구조화된 물음을 던지면서 컨설티가 제공하는 정보를 얻어야 한다. 이들 일곱 가지 영역은 첫째, 배경 환경, 둘째, 행동이 발생하는 상황, 셋째, 행동의 매개변수, 넷째, 클라이언트의 특별한 특성, 다섯째, 관찰의 성격, 여섯째, 이전의 중재 계획안, 일곱째, 문제해결에 필요한 추가적인 자료 유형이다. 이러한 정보는 문제행동과 환경 변인 사이의 상호관련 및 클라이언트의 현재 행동기능을 이해하는 데 아주 유익하다. 간략히 요약하면 행동 컨설팅 과정은 컨설턴트와 컨설티 간의 잘 구조화된 상호작용이라 특성지을 수 있다. 앞서 기술하였듯이 컨설턴트의 의사소통 기술인 구체화하기, 평가하기, 유추하기, 요약하기, 타당화하기와 같은 기술들이 컨설팅 과정에서 적극 활용되어야 한다.

협력적 행동 컨설팅(conjoint behavioral consultation: CBC)은 Sheridan & Kratochwill (1992)에 의해 강조된 것으로, 클라이언트(학생)와 관련된 학업적, 대인관계적, 행동적 측면의 문제를 해결하기 위해 컨설티인 학부모와 교사 모두가 참여하는 유형이다. 이들 간의 파트너십을 지지하는 이론적 기반은 생태 이론, 행동 이론, 가족 중심 이론, 파트너중심 이론 등이다. 선행연구들에 의하면 CBC는 불안 장애(Auster, Feeney-Kettler, & Kratochwill, 2006)를 포함한 아동기 및 청소년기의 다양한 행동장애, 학업 문제(Galloway & Sheridan, 1994), 사회적 기술 부족(Colton & Sheridan, 1998), 사회적 위축(Sheridan, Kratochwill, & Elliot, 1990), 비합리적인 공포반응(Sheridan & Colton, 1994) 등을 위한 효과적인 간접 서비스를 제공할 수 있는 모형이다. CBC의 주요 목표는 네 가지이다. 첫째, 제시된 문제해결에 대한 책임을 공유한다. 둘째, 학생, 가정, 학교 사이의 의사소통을 증진시킨다. 셋째, 제기된 문제와 관련된 폭넓고 실제적인 정보를 얻는다. 넷째, 학생, 가정, 학교 직원들의 기술을 증진시킨다. 그리하여 학교 장면에서 CBC의 사용은 교실환경과 가정환경 모두에서 학생에게 긍정적인 영향을 미칠 수 있다.

CBC에서 사용하는 문제해결 단계는 BC에서 사용하는 것과 아주 유사하다. 컨설팅 과정의 첫째 단계는 협력적 문제 규명이다. 이 단계에서 컨설턴트와 컨설티(학부모, 교사)는 학생에 대한 고민을 규명하고, 학생의 문제와 관련된 환경적 요인을 찾아서 목표를 설정한다. 또한 학생의 진전도에 대한 관리 절차와 계획을 세운다. 컨설팅 과정의 둘째 단계는 협력적 문제분석으로 보통 여러 주에 걸쳐 만나서 진행한다. 이 단계에서는 제기된 문제 행동에 대한 기초선 자료가 수집되고 분석된다. 또한 아동의 문제행동을 일으키게 하는 요인을 더 잘 이해하기 위해 기능분석이 수행된다. 컨설턴트와 컨설티는 이전에 규명한 이 단계의 목표를 확인하고 기능행동 분석, 관찰 등에 의해 수집된 추가적인 정보에 근거해서 필요하다면 목표를 조정할 수 있다. 그리고 중재의 실시를 위해 구체적인 절차를 포함하는 기 중재 계획안을 만든다. 셋째는 협력적 처치의 실행 단계로서 중재의 실시와 관리가 이루어진다. 컨설턴트는 필요시 컨설티를 훈련시킬 수 있다. 그리고 CBC의 마지막 넷째 단계에서는 협력적 처치의 평가가 이루어지는데, 컨설턴트와 컨설티는 중재의 효과성과 처치에 대한 목표의 달성 여부를 평가한다(Gortmaker, Warnes, & Sheridan, 2004; Sheridan & Corton, 1994).

### 다) 조직 및 체제 컨설팅 모형

#### (1) 개관 및 주요 전제

조직역동성 모델이라는 개념은 가장 먼저 1950년대의 산업심리학 및 조직심리학의 문헌에 처음 소개된 것이다. 이후 1970년대와 1980년대에 조직개발 이론에 관한 연구들이 수행되면서 경영 상황(Blake & Mouton, 1983; Schein, 1987, 1988, 1999; Lippitt & Lippitt, 1986; French와 Bell, 1999)에 적용되었으며, 이후 학교장면에 적용되었다(Schmuck, 1995). 조직 컨설팅의 기본 가정은 개인, 집단 및 조직의 행동은 본질적으로 순환적이며, 조직의 효과성이 중요하다는 것이다. 많은 학교심리학 연구자들(Zins, Curtis, Garden, & Ponti, 1988; Zins & Ponti, 1990; Illback & Zins, 1995)이 교육적 상황에서 조직의 발달적 변화를 개선시키기 위해 조직 및 체제 컨설팅(organizational and system consultation: OSC)을 강조하였다. 최근에 학교장면에서 학생들의 학업적 및 행동적 측면의 향상을 위한 증거기반 실제를 강조하면서 학교조직 및 체제 컨설팅에 대한 관심이 증대되었다. OSC의 실시는 조직의 변화, 문제 예방을 위한 프로그램 구축과 정책 설계를 위해서 이루어지며, 행정적 수준(예: 위기예방 프로그램) 혹은 학생 수준(예: 문제 행동 예방을 위한 교실의 구조화)에서 실시된다.

OSC를 지지하는 이론적 입장은 Bonfenbrenner(1979)의 생태학적 발달 이론에 근거하는데, 학생의 발달을 보다 정확히 이해하고 도모하기 위해서는 영향을 미치는 환경 체제에 대한 이해가 필요하다는 것이다. 그는 환경 생태 체제로 첫째가 미시체제(microsystem)로서 이는 가족, 교실, 또래집단과 같이 가까이에서 직접 영향을 미치는 사회문화 환경이며, 둘째는 외체제(exosystem)인데 이는 확장된 가족, 친척, 또래관계망(network), 부모직장 등과 같이 더 큰 사회문화 환경으로 개인의 발달에 영향을 미치는 층이다. 셋째는 거시체제(macrosystem)로서 지역, 시스템, 공동체, 법률 관습 등과 같은 사회문화 환경인데 이들은 상호적으로 영향을 미친다. 이러한 이론적 입장을 사용하는 OSC는 제기되는 문제에 따라 다양한 사회문화적 환경 층에서 영향을 받는다.

학교 상황에서 컨설팅이 효과적이기 위해서는 컨설턴트가 개인을 대상으로 한 수준에서 중재를 할 것이 아니라 생태 환경 층의 기능을 고려하면서 체제적 입장을 강조하는 방향으로 이끌어가야 할 것이다. White & Mullis(1998)는 OSC는 시간적으로 효율적이면서 다수의 학생들에게 긍정적 영향을 미치는데 사용될 수 있는 체제 중심의 방법이라 하였다.

### (2) 조직 컨설팅의 유형

조직 컨설팅은 어떤 특정한 방식으로 조직의 변화를 다루고 조직의 효과성을 유지하거나 증가시키는 자체 능력을 높이기 위해 조직의 내부 또는 외부에서 기능하는 전문가가 조직의 구성원이나 집단에게 기술적, 진단적/처방적, 촉진적 지원을 제공하는 것이다. 많은 경우에 조직 컨설팅의 목표는 컨설팅을 통해 조직의 전반적인 효과성을 높이는 것이다. Schein은 전문가 초빙 모형, 의사-환자 모형, 과정 모형이라는 세 가지 컨설팅 모형을 제안하였다. Schein은 전문성 구매라고 하였으나, 어색한 감이 있어 전문가 초빙이라 하였다. 첫째, 전문가 초빙 모형과 의사-환자 모형 둘 다 전문가에 의해 컨설팅이 수행된다는 점에서 같은 모형(Schein, 1987, 1999)이라 할 수 있다. 전문가 초빙 모형에서 컨설티는 사전에 확인된 문제를 해결하기 위해 전문성(전문 지식과 기술)을 제공할 수 있는 컨설턴트를 모셔 와야 한다. 전문가 초빙 모형에서 컨설티가 문제를 규명하는 권한을 가지며, 또한 컨설턴트와 같은 해결책을 이미 가지고 있을 수도 있다. 전문가 초빙 모형에서 교육/연수에 대한 컨설팅은 요구 조사, 교육/연수 활동 계획, 계획 실행, 평가라는 네 단계를 거쳐 수행된다. 요구 조사는 교육/연수의 내용을 결정하기 위해 조사를 하고, 컨설팅을 통해 개선하고자 하는 내용이 된다. 요구 조사는 현 실태에 대한 평가의 기능뿐 아니라 추후 변화시키고자 하는 목표를 이해하는 데도 도움이 된다(McLean, 2006). 컨설턴트는 활동을 계획할 때 학습자의 과거 경험, 현재의 능력과 역할, 미래 열망 등을 고려(Knowles, Holton, & Swanson,

2000)해야 한다. 계획을 실행하는 단계에서 컨설턴트는 컨설티의 특성과 컨설팅의 목적에 적합한 방법을 사용하려고 노력해야 한다. 교육/연수에 관한 컨설팅의 평가는 일반적으로 참석자의 반응, 학습, 행동/기술 습득, 조직에의 영향 등을 확인하기 위해 실시한다(Kirkpatrick, 1998). 교육/연수에 관한 컨설팅을 평가할 때, 전체 조직에 미치는 영향을 측정하는 절차와 방법을 명시하여 추후에도 사용할 수 있도록 하는 피드백을 제공하여야 한다. 교육/연수 컨설팅은 성격상 단기적인 경험을 제공하기 때문에 교육/연수 컨설팅을 평가할 때는 변화보다는 미치는 영향에 초점을 두는 것이 더 효과적이다.

전문가 초빙 모형으로 교육/연수 컨설팅을 하는 경우 컨설턴트는 컨설티가 요구하는 정보와 기술을 확인하고, 전문 지식과 기술을 컨설티에게 제공하는 전문가의 역할을 한다. 이때 컨설턴트는 조언자, 교육자, 연수자, 기술 전문가 중 적어도 한 가지 이상의 역할을 맡게 된다. 컨설턴트의 기능은 컨설티의 관심과 수요에 가장 적합한 정보나 연수를 제공하는 것이며(Conoley & Conoley, 1992), 프로그램 컨설팅에서 컨설턴트는 프로그램을 개발하고 평가하는 공인된 전문가로 활동한다. 즉, 컨설턴트는 의사결정권자에게 정확하고, 시기적절하고, 유용한 정보를 제공하여 프로그램이 더 효과적으로 운영되도록 도와준다.

둘째, 의사-환자 모형에서 컨설턴트는 컨설티의 문제를 진단하고, 적절한 처방을 내리는 전문가의 기능을 한다, 의사-환자 모형에서 컨설티는 문제를 규명하거나 해결책을 제시할 권한이 주어지지 않는다. 의사-환자 모형에서 중요한 단계는 상황에 맞게 가장 적합하게 진단을 수행하는 것이다. 조직의 문제를 진단하기 위한 적절한 방법은 바로 조직 구성원들이 조직의 내부 과정을 어떻게 인지하는지에 관한 정보를 수집하는 것이다(Beer, 1980). 자료 수집을 끝낸 다음 컨설턴트는 그 자료를 분석하고 진단을 내린다. 진단은 조직 속의 문제를 컨설티가 이해하고 이용할 수 있는 용어로 서술해야 한다. 진단 후 컨설턴트는 조직이 수행할 수 있는 방안과 조직의 특수한 측면을 고려하는 해결안을 처방해야 한다. 의사-환자 모형에서는 컨설턴트가 체제 속으로 들어가서 컨설티와 이해당사자들을 면담하고, 자료를 수집하고, 진단을 하고, 해결안을 제안하는 전문가로 활동한다. 컨설턴트는 해결안을 실행하기 위해 고용될 수도 있으며, 이런 경우 컨설팅은 전문가 초빙 모형으로 바뀌게 된다. 전문가 초빙 모형에서 컨설턴트에게 요구되는 것은 내용 전문성인 반면, 의사-환자 모형에서 컨설턴트에게 요구되는 것은 진단과 개입에 대한 전문 기술이다.

셋째, 과정 모형에서 컨설팅은 컨설티가 자신의 환경에서 발생하고 있는 체제의 과정을 지각하고, 이해하고, 수행할 수 있도록 컨설턴트가 제공하는 총체적인 도움 활동(Schein, 1988)이다. 과정 모형은 문제가 해결되는 방법에 초점을 둔다. 과정 컨설팅에서 컨설티는 컨설턴트의 내용 전문성보다는 과정에 초점을 두면서 도움을 제공할 수 있는 능력을 강조한다. 즉, 과정 모형은 문제의 내용보다는 문제가 해결되는 방법에 초점을 두는 것이라 할 수 있다. 과정 컨설팅은 일곱 단계(Schein, 1988)를 거쳐 수행된다. 첫째 단계에서는 컨설티의 조직과 임시 계약을 하고, 둘째 단계에서는 관계를 규정하고, 공식 계약을 맺고, 심리적 계약을 한다. 셋째 단계에서는 작업할 장소와 방법을 선정하고, 넷째 단계에서 자료를 수집하고 진단을 한다. 다섯째는 개입 단계이며, 여섯째 단계에서는 점진적으로 개입을 줄이고 마지막 단계에서 종결한다.

과정 모형에서 컨설턴트가 수행하는 주요 역할은 촉진자 및 촉매자의 기능이다. 과정 모형에서 컨설팅은 컨설턴트와 컨설티가 서로 협력을 통한 공동의 노력이 된다. 컨설턴트는 내용 전문성을 제공하기보다는 컨설티가 스스로 발견하고 자신을 탐색하도록 촉진하며, 그 결과 컨설티가 문제를 확인하고 처리하는 기술을 사용할 수 있게 된다. 컨설턴트는 개인내적 수준, 대인 간 수준, 집단 간 수준에서 발생하는 과정에 대한 전문가이어야 한다. 과정 모형에서 컨설턴트는 컨설티가 수집한 자료를 이용하여 진단할 수 있도록 도와준다. 또한 정책과제 설정과 피드백 제공에서도 과정 중심의 개입을 한다. 끝으로 컨설턴트는 컨설티가 컨설팅을 평가하도록 도움을 준다. 이때 변화된 조직의 가치와 조직 내부의 대인관계의 변화를 컨설티가 확인하도록 도와주어야 한다(Golembiewski, 1993c). 컨설턴트의 성공은 컨설티가 얼마나 효과적으로 목표를 설정하고 달성하는지 그리고 일어난 변화가 장기간 동안 지속 효과가 있는지의 여부를 통해 평가된다(Schmuck, 1995). 일단 평가가 실시되고 나면, 컨설턴트는 참여를 줄이고 컨설팅을 마무리한다.

### 3) 컨설팅 모형의 비교

West와 Idol(2001)은 컨설팅 모형을 5개의 범주에 따라 비교 분석하였는데, 여기서도 앞에서 기술한 컨설팅 모형을 이론적 근거, 컨설팅의 목표, 컨설팅의 단계, 그리고 컨설턴트의 역할 및 책임의 범주로 나누어 서로 비교한 것을 제시하면 <표 1-5>와 같다.

첫째, 이론적 기반의 측면에서 서로 비교해 보면 정신건강 컨설팅 모형은 심리역

**표 1.5** 컨설팅 모형의 비교

| 모형 | 정신건강 컨설팅 | 행동 컨설팅 | 협력적 컨설팅 | 조직 컨설팅 |
|---|---|---|---|---|
| 이론 기반 | • 심리역동 이론<br>• 대인관계 이론<br>• 개인심리학 이론 | • 행동 학습 이론<br>• 사회학습 이론<br>• 사회인지이론<br>• 행동수정, 응용행동분석, 긍정적 행동 지원, 모델링 등 | • 협력의 일반 원리<br>• 생태 이론<br>• 행동 이론<br>• 가족 중심 이론<br>• 파트너 중심 이론 | • 산업 심리학<br>• 조직 심리학<br>• 조직개발 이론<br>• 생태학적 발달이론 |
| 목적 | • 유형에 따른 차이<br>• 컨설티와 클라이언트의 내적인 심리적 정서와 갈등 문제 및 대인관계 문제 해결 | • 클라이언트의 문제행동 해결<br>• 컨설티의 행동문제 지도 역량 강화 | • 컨설팅의 결과와 과정<br>• 컨설티와 클라이언트의 요구와 역량 증진<br>• 파트너십과 협력 | • 유형에 따른 차이<br>• 위기 예방<br>• 조직의 사회심리적 지원, 스트레스 감소<br>• 프로그램 및 조직 개혁과 전문성 |
| 단계 | 1. 컨설턴트와 컨설티의 관계<br>2. 문제의 성격, 범위 등에 대한 정보 탐색<br>3. 컨설턴트의 전문성을 활용하여 컨설티의 문제해결과 협력 | 1. 문제 확인<br>2. 문제 분석<br>3. 계획 실행<br>4. 문제 평가 | 1. 상호적 관계 수립<br>2. 문제행동의 원인, 행동기능 분석, 진단<br>3. 목표 설정, 중재안 수립<br>4. 중재 계획 실행<br>5. 중재 결과 평가 | • 유형별 차이 있음<br>• 공통 단계<br>1. 요구 조사<br>2. 활동 계획<br>3. 계획 실행<br>4. 평가 |
| 책임 및 역할 | • 컨설턴트는 문제의 성격에 따라 정보수집과 해결책의 제공에 대한 책무성<br>• 컨설턴트와 컨설티의 관계는 대등함 | • 공동의 문제해결이 강조되지만 컨설턴트는 주로 전문가로서의 역할 담당 | • 컨설턴트, 컨설티 간의 상호 협력적 역할과 책임<br>• 컨설티는 프로그램 실행 단계에서 주로 책임을 가짐; 그외 모든 단계에서는 공동 책임 | • 전문가 초빙 모형과 의사-환자 모형에서 컨설턴트는 주로 전문가의 역할<br>• 과정 모형에서 컨설턴트의 주요 역할은 촉진자와 촉매자 |

동 이론, 대인관계 이론, 개인심리학 이론에 근거를 두고 있으며, 클라이언트와 컨설티의 관계뿐만 아니라 컨설턴트와 컨설티 간의 관계에도 적용할 수 있다. 행동 컨설팅 모형은 행동학습 이론, 사화학습 이론, 사회인지 이론 및 인지행동 이론에 기반을

두고 있고, 행동수정, 응용행동분석, 긍정적 행동 지원, 모델링 등과 같은 방법을 사용하는 특성이 있다. 그리고 협력적 컨설팅과 조직 컨설팅 모형은 생태학적 및 통합적 측면을 강조하는 이론에 근거하는 것으로 볼 수 있으며, 조직컨설팅 모형은 산업심리학과 조직심리학의 중심 개념인 조직이론에 기반을 두고 있는 것이 특징이다.

사실 협력적 모형이란 독립 영역으로서의 이론적 기반이 있는 것이 아니라, 이 모형은 여러 분야의 전문가, 다양한 컨설티(교사, 상담교사, 학부모, 기타 관련 직원)들이 함께 전문성을 공유하고, 책임을 나누어 가지면서, 다면적 차원의 요소를 협력적으로 접근하여 컨설팅의 효과성을 높일 수 있다는 전제에서 출발한 것이다. 이러한 입장을 반영하는 구체적인 이론적 기반으로 협력의 일반원리, 생태 이론, 행동 이론, 가족 중심 이론, 파트너 중심 이론을 들 수 있다. 이러한 이론들은 인간이 어떻게 성공적으로 상호작용하는지와, 복잡한 생태이론적 맥락들의 설명 기제를 제시하고 있다.

앞서 기술한 정신건강 컨설팅 모형과 행동 컨설팅 모형도 최근에 와서는 협력적 정신건강 모형과 협력적 행동 모형의 형태로 널리 적용되고 있다. 나아가 학교컨설팅 또한 협력적 모형을 전제로 활용되고 있다. 학교심리사 및 학교상담가들이 점차 증가하고 이들이 학교 장면에 고용되면서 컨설팅 서비스를 제공하게 된 것이다. 정신건강 컨설팅과 협력적 정신건강 컨설팅을 비교한 <표 1-6>에서 보듯이, 정신건강 실무자는 논의될 사례를 선정하고, 사례의 정신건강 결과에 대해 책임을 진다. 그러면서 클라이언트를 위한 처치나 중재 및 클라이언트에게 적합한 환경변화 등을 논의할 때는 함께 협력한다. 협력적 정신건강 컨설팅은 특히 학교 장면에 적용하기에 적절하다. 예를 들어, 학교 장면에서 컨설티인 교사가 과잉행동을 하는 학생을 위한 교실관리 방법에 대해 정신건강 전문가와 컨설팅을 할 때, 학생들에게 상담활동을 제공함으로써 교사와 협력을 할 수 있을 것이다. 이런 방식으로 정신건강 전문가는 환경에 잘 적응하도록 하는 책임을, 교사는 교과 학습의 성취에 대한 책임을 서로 협력적으로 수행할 수 있다. 협력적 정신건강 모형의 전반적인 특성으로는 학교심리사와 상담사와 같은 조직 내부의 전문가가 교사와 함께 협력할 수 있는 장점이 있고, 컨설팅을 통한 변화의 결과에 대한 전반적인 책임을 공유할 수 있다는 것이다.

둘째, 각 모형에서 궁극적으로 도달해야 할 컨설팅의 목적이라는 차원에서 살펴보면, 정신건강 모형은 주로 컨설티 또는 클라이언트의 감정과 기능적 문제를 해결하는 데에 초점이 둔다. 행동 컨설팅 모형은 주로 클라이언트의 행동 문제에 적용되고 있으며, 클라이언트의 바람직한 행동의 증가와 바람직하지 못한 행동의 감소를 목표

**표 1.6** 정신건강 컨설팅 모형의 비교

| 요소 | 정신건강 컨설팅 | 협력적 정신건강 컨설팅 |
|---|---|---|
| 컨설턴트 | 외부 전문가 | 조직 내부의 전문가(학교심리사, 학교상담사) |
| 심리서비스 유형 | 간접 서비스, 클라이언트와의 접촉이 없음 | 직접 및 간접 서비스, 클라이언트와의 접촉이 있음 |
| 컨설턴트-클라이언트 관계 | 협조하며, 비위계적인 관계 | 조직 내에서의 지위와 역할 차이, 위계적인 관계 |
| 컨설티 참여 | 자발적 참여 | 자발성이 부여되지만 반드시 참여 |
| 대인 간의 역할 구성 | 컨설턴트-클라이언트 양자 중심 | 여러 명의 협력자를 포함하는 팀 중심 |
| 의사소통의 비밀보장 | 계약 사항에 구체화한 것을 제외하고는 비밀보장 | 팀 구성원들 사이에 정보를 공유하므로 반드시 비밀보장이 되지는 않음 |
| 컨설턴트 제안의 수용과 거부에 대한 컨설티의 자유 | 자유로움 | 보통 협력자의 전문성을 따르기 때문에 자유롭지 못함 |
| 사례/프로그램 결과에 대한 컨설턴트 책임 | 없음 | 전반적인 결과에 대한 책임은 같이 공유하고, 정신건강 부분은 일차적인 책임을 짐. |

로 한다. 협력적 모형은 전문가와 교사가 협력하여 교실에서 나타나는 문제(학습문제, 성취문제, 행동문제 등)를 해결하는 데 초점을 둔다. 조직 컨설팅 모형은 컨설팅을 통해 조직의 전반적인 효과성을 높이는 것이 주요 목표이다. 그러나 컨설팅의 목표는 현재의 문제해결에만 국한되는 것이 아니라, 컨설티로 하여금 미래에 대두되는 유사한 문제를 해결하기 위한 지식과 기술을 갖추도록 하는 데도 목표가 있다. 모든 모형이 예방과 개선이라는 목적을 갖지만, 특별히 협력적 모형은 미래에 발생할 유사한 문제를 해결하기 위하여 교사들에게 필요한 지식 기반과 기술 관련 역량을 제공하여 예방에 더 중점을 둔다. 결국 컨설팅은 현재 문제의 해결에서 미래 문제의 예방으로 나아가므로 각 모형에서 이 두 가지의 목적은 동등하게 중요한 것이 된다.

셋째, 컨설팅의 과정 혹은 컨설팅의 단계는 전 모형에 걸쳐 공통적인 점도 있지만 모형에 따라 다소 차이나는 단계로 이루어짐을 알 수 있다. 즉, 해결할 문제의 확인에서 해결된 문제의 평가에 이르는 핵심 절차는 어느 모형이나 다 공통적으로 포함하고 있으며, 다만 단계의 수와 단계 내에서의 활동의 구체성에서 차이가 있을 수 있다. 특히 협력적 모형은 문제해결 모형에서 사용하는 문제 규명, 문제 분석, 계획 실행, 평가의 단계를 기본적으로 활용하면서, 문제 규명 단계 이전의 상호 수용적 관계 수립이라는 예비단계를 포함시키고 있다. 이는 컨설턴트와 컨설티 간의 협력적 상호작용을 위한 기본관계 설정이 얼마나 중요한지를 보여주고 있다.

마지막으로, 컨설턴트와 컨설티가 갖는 역할은 모형에 따라 차이가 있음을 알 수 있다. 정신건강 모형과 행동적 모형에서는 컨설턴트가 주로 전문가로서 컨설티에게 도움을 주는 위계적 관계를 갖는 반면, 협력적 모형에서는 컨설턴트와 컨설티가 대등한 위치에서 공동의 문제해결과 책임을 갖는다. 조직 컨설팅 모형은 그 세부 유형인 전문가 초청 모형과 의사-환자 모형에서 컨설턴트는 주로 전문가로서의 역할을 수행하나, 과정 모형에서의 주요 역할은 촉진자와 촉매자의 역할을 한다.

## 참고문헌


김정섭(2009). 학습컨설팅의 중요성과 학습컨설턴트의 역할. **학교심리와 학습컨설팅**, 1(1), 19－33.

이명숙(2014). RtI Model and Learning Consultation. **교육학논총**, 35, 1－18.

이명숙(2015). 학습컨설턴트의 역량증진과 자격과정 컨설턴트의 사례실습 수퍼바이징. **학습컨설팅 사례**, 1(1), 1－24.

이명숙, 안도희, 도승이(2015). 학습컨설팅 역량 척도의 개발 및 타당화. **학습자중심교과교육연구**, 15(9), 853－872.

이명숙, 김동일, 이기정 역(2016). **효과적인 교수와 학습컨설팅을 위한 RTI의 원리와 전략**. 서울: 아카데미프레스. Brown－Chidsey R., & Steege, M. W. (2010). Response to intervention : Principles and strategies for effective practice. The Guilford Press.

윤초희(2009). 학습컨설팅의 모형과 현장 적용 가능성 고찰. 학교심리와 학습컨설팅, 1(1), 1－18.

Bergan, J. R. (1977). *Behavioral consultation.* Upper Saddle River, NJ: Merill/Prentice Hall.

Bergan, J. R. (1995). *Evolution of a problem－solving model of consultation. Journal of Educational and Psychological Consultation*, *6*(2), 111－123.

Bergan, J, R., & Kratochwill, T. R. (1990). *Behavioral consultation and therapy.* New York: Plenum Press.

Bernard, J. M., & Goodyear, R. K. (2009). *Fundamentals of clinical supervision.* Boston, MA: Pearson.

Brown, D., Pryzwansky, W. B., & Schulte, A. C. (2001). *Psychological consultation; Introduction to theory and practice*(5th ed.). Boston, MA: Allyn & Bacon.

Caplan, G. & Caplna, R. (1993). *Mental health consultation and collaboration.* San Francisco: Jossey－Bass.

Caplnan, G. (1995). Types of mental health consultation. *Journal of Educational and Psychological Consultation*, 6(1), 7－21.

Caplan, G., Caplan, R., & Erchul, W. (1995). A contemporary view of mental health consultation: Comments on "Types of mental health consultation" by Gerald Caplan(1963). *Journal of Educational and Psychological Consultation*, *6*(1), 23－60.

Conoley, J. C., & Conoley, C. W. (1992). *School consultation: A guide to practice and training* (2nd ed.). Upper Saddle River, NJ: Merill/Prentice Hall.

Dinkmeyer, D., & Carson, J. (2006). *Consultation: Creating school－based interventions.* New York: Routledge.

Dougherty, A. (2000). P*sychological consultation and collaboration in school and com*－

*munity settings* (3rd ed.). Pacific Grove, CA: Brooks/Cole.

Gutkin, T. B., & Conoley, J. C. (1990). Reconceptualizing school psychology from a service delivery perspective: Implications for practice, training and research. *Journal of School Psychology, 28,* 203-223.

Gutkin, T. B., & Curtis, M. (1982). School−based consultation: Theory, techniques, and research. In C. R. Reynolds & T. B. Gutkin(Eds.), *The handbook of school psy−chology* (pp. 577−611). New York: John Wiley & Sons.

Idol, L., Nevin, A., & Paulucci−Whitcomb, P. (1995). The collaborative consultation model. *Journal of Educational and Psychological Consultation, 6*(4), 347−361.

Kampwirth, T. J. (2006). *Collaborative consultation in schools: Effective practices for stu−dents with learning and behavior problems*(3rd ed.). Upper Saddle River, NJ: Pearson Education, Inc.

Kratochwill, T. R., & Pittman, P. H. (2002). Expanding problem−solving consultation training: Prospects and frameworks. *Journal of Educational and Psychological Consultation, 13,* 69−95.

Kratochwill, T. R., Sladeczek, I., & Plunge. (1995). The evolution of behavior consultation. *Journal of Educational and Psychological Consultation, 6*(2), 145−157.

Meyers, J. (2002). A consultation model for school psychological services: Twenty years later. *Journal of Educational and Psychological Consultation, 6*(1), 73−81.

Meyers, J. (2011). A 30 year perspective on best practices for consultation training. *Journal of Educational and Psychological Consultation, 13*(1), 35-54.

Reschly, D. J. (2008). School psychology paradigm shift and beyond. In A. Thomas & J. Grimes (Eds.). *Best practices in school psychology* (pp. 3−15). Bethesda, MD: National Association of School Psychologists.

Schein, E. H.(1987). *Process consultation: Lessons for managers and consultants.* Reading, MA: Addison−Wesley.

Schein, E. H. (1988). *Process consultation.* Reading, MA: Addison−Wesley.

Schein, E. H. (1990). Models of consultation: What do organizations of the 1990s need?. *Consultation,* 9, 261−275.

Schein, E. H. (1999). *Process consultation revisited: Building the helping relationship.* Reading, MA: Addison−Wesley.

West, J. F., & Idol, L. (2001). School consultation(Part 1): An interdisciplinary per−spectives on theory, models, and research. *Journal of Learning Disabilities, 20*(7), 388−408.

Zins, J. E., & Erchul, W. P. (2002). Best practices in school consultation. In A. Thomas and J. Grimes (Eds.), *Best practices in school psychology*(4th ed., pp. 625−643). Bethesda, MD: National Association of School Psychologists.

C/H/A/P/T/E/R 2

# 학습컨설팅의 절차

이 명 숙

## 1 학습컨설팅의 과정

학습컨설팅은 학교 및 여러 교육 환경에서 직면하는 다양한 형태의 학습 관련 문제를 효과적으로 해결하고, 보다 효과적인 교수와 학습을 위한 방법이나 기술에 대한 외부 전문가의 도움을 필요로 할 때 이루어지는 전문 학습지원 서비스 활동이다. 이러한 학습컨설팅은 다양한 모형에 따라 상이한 단계나 절차를 거치기도 하고, 의뢰된 문제의 특성이나 상황, 혹은 컨설티와 클라이언트의 특성에 따라서도 차별적인 단계와 절차를 거치기 때문에 융통성있게 진행될 필요가 있다. 일반적으로 컨설팅 과정은 다섯 가지 측면을 포함하는데, 관계 구축, 문제 규명, 문제 분석, 중재 실시, 그리고 프로그램 평가가 그것이다. 이 장에서는 어떤 상황이던 간에 일반적으로 심리학자, 상담가, 기타 정신건강 전문가 및 학습컨설턴트들이 컨설팅을 제공할 때 사용할 수 있는 절차에 대해 살펴보기로 한다.

모든 문제해결의 과정과 마찬가지로 학습컨설팅은 일반적으로 도입 단계 → 진단 단계 → 목표설정 단계 → 실행 단계 → 종료 단계의 순으로 수행된다. 도입 단계는 학습컨설팅의 시작 단계로 컨설턴트와 컨설티(클라이언트)가 만나 의뢰문제를 중심으로 서로 합의하여 본격적인 컨설팅을 위해 준비하는 시작 단계이다. 보통 이 단계에서 컨설턴트와 컨설티의 관계가 만들어지고, 의뢰 문제를 검토하여 계약이 이루어진다. 진단 단계에서는 의뢰된 전반적인 문제를 더 정확하고 명료하게 밝히기 위해 문제에 대한 정보를 수집하고 분석하여 문제가 무엇인지 규명하는 단계이다. 목표설정 단계는 컨설팅의 과정을 통해 성취할 문제해결의 목표를 설정하고, 이를 위한 다양한 해결책 및 중재방안을 강구하는 단계이다. 실행 단계는 선택한 개입방법이나 전략을 적용하는 과정과 실시에 따른 평가가 이루어지는 단계이다. 종료 단계는 설정한 목표를 확인하고, 학습컨설팅 과정 전반에 관한 평가 및 추수활동과 관련한 피드백을 제공하면서 컨설팅을 종결하는 단계이다. 이와 같이 컨설팅은 여러 단계와 하위과정들로 이루어지는데, 반드시 순서대로 진행되는 것이 아니라 컨설팅의 실시 과정에서 문제의 특성에 따라 각 단계와 하위 과정들이 서로 중첩되거나 상호적이며 융통적으로 적용할 수 있다.

이러한 학습컨설팅의 일반적 절차를 [그림 2-1]로 나타내 보면 다음과 같다.

그림 2.1 학습컨설팅의 일반적 절차

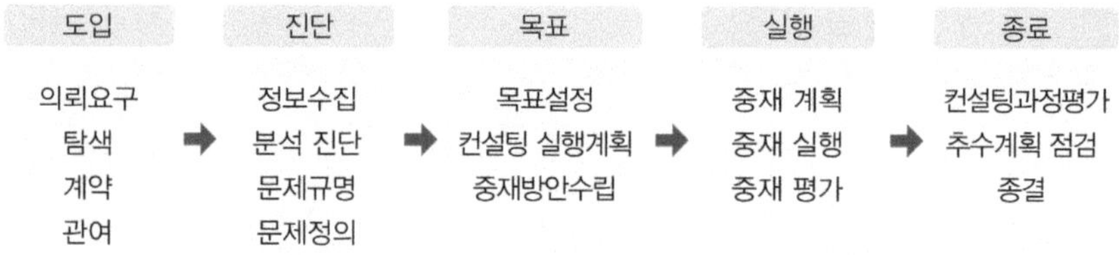


## 2 학습컨설팅의 일반적 단계

### 1) 도입 단계

컨설팅 과정의 첫 단계는 컨설턴트가 의뢰된 맥락에 들어가는 도입 혹은 시작 단계이다. 즉, 컨설턴트가 컨설팅 환경이나 조직 속으로 들어가거나 혹은 컨설티(혹은 클라이언트)와의 관계 속으로 들어가서 컨설팅이 시작되는 출발점인 것이다. 이 단계에서 컨설턴트는 서로 협력적인 관계를 형성하고, 의뢰된 문제의 특성을 검토하고, 컨설티 및 조직의 관련자와 계약을 하고, 컨설팅과 관련한 전반적인 절차를 설명하고, 협력의 과정에서 서로 필요한 점들에 대해 이해를 공유할 것을 약속한다. 의뢰 양식의 예를

**표 2.1** 컨설팅 의뢰 양식

컨설티 이름: ______________ 날짜: ______________

클라이언트 이름: ______________ 학년: ______________

클라이언트 나이: ______________ 전화번호: ______________

부모: ______________________________

만나기 좋은 시간: ___월 ___일 ___요일

___시 ___분부터 ___시 ___분까지 (30분－1시간 사이)

컨설팅 받기를 원하는 문제: ______________________________

______________________________

문제에 관한 정보와 기타 사항 ______________________________

작성일자: 년 월 일

작성자: (서명)

제시하면 <표 2-1>과 같다. 도입 단계는 다음과 같은 하위과정들로 이루어진다.

① **요구조사**

컨설턴트, 컨설티 및 관계 당사자가 함께 모여서 의뢰된 문제에 대해 논의를 하고, 컨설티가 원하는 요구가 무엇인지를 명확히 파악하여, 컨설팅 서비스를 지속적으로 수행할 것인지의 여부를 결정해야 한다.

② **계약**

컨설팅 서비스의 제공이 반드시 필요하다는 데 합의가 이루어지면 계약을 하는 절차가 필요하다. 계약서에는 컨설팅의 과정에서 요구되는 컨설턴트 및 컨설티의 역할, 이해 당사자들의 기대, 봉사료 및 종료 기한 등을 계약에 포함시킨다.

③ **관여**

컨설턴트와 컨설티의 관계가 이루어지고, 일할 장소가 마련되고, 의뢰문제나 조직의 해결 문제가 탐색되고, 컨설티와 계약이 성립되면서 컨설턴트의 관여 혹은 개입이 시작된다. 관여가 시작된다는 의미는 필요 시 컨설턴트가 컨설티에게 만남을 요구할 수 있거나 조직의 임시 구성원으로 수용되어 컨설팅의 환경에 들어갈 수 있다는 뜻이다.

### 2) 진단 단계

도입 단계가 마무리 되면 컨설턴트는 컨설티 혹은 클라이언트가 당면한 문제가 무엇인지를 규명하고, 이에 대한 해결 과제가 무엇인지를 확인해야 한다. 해결할 문제를 정확히 규명하고 정의하기 위해 문제와 관련한 정보와 자료를 수집하고 분석하는 과정이 진단 단계에서 이루어진다. 도입 단계에서는 의뢰된 사항을 포괄적으로 다루었으나, 진단 단계에서는 문제 규명이 객관적이고 정확한 근거에서 이루어 질 수 있도록 다양한 자료 출처를 활용해야 한다. 진단 단계에서 이루어지는 자료 수집은 적절한 중재안을 계획하는 것과 중요한 관계가 있기 때문에, 성공적인 진단을 수행하기 위해 컨설턴트는 적절하고 정확한 정보를 수집해야 하며, 어떤 일관된 양태를 나타내 보이는지, 특히 선행 요건들이 무엇인지를 규명할 필요가 있다. 정확한 진단이 이루어진다면 실행 가능한 중재계획의 수립을 용이하게 할 것이다. 컨설팅의 과정에서 진단 단계는 무엇보다 중요하다. 문제가 잘못 규명되면 컨설턴트는 컨설팅의 방향을 적절하게 이끌고 가기가 어려울 뿐만 아니라 적절한 효과를 약속하기 어려울 것이다. 이 단계에서 문제가 보다 정확하고 명료하게 규명되고 정의하기 위해 다음과 같은 하위 과정을 거칠 필요가 있다.

#### ① 정보 수집

효과적인 학습컨설팅을 위해서는 클라이언트의 배경정보를 비롯한 학습, 행동, 동기, 정서 등과 관련한 다양한 정보를 수집해야 하며, 자료의 객관성과 정확성을 위해 다양한 영역 및 방법을 통한 자료수집 활동이 요구된다. 이를 위해 컨설턴트는 컨설티(교사), 클라이언트, 학부모 등과의 면담, 관찰, 일상의 기록, 사건이나 상황, 설문조사, 상담 등 다양한 출처의 자료를 수집하여야 한다. 영역별 자료출처의 예로 <표 2-2>를 참고할 수 있다. 또한 <표 2-3>의 진단을 위한 체크리스트와 같은 양식을 사용한다면 자료수집이 훨씬 더 체계적일 수 있다. 그리고 <표 2-4>에서는 행동 기능의 관찰을 하고자 할 때 사용할 수 있는 양식의 예를 보여주고 있다. 컨설턴트

**표 2.2** 영역별 자료수집의 예

| 영역 | 자료의 예 | |
|---|---|---|
| 교수학습 | – 컨설팅 의뢰서<br>– 수업지도안<br>– 수업녹화(녹음 자료) | – 판서자료<br>– 자료 평가표<br>– 수업참관 기록 |
| 생활지도 | – 학교컨설팅 의뢰서<br>– 학생상담 일지<br>– 학급경영 일지 | – 가정환경 조사서<br>– 자기평가표<br>– 면담 일지 |
| 학급경영 | – 컨설팅 의뢰서<br>– 학급경영 일지<br>– 자기평가표 | – 교실 방문 기록<br>– 학급 규칙 |
| 특별활동 | – 컨설팅 의뢰서<br>– 특별활동 수업 참관 자료<br>– 연간 사건 기록 | – 학급 경영록<br>– 학생 평가 자료 |
| 학부모 관계 | – 컨설팅 의뢰서<br>– 가정환경 조사서<br>– 관련사건 기록 | – 학부모 상담일지<br>– 학부모 대화 및 면담 기록 (편지, 이메일 등) |
| 재량활동 | – 컨설팅 의뢰서<br>– 재량활동 운영 계획서<br>– 재량활동 요구조사 기초자료 | – 활동 참관 자료<br>– 자기평가표<br>– 학생 평가 자료 |

출처: 진동섭 외(2011), p. 68.

와 컨설티가 서두르지 않고 다양한 방법을 활용하여 정보를 수집할 때 문제에 대한 정확한 규명의 가능성이 더 높아질 수 있을 것이다. 정보 수집을 효과적으로 수행하려면 컨설턴트와 컨설티는 무슨 정보를 찾아야 하는지 그리고 어떤 방법(관찰, 면담, 문서기록, 설문, 심리검사)으로 정보를 수집할 것인지를 사전에 인지할 필요가 있다. 또한 컨설턴트는 다양한 컨설팅의 모형이나 성격에 따라 요구되는 자료수집의 특성을 잘 인지하여야 할 것이다.

② 정보의 분석과 해석

컨설턴트와 컨설티는 충분히 수집된 자료에 대한 분석과 해석의 과정을 거쳐 문제를 규명하게 된다. 따라서 수집된 자료의 분석과정에서 객관성을 유지하여야 한다. 편파적이거나 편견에 의한 자료의 분석과 편협한 시각의 자료 해석은 문제를 잘못 정의하도록 유도할 가능성이 있다. 따라서 자료에 대한 분석과 해석이 객관적이고 타당하기 위해서는 증거기반(evidence based) 자료가 충분해야 한다. 증거에 근거한 자료

수집과 분석은 문제 규명과 문제 진단을 정확히 할 수 있는 기반이 된다. 분석의 과정에서 부족한 정보가 발견되면 추가적인 정보 수집을 보완해야 한다. 이러한 자료의 충분성과 객관성에 근거하여 정확한 진단이 내려지면 이후의 목표설정과 중재안의 계획 과정 또한 신뢰할 수 있을 것이다.

③ 문제 규명과 정의

컨설턴트와 컨설티는 객관적으로 분석되고 해석된 자료에 근거하여 의뢰 문제와 관련한 여러 가지 관련 요인들을 관련지으면서 문제를 규명하고 정의 내린다. 이 과정에서는 문제의 성격과 강도를 정확히 평가해야 하며, 문제해결을 위한 결정을 포함한다. 문제 규명을 할 때 중요한 점은 합리성, 실행가능성, 참여 의지와 동기, 문화적 배경 등과 같은 측면을 고려해야 하는 것이다. 잘 규명되고 정의된 문제는 이를 변화시키려는 목표설정으로 이어지고, 나아가 이를 해결하려는 중재계획과 직접적인 연관이 있기 때문이다. 컨설턴트는 다양한 증거기반 자료와 이론적 틀을 근거로 하여 진단되고 규명된 문제를 명확하게 정의 내려야 한다. 이렇게 정의된 문제는 컨설팅의 과정에 관여하는 당사자들의 요구도 반영해야 한다.

**표 2.3** 학생진단 체크리스트

학생 이름: ______________ 날짜: 년 월 일

읽기:

동학년에 비해 읽기 수준이 (약간, 심하게) 낮다.
독해력이 (약간, 심하게) 낮다
읽은 자료를 기억하는 능력이 (약간, 심하게) 낮다
행간의 의미를 읽는 능력이 (약간, 심하게) 낮다
기타

쓰기:

한글 맞춤법이 (다소, 매우) 서툴다
논리적 순서로 글 쓰는 능력이 (약간, 심하게) 낮다
기타

수학:

기본 사칙연산이 부족하다
더하기 빼기 곱하기

수학적 개념이 부족하다: 수 감각이 떨어진다.
수학 교구들이 필요하다.
응용력이 낮다.
측정 개념이 낮다.
고급 연산 능력이 부족하다. (분수, 소수, 백분율, 방정식, 문장제 문제)
기타

정보처리 기술:
수업 중에 교사가 하는 말을 이해하지 못한다.
학생이 2개 국어를 사용한다면 여기에 체크하시오. ( )
시각-공간적 개념을 혼동한다. (예: 위-아래; 왼쪽-오른쪽).
모방하는 것이 어렵다.
소근육 운동 협응이 약하다.
대근육 운동 협응이 약하다.
조직화가 약하다. 때로는 식별하지 못하는 것 같다.
주의를 기울이지 못 한다: 주의/집중이 산만하다.
기타

언어 기술:
발음이 정확하지 않다. (부정확한 발음: )
더듬거리며 말한다.
문법이 부정확하다.
말하기를 꺼린다.
어휘력이 부족하다.
어린애 같이 말한다.
기타

공부나 일하는 습관:
일의 생산성이 낮다.
출발은 잘하나 항상 제때에 마무리를 못한다.
대체로 적절한 재료(종이; 연필)를 준비하지 않는다.
과제를 자주 다시 해야 한다.
공부를 계속하기 위해서는 끊임없이 자극을 받아야 한다.
숙제를 다 하지 않는다.
일이나 재료를 조직화하는 것을 어려워한다.
시간관리가 나쁘다.
공부 기술이 나쁘다.
학업에 관심이 없다.
기타

사회적 기술:

다른 학생들과 어울리지 못 한다.
무례하고 안하무인이다.
권위에 대해 저항적이다.
다른 사람을 자주 비난하고 행동에 대한 책임을 지지 않는다.
친구가 없고, 친구가 있어도 이 학생을 썩 좋아하지 않는다.
(언어적으로 또는 신체적으로) 공격적이다.
부적절하게 소리를 지르고, 쓸데없는 말을 자주 한다.
물건을 파손한다.
도둑질을 한다.
지속적으로 감독할 필요가 있다.
기타

정서적 행동:

만성적으로 우울하고, 슬퍼하고, 불행하고, 정신이 없다.
다른 학생들이 자신을 괴롭힌다고 불평한다.
주제넘게 참견하고 신경질적이다.
부끄럼이 많고, 수줍어하고, 다른 사람과 어울리지 않는다.
가난하고, 의존적이고, 소심하다.
자아개념이 낮다.
과잉반응을 잘하고 화를 잘 낸다.
정서 변화가 극단적이다.
항상 주목받고 싶어 하고, 학급의 어릿광대처럼 행동한다.
기타

---

**표 2.4** 행동기능의 관찰 양식

날짜, 요일, 시간(수업시간): ______________________________
장소(학급): ______________________________

괴롭히는 행동
다른 학생들이 한 일과 그들의 외모에 대해 부정적으로 말하거나 위협하는 것으로 정의됨.

상황/선행 자극
괴롭히는 행동이 발생할 때의 활동: ______________________________
주변의 다른 학생: ______________________________
현재 활동 이전에 한 활동: ______________________________
관련 있다고 여겨지는 다른 사건: ______________________________

결과
교사의 행동: ____________________
또래의 행동: ____________________
기타 결과: ____________________

괴롭히지 않는 행동
또래가 하는 긍정적이거나 중립적인 말. 교실 밖 활동이나 사건(예: 스포츠, 체육 수업)에 대한 언급, 칭찬, 사실(예: 숙제)에 대한 진술. 또래에 대한 언급이 아님.

상황/선행 자극
괴롭히지 않는 행동이 발생할 때의 활동: ____________________
주변의 다른 학생: ____________________
현재 활동 이전에 한 활동: ____________________
관련 있다고 여겨지는 다른 사건: ____________________

결과
교사의 행동: ____________________
또래의 행동: ____________________
기타 결과: ____________________

출처: Kazdin, A. E. (2002). *Behavior modification in applied settings*(6th ed.). Pacific Grove, CA: Brooks/Cole. By permission of publisher.

## 3) 목표설정 단계

이 단계에서 컨설턴트와 컨설티는 이전 단계에서 규명한 문제에 대한 이해를 기초로 내린 문제정의에 기초하여 적절한 문제해결을 위한 목표를 설정하며, 그 목표를 달성할 수 있는 중재방안을 모색한다. 아울러 목표성취를 위한 컨설턴트와 컨설티의 역할도 수립한다. 다각적인 측면에서 가능한 해결 방안에 대해 서로 협력하여 아이디어와 정보를 찾는 것이 중요하며, 이때 컨설턴트는 전문지식과 기술이 잘 반영될 수 있도록 안내해야 한다. 목표설정 단계에서 수행하는 하위과정은 다음과 같다.

### ① 목표설정

문제 정의가 구체적으로 정확히 내려지면 목표설정 또한 이에 따라 구체적으로 진술할 수 있을 것이다. 목표를 설정할 때는 성취 가능하고, 구체적인 평가가 될 수 있는 형태로 이루어져야 한다. 너무 복잡하거나 많은 목표를 단기적으로 설정하기보다 계약한 기간 동안에 성취할 수 있는 수준이어야 할 것이며, 무엇보다 클라이언트나 컨설티의 특성 및 수준과 진전 정도를 잘 반영해야 할 것이다.

② 중재방안 계획

컨설턴트는 클라이언트나 컨설티의 문제해결을 위한 최적의 처치 및 중재방안이나 프로그램을 계획하여 설정된 목표를 달성할 수 있도록 한다. 컨설턴트가 컨설티에게 필요한 정보나 자료를 제공할 필요가 있을 때, 성공사례를 소개할 수도 있고, 다양한 자료출처와 방법을 제안할 수도 있다. 또한 컨설턴트가 클라이언트의 문제해결을 위한 중재방안을 계획하기도 한다. 이럴 경우 컨설턴트는 사례연구나 다양한 선행연구를 기반으로 하는 과학적 접근의 중요성을 인식해야 한다. 앞서 기술한 증거기반 혹은 연구기반 정보를 활용하여 중재방안을 계획하는 것이 필요하다. 중재방안을 계획할 때는 실시 기간, 내용 차원, 재료준비 및 실시횟수 등을 면밀히 살펴야 할 것이다. 컨설턴트는 해결을 위한 중재방안을 선택할 때도 컨설티나 클라이언트에게 강요하는 느낌을 주거나 수동적으로 수용하는 입장이 아닌 그들이 선택에 적극적으로 관여하도록 유의할 필요가 있다.

### 4) 실행 단계

일련의 적절한 중재계획(중재안)이 구축되면 실행 혹은 실시 단계로 이어진다. 실행과정은 컨설팅의 모형에 따라 다양한 유형의 중재가 사용된다. 정신건강 컨설팅에서는 컨설티의 문제에 초점을 두는지 혹은 의뢰대상(학생)의 문제에 초점을 두는지를 면밀히 파악한 다음에 중재안을 계획한다. 행동컨설팅에서는 어떤 유형의 강화가 특정 의뢰 대상에게 가장 효과적인지를 파악한 다음 중재안을 계획한다. 그리고 조직컨설팅에서는 조직의 수준을 결정하고 이에 맞는 중재안을 선택하여 실행하게 된다. 중재안의 실행 유형은 개별 중재, 집단 및 팀 중재, 그리고 조직 중재로 구분할 수 있다. 개별중재는 학생의 학업문제, 학습행동, 교사의 교수 행동과 실천에 관한 학업적 중재와 의뢰 대상의 행동변화를 위한 행동중재를 위해 일반적으로 실시된다. 집단 및 팀 중재는 가장 흔히 적용되는 교육 및 훈련을 목적으로 실시된다. 전체 조직을 위한 중재는 조직의 효율성, 종합적 질 관리, 조사 피드백 및 실행연구, 조직의 비전을 위해 이루어진다.

실행 단계에서는 컨설팅과정에서 컨설티나 클라이언트의 변화를 이끌어낼 수 있는 해결방안을 실시하고 방안을 조정하면서, 중재의 적용에 대한 효과를 점검해 나간다. 실행 단계에서의 컨설티를 지원하는 경우, 문제해결을 위한 중재방안을 실제로 수행하는 것은 컨설티이지만 컨설턴트도 공동의 책임을 가지고 필요한 정보와 적절한 도움을 제공하여야 한다. 즉, 구체적인 실행 계획을 수립할 때 컨설턴트가 전문적 지식과 기술에 대한 정보를 제공함에 있어 주도적 역할을 수행하였지만, 실행 과정에서는 컨설티를 지원하고 실행하는 과정을 협력적으로 관찰하는 역할을 담당하게 된다. 또한 클라이언트를 직접 지원하는 경우에도 문제의 성격에 적합한 다양한 활동들이 수행될 수 있도록 해야 한다. 실행 단계는 다음과 같은 하위과정으로 이루어진다.



① 중재실행 계획

먼저 컨설턴트는 컨설티에게 협력의 중요성을 강조해야 한다. 목표 설정 단계에서 컨설턴트나 컨설티가 효과적으로 문제를 해결하는데 가장 적합한 것으로 선정한 중재방안의 실시를 위한 계획을 점검하고 실행계획을 명료화하는데, 그 중에서 성공 가능성이 높은 계획을 선택하는 것이 가장 바람직하다. 좋은 계획은 성공적인 결과를 가져오므로, 컨설턴트와 컨설티는 누가, 무엇을, 언제, 어디서, 어떻게 실시하는지를 고려해야 한다. 컨설티와 클라이언트 및 관련 조직의 특정 요구에 적합한 최선의 계획이 될 수 있도록 다양한 관점에서 중재의 정밀성을 검토해야 한다. 중재계획을 세울 때 검토해야 할 점은 중재의 효과성, 중재의 완결성, 책임있는 실행의지, 컨설티의 인식과 협력이라는 측면이다.

② 중재실행

구체적인 중재안에 대한 점검이 이루어진 다음 계획한 일정에 맞추어 중재 전략이나 프로그램 및 특정 처치를 실제로 실행한다. 컨설턴트는 실행의 과정에서 나타나는 문제점이나 과정에서 더 보완해야 할 점들을 기록할 수 있는 실행일지나 메모를 사용할 필요가 있다. <표 2-5>와 <표 2-6>은 일지 양식의 예가 될 것이다. 이러한 일지나 메모의 사용은 기억을 용이하게 하여 컨설턴트가 중재 계획의 실행을 더욱 효과적이게 할 것이다. 컨설턴트는 중재계획에서 계획한 클라이언트의 변화를 잘 기록하고 측정하여 자료관리가 잘 이루어 질 수 있도록 해야 하고, 또한 자료의 충분성에 대한 점검을 수행해야 한다. 컨설턴트와 컨설티는 중재계획을 협력적으로 수립한 만큼 컨설턴트는 컨설티의 중재실행 과정에 대해 면담이나 관찰을 통해 점검할 필요가 있다.

**표 2.5** 학습컨설팅 실행 일지(첫날용)

학생: 날짜: 의뢰하는 교사:
나이: 학년: 학부모:

컨설팅 신청 이유:

간편 이력(가족, 건강, 학교):

학생의 장점:

시도된 중재방안(처치)과 현재까지의 결과:

잠정적 해결책(필요한 자원, 관련 인사, 시간 약속, 장소, 시간표):

오늘의 계획(누가, 무엇을, 언제, 어디서, 어떻게):

다음 회의 날짜:

참석자:

**표 2.6** 학습컨설팅 실행 일지(차기용)

학생: 날짜: 의뢰하는 교사:

______회 회의(번호)

지난 회의의 중재방안(처치) 결과:

현 상태/지속되는 관심사:

오늘의 계획:

다음 회의 날짜:

참석자:

③ 중재실행 평가

중재계획이 실행된 후에는 평가가 이루어져야 한다. 중재안의 실시가 끝나가면서 컨설턴트는 실행 과정에서 주기적으로 관찰하고 측정한 자료 및 최종회기에서의 관찰과 검사 실시 결과에 대한 평가를 수행하게 된다. 컨설팅에서는 중재계획 실행평가와 결과평가를 포함한다. 실행평가에서는 실행이 처음 계획한 대로 이루어졌는지, 실행 과정 중에 예기치 않은 어떤 문제가 발생하였는지, 이들 문제가 결과에 어떤 영향을 미쳤는지에 대한 평가를 수행한다. 결과평가에서는 계획수립의 목표가 달성되었는지의 여부와 정도를 파악한다. 목표가 달성되지 않았다면 평가를 통해 그 원인을 검토한다. 보통 계획 실행의 결과를 평가하기 위해 목표달성 척도, 표준화 검사, 수요자 만족도 조사 등을 사용할 수 있다. 중재안의 실행 과정에서 수집한 자료를 분석하여 설정한 목표의 달성 정도와 진전 정도를 평가하고 보고서를 작성한다. 또한 실시 과정에서 나타난 특이 사항이나 추후에 지속적인 점검이 필요한 점들을 잘 기록해 두었다가 피드백으로 활용할 수 있도록 한다.



## 5) 종료 단계

학습컨설팅이 일반적으로 시작 단계 → 진단 단계 → 목표설정 단계 → 실행 단계를 거치면 마지막으로 컨설팅이 철회되는 종료 단계를 거친다. 컨설턴트와 컨설티 및 협력자들은 종료의 시점을 적절히 조정하고, 추후계획을 수립하여, 공식적인 종결 시기를 결정함으로써 발생할 수 있는 문제를 최소화할 수 있도록 해야 할 것이다. 이 단계에서 컨설턴트와 컨설티는 컨설팅 결과에 대한 최종 평가뿐만 아니라 총체적인 컨설팅 과정에 대한 평가를 수행하며, 이해 당사자들을 위한 최종 보고서를 작성하고, 추수계획에 대한 적절한 논의와 함께 컨설팅을 종결한다. 또한 계획한 일정의 조정이 요구되는 상황일 경우 컨설턴트와 당사자들은 종료 시점을 적절하게 조절하여 효과를 최대화시킬 수 있다. 컨설팅의 평가는 컨설팅의 과정에서 컨설턴트와 컨설티가 지속적으로 수행하는 형성평가와 컨설팅이 종료되는 시점에서 이루어지는 컨설팅의 효과에 대한 총괄평가를 수행할 수 있다. 형성평가는 컨설팅의 전 과정에 대해 이루어지는 것으로 과정타당도를 나타내며, 총괄평가는 경과나 산출물에 대해 이루어지는 결과타당도를 나타낸다. 이 단계는 다음과 같은 하위과정들로 이루어진다.

### ① 컨설팅 과정 평가

학습컨설팅의 종료 단계에서는 이전 단계에서 분석한 최종 결과에 대한 평가뿐만 아니라 전반적인 컨설팅의 진행 과정과 효과에 대한 평가가 이루어진다. 컨설턴트와 컨설티는 컨설팅의 목표 달성 여부를 판단하기 위해 총괄평가를 사용한다. 이런 평가 결과는 미래에 이와 유사한 사례를 효과적으로 다룰 수 있는 증거기반의 자료가 될 수 있다. 그리고 컨설팅의 종료에 따른 컨설팅 관여 당사자들의 만족도, 새로 습득한 지식이나 강점, 향상된 역량 등에 대한 후기 평가를 수행함으로서 컨설턴트 자신의 서비스에 대한 반성을 할 수 있는 유용한 자료와 기회가 될 수 있다. 따라서 컨설턴트와 컨설티의 책무성에 대한 평가도 이루어져야 할 것이다. 컨설팅의 평가 방법은 양적 방법, 질적 방법 혹은 혼합설계를 사용할 수 있다.

② 추수계획과 점검

컨설팅의 효과에 대한 추후점검은 시간이 경과한 후에도 얼마나 잘 유지되는지를 파악하고, 중재의 완성도를 확인하는 측면에서 필요할 뿐만 아니라 특정 행동이나 문제에 대한 연속적인 지원의 필요성을 판단하는 데도 도움이 된다. 따라서 이러한 추수계획을 관계자들과 공유할 필요가 있다.

③ 종결

종결은 컨설팅 과정에서 아주 중요한 과정 중 하나이다. 보통 설정한 목표가 성취되고, 문제행동에 대한 해결로 인해 더 이상 개입의 여지가 없다고 판단되면 공식적으로 컨설팅을 종료한다. 컨설턴트는 종료가 적절하게 이루어지도록 안내하여 불만이 발생하지 않도록 유의해야 한다. 부적절한 종결이나 갑작스런 종결은 일방적인 의사결정, 컨설팅 관계 유지의 모호성, 불필요한 컨설팅 시간의 연장 가능성 등과 같은 컨설팅에 대한 후속적인 인식은 물론 이후의 조치계획에 영향을 미칠 수 있다. 따라서 종료 단계에서는 컨설팅의 시작 단계에서의 학습컨설팅 계약서, 진단 및 목표설정 단계에서의 진단보고서와 중재방안 제안서, 그리고 실행 단계에서의 최종 결과 보고서 및 피드백 정보를 검토하고 컨설팅 당사자들과 공유하는 것이 종결을 효과적으로 수행하는 검증된 방법이다. 또한 참여자들은 컨설팅 과정에서 배운 것을 공유하면서 명확한 종결을 인식할 수 있어서 종결로 인한 스트레스를 감소시킬 수 있다.

## 참고문헌

Brown, D., Pryzwansky, W. B., & Schulte, A. C. (2001). *Psychological consultation; Introduction to theory and practice*(5th ed.). Boston, MA: Allyn & Bacon.

Dinkmeyer, D., & Carson, J. (2006). *Consultation: Creating school-based interventions*. New York: Routledge.

Dougherty, A. (2000). *Psychological consultation and collaboration in school and community settings* (3rd ed.). Pacific Grove, CA: Brooks/Cole.

Kampwirth, T. J. (2006). *Collaborative consultation in schools: Effective practices for students with learning and behavior problems*(3rd ed.). Upper Saddle River, NJ: Pearson Education, Inc.

Reschly, D. J. (2008). School psychology paradigm shift and beyond. In A. Thomas & J. Grimes (Eds.). *Best practices in school psychology* (pp. 3-15). Bethesda, MD: National Association of School Psychologists.

Zins, J. E., & Erchul, W. P. (2002). Best practices in school consultation. In A. Thomas and J. Grimes (Eds.), *Best practices in school psychology*(4th ed., pp. 625-643). Bethesda, MD: National Association of School Psychologists.

# P/A/R/T 2

# 학습컨설팅의 설계

C/H/A/P/T/E/R 3

# 교사지원 학습컨설팅

김민성

## 1 교사지원 학습컨설팅의 기초

### 1) 교사지원 학습컨설팅의 의미

일반적으로 컨설팅에는 두 명의 전문가와 의뢰대상이 관여한다. 학습컨설팅의 경우, 의뢰대상인 학생이 가지고 있는 문제해결을 위해 도움을 제공하는 컨설턴트와 도움을 제공받는 컨설티가 상호작용한다. 교사지원 학습컨설팅은 컨설턴트가 컨설티인 교사를 도와 학습자의 학습문제가 효과적으로 해결되도록 지원하는 과정이다. 컨설턴트는 학생의 학습에 영향을 미치는 수업 및 학습 관련 문제에 대한 전문적인 지원 및 필요한 자원을 제공하여 교사가 가장 효과적인 개입을 선택하고 실행하도록 돕는다 (Erchul & Martens, 2002). 뿐만 아니라 교사의 교수–학습 관련 역량을 함양하며 학생의 학습이 효과적으로 이루어질 수 있도록 지원한다. 교사지원 학습컨설팅에서 컨설턴트의 주된 업무는 교사를 상대하는 것이며(Dinkmeyer & Carlson, 2006; Brown, Pryzwansky, & Schulte, 2001), 교사와 학생 모두의 성장과 발달을 돕는 것이다(윤초희, 2009; Dinkmeyer & Carlson, 2006; Dougherty, 2009).

교사지원 학습컨설팅은 학습에서 어려움을 겪는 학생들을 돕기 위해 교사의 역량 개발을 지원하는 것이기 때문에, 효과적인 수업을 통한 학습지원, 개별 학생들과의 상호작용을 통한 학습문제 해결 등이 관련되어 있다. 이를 위해 '학습'이 무엇이며, 학습을 진작시키는 효과적인 수업의 의미와 특성을 알아볼 필요가 있다. 수업과 학습의 의미는 곧 교사지원 학습컨설팅의 방향을 안내하는 나침반의 역할을 하기 때문이다.

### 2) 학습의 의미

학습은 배울 학(學), 익힐 습(習)의 합성어로, 배운 것을 연습해서 자신의 마음과 몸에 익히는 것이다(민중서림, 2006). 심리학에서는 학습을 "경험의 결과로 나타나는, 비교적 지속적인 행동의 변화나 그 잠재력의 변화, 또는 지식을 습득하는 과정"으로 정의한다(한국교육심리학회, 2000).

학습이론에 따라 위 정의 중 어느 요소에 초점을 두는지가 달라진다. 예를 들어, 행동주의에서는 새로운 자극-반응의 연합이 행동의 변화로 나타나는 것이 학습이다. 설사 새로운 것을 배우고 익혔다 할지라도 행동의 변화로 드러나지 않으면 학습되지 않았다고 간주한다. 이에 비해 인지주의 입장을 채택하는 학습이론은 학습과 수행을 구분한다. 학습이 일어나도 행동의 변화로 나타나지 않을 수 있다는 것이다. 학습한 것이 수행으로 드러나기 위해서는 수많은 요인이 개입된다. 따라서 인지주의에서는 학습을 '경험의 결과로 나타나는 잠재력의 변화' 또는 '지식을 습득하는 과정'으로 정의한다. 지식이나 정보가 두뇌 속에서 처리되어 구조적인 체계로 저장되는 과정 또는 연결망을 만들어 가는 과정이라고 할 수 있다(Schallert & Martin, 2003).

이러한 학습의 정의는 학습을 개인 내부에서 일어나는 현상으로 바라본다. 행동주의는 개인의 행동변화의 관점에서, 인지주의는 개인의 두뇌에서 일어나는 정보처리나 지식 구조화의 관점에서 학습을 바라본다. 즉, 학습은 개인을 경계로 일어나는 현상인 것이다.

그러나 현실에서 학습은 타인과의 상호작용 속에서 일어나는 매우 사회적인 현상이다. 사회구성주의는 학습의 사회적, 상호작용적 측면을 강조한다. 학습은 타인과의 사회적 관계 속에서 개인이 취한 행위를 통해 일어나는 것이다(Schallert & Martin, 2003). 일본의 교육학자인 사토마나부(2003)는 '공부'와 '배움'을 비교하면서 학습이 개인적인 현상이 아니라는 것을 강조하였다.

> 여태까지의 공부가 개인주의적인 활동이었다는 점이다. 자학자습이나 자기학습을 이상적인 것으로 여기는 것에서 알 수 있듯이 공부의 개인주의는 사람들의 의식 깊이 침투해 있다. 공부에서는 누구의 힘도 빌리지 않고 혼자서 문제를 해

결하는 것이 가장 좋다고 생각하는 경향이 있다. 그것에 비해서, '배움'은 타자와의 관계를 통해서 이뤄지며, 개인과 개인이 서로 차이를 맞춰가는 과정을 통해서 완성된다. 21세기 사회가 다양한 사람들이 서로 공존 공생하는 사회라고 한다면 타자의 아이디어를 적극적으로 받아들이고, 자신의 아이디어도 아낌없이 제공하는 것이 배움이라는 행위의 기본으로 자리잡아야 할 필요가 있다...(중략)... 사물과 도구로 매개된 활동이 있고 친구와의 아이디어 교류가 있고, 표현과 공유를 통해서 이해 방식을 음미하는 활동이 있는 '활동적이고 협동적이고 반성적인 배움'의 장으로서 새로운 교실을 준비해야 한다(pp. 87-88).

사회적인 현상으로서 '학습'은 "사물이나 사람이나 사항(주제)과 만나고 대화하는 행위이며, 타자의 사고나 감정과 만나고 대화하는 행위이고, 자기 자신과 만나고 대화하는 행위"(p. 65)이다. 이처럼 실제 학생들에게 일어나는 학습은 학습자의 두뇌 속에서 일어나는 현상에만 국한된 것이 아니라 도구(물리적, 상징적 도구)나 타인과의 상호작용에 의해 매개되는 과정이다. 무언가를 배울 때 새로운 지식만 습득되는 것이 아니라 교사, 동료 친구들과의 관계, 자신에 대한 지식도 새롭게 형성된다(Brown, 1994).

### 3) 수업의 의미

#### 가) 수업의 연계적 특성

학습의 의미를 개인 내부에서 일어나는 행동이나 인지의 변화에 국한시키지 않고 타인, 수업내용, 도구(물리적, 상징적 도구)와의 상호작용을 통해 이들 간의 새로운 연결을 만들어가는 과정으로 바라본다면, 수업의 의미도 이에 조응하여야 한다.

흔히 수업을 논할 때, 교사가 수업내용을 '가르치고 전달하는' 것에 방점을 둔다. 그러나 교사가 수업내용을 '잘' 전달하는 것만으로 풍부한 '연결'이 일어나는 학습이 가능하지는 않다. 타인-수업내용-도구와의 상호작용이 활발히 이루어지기 위해서는 수업에서도 수업의 3요소인 교사, 수업내용, 학생들 간의 연계가 활발히 일어나야 한다(Lampert, 2010).

다음의 [그림 3-1]은 수업의 3요소의 연계를 시각적으로 표현한 것이다. '교사'의 요소는 교사가 지닌 지식, 기법, 태도, 신념 등을 포괄한다. '내용'은 수업에서 다루는 교과내용, 수업주제를 가리키며, '학생'은 수업에 참여하는 개별학생과 학생 전

그림 3.1 수업의 연계적 특성

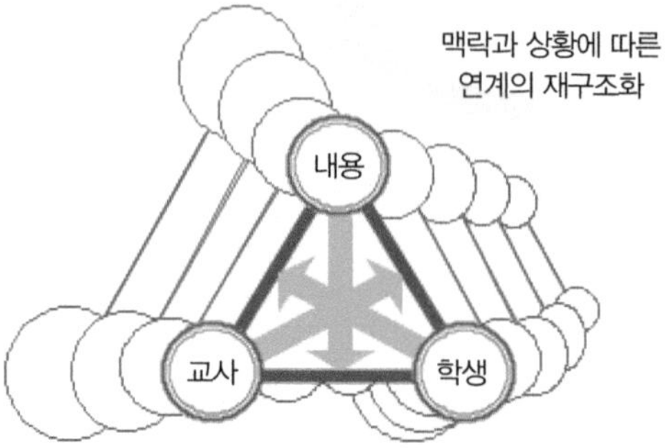


출처: 김민성(2012).

체의 집단적 특성까지 지칭한다(김민성, 2012).

먼저, '교사−내용'의 연계는 교사의 교과지식이 수업내용으로 전환되는 것을 나타낸다. 이 때 교사는 수업에 참여하는 개별 학생의 특성과 전체 학생의 역동을 고려하여 수업내용의 수준, 범위를 결정하게 된다.

'내용−학생'의 연계는 학생의 수준과 특성에 적합한 방식으로 수업방식을 계획, 운영하는 것을 가리킨다. '교사'로부터 비롯되는 화살표는 수업방식이 고정된 것이 아니라 수업상황에 따라 교사가 학생의 요구나 필요를 파악해서 수업방식을 조정하게 되는 현상을 나타내는 것이다.

'교사−학생'의 연계는 수업이 교사와 학생 간에 축적된 관계 속에서 이루어진다는 점을 보여준다. 교사와 학생이 서로 존중하고 신뢰한다면 교사는 학생의 필요와 요구를 보다 민감하게 파악하면서 수업을 구성할 것이며, 학생은 교사의 지도를 따르려는 마음을 가지게 될 것이다. 이러한 관계는 수업내용을 둘러싼 교사−학생의 상호작용이 효과적으로 이루어질 수 있도록 도와줄 것이다. '내용'에서 출발하는 화살표는 '교사−학생'의 관계가 교육장면에서 이루어지는 만큼 그 관계가 서로의 성장을 꾀하는 '교육적' 관계를 지향하여야 한다는 점을 시사한다.

이러한 수업의 의미, 즉 교사−내용−학생 간의 연계적 특성에 비추어 볼 때, 효과적인 수업은 교사가 맥락과 상황에 따라 자신의 사고와 관점을 변화시켜 교사−수업내용－학생 사이의 연계를 의미있게 만들어가는 과정임을 알 수 있다.

### 나) 수업의 생태적 특성

수업은 나름의 사연과 역사를 지닌 교실 또는 학급이라는 생태적 환경 속에서 이루어진다(역사성). 교실이라는 환경은, 다양한 특성, 선호도, 서로 다른 목적, 사회경제적 배경을 지닌 학생들이 모여 있는 곳이다(다면성). 이들 학생이 각기 다른 모습으로 수업에 임하며, 수업상황은 매우 빠른 속도로 흘러간다(동시성, 즉시성). 예측할 수 없는 상황이 발생하는 경우도 비일비재하다(예측불가성). 그러면서도 정해진 교육과정이 진행되고, 교사의 행동이 학생들에게 의미를 던져주는 매우 공적인 장소이다(공공성)(Doyle, 2006).

이상의 교실특성들이 복합적으로 작동하여 다양한 문제들을 만들어 낸다. 이러한 문제의 일차적인 책임은 교사가 감당해야 하며, 이는 교사의 가장 중요한 역량 중 하나이다. 수업이 효과적으로 이루어지기 위해 수업활동의 질서를 구축하고 유지하여야 하기 때문이다.

Shulman(2004)은 수업을 인류가 만들어 낸 활동 중에서 가장 복잡하고 도전적이며, 요구사항이 많고 미묘하며, 두려운 활동이라고 표현하였다. 복합적인 요소들이 역동적으로 작동하는 교실수업에서 교사는 수많은 의사결정의 순간에 직면한다. 일상적으로 교사는 하루에 수백 건의 의사결정을 내린다고 한다.

교실의 생태적 특성을 고려하면서 순간순간 교사－수업내용－학생 간 최적의 연계를 창출하여 학생에게 의미있는 학습이 이루어지도록 하는 교사의 역량은 교사의 전문성이 가진 본질적인 특성이기도 하다. 교사지원 학습컨설팅이 효과적으로 이루어지기 위해서 컨설턴트는 수업, 학습의 연계적 의미와 교실의 생태적 환경을 충분히 이해하는 것이 선행되어야 한다.

**수업의 특성**

수업을 이해하기 위해서는 교실이라는 환경을 이해할 필요가 있다. 수업이 이루어지는 교실은 20－30여 명의 학생들이 함께 상호작용하는 공간이다. 따라서 일대일로 특정 내용을 학생들에게 가르치는 상황과는 판이하게 다른 수업의 '생태'적 특성이 조성된다. 수업의 '생태적 특성'을 이해하는 것은 수업에서 일어나는 학습의 문제와 이에 대한 교사의 대처에 대해 많은 정보를 제공해 준다(Doyle, 2006).

- **다면성**: 다수의 사건이 발생하며 다양한 과제가 존재한다. 좋아하고 싫어하는 것이 서로 다른 학생들, 다양한 능력을 소유한 학생들이 자신의 목적(개인적, 사회적 목표)를 이루기 위해 제한된 자원을 사용하는 복잡한 공간이다.
- **동시성**: 수많은 일이 동시에 일어나는 공간이다. 교사는 한 학생이 연습문제 푸는 것을 도와주면서도 다른 학생들의 요청이 없는지, 학생들이 서로를 방해하지 않는지 등, 교실 전체를 점검하면서 계획에 맞추어 수업을 운영하여야 한다.
- **즉시성**: 교실 상황은 빠른 속도로 전개된다. 초등학교 교사의 경우, 하루에 학생들과 500회가 넘는 상호작용을 한다. 대부분의 경우에, 교사는 충분히 숙고할 시간없이 행동한다.
- **예측불가성**: 교실장면은 종종 예측하지 않은 방향으로 전개된다. 다양한 요인들이 복합적으로 작동하면서 교실상황이 전개되기 때문에 특정 활동이 특정한 날, 특정한 학생들을 대상으로 어떻게 진행될지는 예측하기가 힘들다.
- **공공성**: 교실은 공적인 장소이다. 특히 교사와 관계된 상황인 경우는 더욱 그렇다. 많은 학생들이 이를 지켜보고 있기 때문이다. "교실은 어항과도 같다. 교사가 학생을 어떻게 대하는지를 다른 학생들이 볼 수 있기 때문이다."
- **역사성**: 학생들은 교실에서 함께 생활한다. 당연히 서로 공유하고 있는 경험, 규칙, 규범들이 쌓여가게 되며, 학생들은 이에 기반하여 활동을 수행하게 된다.

## 4) 교사에 대한 이해

### 가) 교사의 업무

학습컨설턴트가 학습자의 문제를 직접 해결할 수도 있지만 컨설턴트가 학생들의 학교생활 모습을 있는 그대로 관찰하고 상호작용할 기회는 제한되어 있다. 컨설턴트가 학생들을 만날 수 있는 기회는 고작해야 일주일에 한두 번에 불과하기 때문이다. 이런 점 때문에 컨설턴트는 학습자의 학습문제 해결을 위해 교사와 적극적으로 협력할 필요가 있다. 교사는 학교 일상 속에서 학생들과 자연스럽게 접하기 때문이다 (Dinkmeyer & Carlson, 2006).

교사는 교사로서 자신의 업무를 수행하면서 컨설티로서 학습컨설팅 과정에 참여하게 된다. 따라서 효과적인 교사지원 컨설팅이 이루어지기 위해서는 교사의 주된 업무와 교사가 처한 상황에 대한 이해가 선행되어야 한다.

일반적으로 교사는 교과교육의 전문가로서 학생들을 지도하는 데 주력한다고 여

**표 3.1** 교사의 업무

| 업무 | 내용 |
|---|---|
| 교과교육 | 수업을 통해 학생들에게 교과 내용을 가르치는 업무와 관련된 것 |
| 생활지도 | 학생들의 인성, 진로, 교내외 활동 등을 지도하는 업무와 관련된 것 |
| 행정업무 | 학급 및 학교 운영과 관련되는 각종 행정, 사무적 업무와 관련된 것 |
| 학생과의 관계 | 교사와 학생과의 인간관계와 관련된 것 |
| 학부모와의 관계 | 교사와 학부모와의 인간관계와 관련된 것 |
| 동료교사와의 관계 | 교사와 동료교사와의 인간관계와 관련된 것 |
| 자기계발 | 자신의 전문성이나 삶의 질을 높이기 위한 자발적인 노력과 관련된 것 |

출처: 백순근(2005), 백순근 · 임현수(2006).

겨지지만, 실제 교직의 업무는 교과교육에 온전히 집중하기 어려울 만큼 다양한 업무에 둘러싸여 있다. 교사가 학교현장에서 수행해야 하는 업무는 크게 교과교육, 생활지도, 행정업무, 학생/학부모/동료교사와의 관계, 자기계발 등이다(백순근, 2005; 백순근, 임현수, 2006). 컨설턴트는 이들 업무가 컨설티인 교사의 상태와 어떻게 연결되어 있는지를 이해하고 컨설팅을 수행하여야 한다. 컨설티로서 교사의 역량은 교사가 처한 상황에 영향을 받을 수밖에 없기 때문이다(<표 3-1 참조>).

### 나) 교직문화

이상에서 제시한 교사업무는 교사가 근무하는 학교의 교직문화에 따라 그 수행방식이 달라진다. '문화'는 "조직 구성원들의 삶의 구현체로서, 그들의 의식, 행동양식, 가치관 등의 종합체"(김병찬, 2003, p. 2)이다. 따라서 교사의 교직문화는 교육현장에서 교사의 삶이 어떠한지를 이해하는 창이 될 것이다.

학교마다 고유한 교직문화나 학교풍토가 존재한다. 그러나 교사라는 직업, 학교라는 시스템, 우리나라의 교육제도가 갖는 특성으로 인해 일반적으로 나타나는 교직문화 역시 존재한다. 초 · 중 · 고 학교급에 공통적인 교직문화로 언급된 내용은 다음과 같다.

#### (1) 고립적인 수업문화

교사의 가장 주요한 업무인 수업(교과교육)은 교실이라는 독립된 공간 속에서 이루어진다. 수업은 온전히 담당 교사의 책임과 주도 하에 이루어지는 영역이다. 교사들은 자신의 수업에 대해 누군가가 개입하는 것을 불편하게 생각한다. 자신이 맡은 수업이나 담당하는 학생에 대해서는 자신이 제일 잘 알고 있다고 생각하기 때문이다(오영재,

2010). 이러한 '고립적인 수업문화'는 수업에 대한 교사들의 경험을 공유하고 혁신적인 수업방안을 확산하는 데 걸림돌로 작용한다. 교과에 대한 자신의 전문성을 고집하다 보니 다른 교사와 교과지도에 대해 협의하거나 협력하는 것에 익숙하지 못한 것이 현실이다(박영숙 외, 2012).

### (2) 수업 이외의 과다한 업무

학교에서는 교사들이 처리해야 할 행정 업무가 산재해 있다. 행정 업무로 인해 교사들은 제대로 수업준비를 하지 못하거나 아예 수업 자체를 제대로 운영하지 못하는 경우가 종종 발생한다. 교사들은 학교교육과정 운영과 관련된 업무, 상급기관의 공문처리, 학교가 수행하는 다양한 사업 등과 관련된 행정업무들을 학교의 본질과 거리가 먼 '잡무'로 인식하고 있다. 그럼에도 불구하고 교사들은 수업이나 교육과정 운영보다는 학교행사나 행정업무에 더 많은 시간을 할애한다고 인식한다(오영재, 2010). 수업과 생활지도는 열심히 해도 그 성과가 잘 드러나지 않지만, 업무를 정확하고 신속하게 처리하는지 여부는 겉으로 바로 드러나기 때문에 교사들은 업무처리에 더 주의를 기울일 수밖에 없다(박영숙 외, 2012). 아래의 두 학교의 사례는 교사의 행정업무에 대한 학교의 인식과 지원에 따라 교사의 삶이 어떻게 달라지는지를 보여준다.

두 학교의 사례

윤리부장인 교사 ㄴ씨는 오전 8시 30분에 출근한 후 책상에 앉아 컴퓨터를 켜고 시 교육청의 업무관리시스템을 확인하는 일로 하루를 시작한다.

공문을 열어 보니 지난해 진로교육을 몇 시간 했는지, 학교폭력 교육을 몇 시간 했는지 실적을 보고하는 내용이었다. 지난해 윤리부장을 맡았던 교사는 이미 다른 학교로 전근을 갔기 때문에 지난해 공문을 뒤져서 찾아내는 방법밖에 없다.

공문을 뒤지다 보니 1교시 수업시간이 다가왔다. 수업을 마친 후 쉬는 시간 10분도 공문을 찾는 데 써야 한다. 화장실을 다녀오는 시간도 아깝다. 점심시간이 됐지만, 여유 시간이 없다. 밥을 입에 밀어 넣은 후 다시 책상으로 돌아와 공문을 뒤적거려야 했다... 그런 와중에 갑자기 교장이 부장단회의를 소집했다. 결국 오늘 마쳐야 할 업무를 처리하지 못했다.

교육청에선 교육 지원 업무라고 하지만, 교무행정사나 행정실무사가 할 수 있는 일들이다. 6학년 학생들의 경우 생활지도나 상담이 필요하기 때문에 교사들 사이에 협의하는 시간이 꼭 필요한데 업무에 쫓기다 보니 뒷전으로 밀리는 경우가 많다. 엄두를 못 내는 것 같다.

교사들이 제발 가르치는 일에 집중할 수 있게 행정업무 지원 인력을 확충하고 업무 전담팀을 구성하도록 시교육청이 지침을 내렸으면 한다.

부장교사인 교사 ㄹ씨는 오전 8시 30분 출근 후 5학년 담임교사들과 학생 생활지도나 수업과 관련한 모임으로 하루를 시작한다.

그가 맡고 있는 주요 업무는 수련활동 기획과 답사, 학생 교육과 관련한 논의를 주재하는 것이다. 행정업무 전담팀에 소속된 부장교사 3명을 제외한 다른 교사들의 행정업무는 전혀 없다. 기존에 학년 부장이나 교사들이 나눠 맡았던 업무나 잡무는 모두 교무행정사나 업무팀, 교감, 행정실에서 나눠 맡고 있다.

ㄹ씨는 학년 부장을 맡고 있긴 하지만, 그의 하루 일과는 다른 담임교사와 크게 다르지 않다. 수업이 끝난 후에는 주로 연수나 수업 준비, 동아리 활동, 학생 생활 교육에 관한 협의 등을 한다. 학생 생활 교육에 관한 협의는 매우 자연스러운 수다 형태로 진행되며, 이 과정에서 학생 교육에 대한 아이디어를 공유한다.

이 학교는 지난 해부터 서울시교육청에서 지원한 예산으로 배치한 행정실무사 1명과 기존 교무실무사, 전산실무사, 과학실무사, 사서실무사, 방과후 코디네이터 등의 역할을 재조정해 업무전담팀을 구성, 시범 운영하고 있다.

교사들은 당연히 생활교육(상담 등)과 교육 활동, 교육활동을 준비하는 데 많은 시간을 할애할 수 있다.

때문에 교사들의 만족도도 매우 높고 교육의 질 또한 높아지고 있다는 평을 받고 있다. 부장교사이지만 학기 초에 학년 교육과정을 짤 때 정도만 바쁘고 가르치는 것에 집중할 수 있다. 교사가 교육활동(=교과교육, 생활지도)과 학부모 상담 등 교사 고유 업무에 충실하게 하는 것이 원칙 아닌가.

출처: 장호영(2013).

### (3) 복합적 역량 요구

교사가 갖추어야 할 역량이나 역할에 대한 요구가 점점 확대되고 있다. 수업의 전문성은 기본이고, 문화의 차이, 성별의 차이에 따라 교사가 학생들에게 세밀하게 대응하기를 원하고 있다. 뿐만 아니라 학부모와의 다양한 요구에 대처해야 하고 이를 고려하여 학생을 지도해야 한다. 학교의 위치에 따라 학부모와의 관계는 교사를 가장 힘들게 하는 업무가 되기도 한다. 최근 들어, 방과 후 아동의 돌봄, 학습부진아에 대한 국가적 지원이 학교라는 물리적 장소를 중심으로 이루어지면서 교사가 이와 관련된 행정업무를 담당하는 경우가 많다(양영희, 2014). 이처럼 학교와 교사의 역할에 대한 사회의 요구가 점차 확대되고 복합적으로 변하고 있다. 그 변화가 적합한지의 여부에

표 3.2 학교급별 교직문화

| | 수업 및 학교업무 | 교사의 문화 |
|---|---|---|
| 초등학교 | • 수업 이외의 과다한 업무<br>• 강도 높은 수업활동<br>• 학교 업무 처리로 인해 미흡한 수업준비<br>• 학교경영에서 요구하는 역량과의 갈등 | • 열심히 하기를 말리고 주저하는 교사<br>• 협력 혹은 경쟁 대상이 되는 동료교사 |
| 중학교 | • 각종 교육정책에 대한 적응/대응의 어려움<br>• 수업 부담 가중 및 생활지도의 어려움 | • 과다한 행정업무로 적당히 넘기기 풍토<br>• 협의 문화 부족으로 인한 일정한 거리 유지<br>• 경쟁의 일상화(교원평가, 성과상여금제, 승진) |
| 고등학교 | • 교육과정 실행가로서의 역할<br>• 업무 수행 방식 변화(정보화) | • 고경력 교사의 역할제한<br>• 생활지도의 어려움<br>• 교사의 역할 확대<br>• 승진 중심 문화<br>• 교사에 대한 복합적 역량의 요구 |

출처: 박영숙 외(2012),

대한 논의를 차치하더라도 개별 교사의 어깨는 점점 무거워지고 있는 것이 사실이다.

<표 3-2>는 각 학교급별로 부각되는 교직문화를 보여주고 있다. 이들 내용은 교사가 처해있는 일상의 상황이 어떠한지를 보여주고 있다. 교사가 처해 있는 상황을 교직문화라는 렌즈를 통해 바라보는 것은, 컨설팅 과정에서 교사가 취해야 할 개입전략이나 행동, 태도에 대해 적정한 수준의 전문적 지원을 제공하는 데 도움을 줄 수 있을 것이다.

## 2 컨설팅 과정에서 컨설턴트-교사의 협력적 관계형성

### 1) 컨설팅 과정에서 관계형성의 중요성

교사지원 학습컨설팅은 교사와 학습자의 성장으로 연결되어야 한다. 이런 점에서 컨설팅의 주목적은 교사의 전문성 개발을 지원하는 것이다. 그 과정은 컨설턴트가 가진 지식이나 전문성을 컨설티인 교사에게 '전달'하는 과정이 아니다. 개별 교사의 역량과 교사가 처한 상황을 고려하여 학생들이 가진 학습문제에 대해 적절한 개입방안을 교사와 함께 구축하는 과정이다. 이러한 과정은 교사의 고충을 들어주고 그들에게 자신감을 심어주며 문제해결의 희망을 보여주는 과정이기도 하다. 따라서 학습컨설팅의 과정이 교사의 성장을 이끌면서 학생의 문제해결에 도움이 되기 위해서는 우선, 교사와 컨설턴트가 서로를 돕는 파트너로서 관계를 쌓아가는 것이 필요하다.

무엇보다도 컨설턴트는 컨설티인 교사에게 협력자로서 다가가야 한다. 이를 위해 컨설턴트는 '전문가'로서 컨설티인 교사를 만나기 이전에, 자신과 다른 신념과 습관, 일처리 방식을 가진 타인의 '세상'에 들어간다는 자세로 교사를 만나는 것이 필요하다. 교사의 말에 귀를 기울이고 교사가 처한 상황을 이해하려고 노력해야 한다. 이런 자세를 견지할 때 컨설티인 교사를 동등한 파트너로서 대할 수 있는 협력적 관계를 형성할 가능성이 높아진다.

컨설팅 과정에서 컨설턴트가 쉽게 빠지는 오류는 전문가로서 자신이 도움이 되었으면 하는 조급한 마음에, 교사가 처한 어려움에 대해 바로 해결책이나 정보를 제시하고자 한다는 것이다. 현장의 교사들은 '외부의 전문가'들을 "학생들 편만 드는" 존재로 인식하거나, 교사들이 학생에게 취한 행동을 부적절하다고 지적하고 피상적인 조언만 일삼는 사람으로 인식하는 경우가 많다. 교사들이 처한 상황의 복잡성을 이해하지 못한 채 학생 편만 들고 교사에게 일방적인 조언을 하는 존재라고 여기는 것이다(Dinkmeyer & Carlson, 2006). 컨설티인 교사와 어울릴 충분한 기회 없이, 그리고 교사가 처한 상황에 대한 충분한 이해가 전제되지 않고 이루어지는 조언은 생산적이지 못할 때가 많다. 이러한 오해나 불신을 불식시키지 못한다면 컨설팅의 과정은 학교상황을 이해하지 못하는 외부 전문가와의 불편한 만남이 되기 십상이다. 교사 자신이나 학교현장을 충분히 이해하고 있다는 믿음이 형성되지 않은 상태에서 일방적으로 제시되는 컨설턴트의 조언은 공격으로 느껴질 가능성이 있기 때문이다.

따라서 컨설팅의 과정이 생산적으로 이루어지기 위해서 컨설턴트는 문제 상황에 대해 교사가 가지는 감정, 태도 등을 이해할 수 있도록 교사와 자연스럽게 어울릴 기회를 많이 가져야 한다. 교사의 고민에 귀를 기울이는 태도를 보임으로써, 교사들로 하여금 편안하게 자신의 얘기를 할 수 있도록 도와주어야 한다. 이러한 과정이 진전될 때 컨설티인 교사는 자신이 가지고 있는 신념, 관점, 프레임 등을 방어적인 태도 없이 드러내게 됨으로써, 컨설턴트는 의뢰된 문제에 대해 보다 현실적인 개입을 계획하고 정보를 제공할 수 있게 된다.

컨설팅 과정이 학교맥락에서 이루어지는 만큼 컨설팅의 효과적인 지속을 위해 컨설티인 개별 교사뿐 아니라 학교 구성원들과의 협력적 관계를 만드는 것도 중요한 일이다. 특히 학교장은 교사들에게 컨설팅을 추천해주는 과정을 통해 교사가 컨설턴트와 만나게 만드는 통로가 된다. 컨설팅에 대한 학교장의 태도는 학교 전체 구성원의 컨설팅에 대한 인식에 영향을 미치게 된다. 뿐만 아니라 다른 동료교사들의 관심과 지지가 컨설팅을 지속하게 만드는 동력으로도 작동한다. 따라서 컨설턴트는 학교장이나 동료교사들과 자연스러운 만남의 기회를 늘림으로써 학교 구성원들의 신뢰를 얻도록 노력해야 한다(Dinkmeyer & Carlson, 2006).

## 2) 컨설팅에서의 컨설턴트-교사의 협력의 모습

교사지원 학습컨설팅은 '협력'의 과정이 될 것이다. 컨설팅을 '협력'의 과정으로 본다는 것은 컨설티인 교사를 협력해야 할 전문가로 인정한다는 것을 전제로 한다. 의뢰된 문제를 함께 정의하고 해결하기 위해 두 전문가, 즉 컨설턴트와 컨설티인 교사가 서로 상호작용을 한다. 실제 학습자에 대한 개입의 주체가 교사라는 점에서 교사는 협력의 파트너로 컨설팅의 전 과정에서 참석하게 된다.

교사가 협력의 파트너로서 컨설팅 과정에 참여하기 위해서는 컨설턴트의 노력이 절실히 필요하다. 교사는 컨설턴트에게 전문적인 도움을 요청한 상태이기 때문에 컨설턴트의 안내와 지시에 따르겠다는 수동적인 태도를 가질 가능성이 높다. 그러나 교사의 수동적인 태도는 효과적인 컨설팅 과정에서 큰 장애가 된다.

Kampwirth(2006)는 컨설티인 교사가 컨설팅 과정에서 공헌할 수 있도록 컨설턴트가 갖추어야 할 철학과 태도를 'ACCEPT방법'으로 요약하여 제시하였다.

① 공지(Acknowledging)

컨설팅을 의뢰한 교사가 컨설팅 과정에서 자신이 주체가 되어 교실의 맥락에서 자신만의 방식으로 계획된 개입을 수행하는 주도적 역할을 한다는 것을 알려준다.

② 논평(Conmmenting)

의뢰된 학생의 문제를 해결하기 위해 교사가 지금까지 수행한 노력에 대해 이해하고 긍정적으로 논평한다.

③ 확신(Convincing)

컨설턴트와 마찬가지로 교사도 문제상황에 대해 좋은 아이디어를 가지고 있다는 것을 인정하고 교사의 경험과 의견을 경청하려는 자세를 가지고 있음을 보여준다.

④ 기대(Expecting)

교사와 컨설턴트가 서로의 전문성과 역량, 열정과 헌신을 신뢰하는 것이다. 컨설턴트는 적절한 지원이 이루어지면 교사가 주도적으로 상황과 맥락에 맞게 문제해결의 과정을 수행할 것으로 기대하며, 교사도 컨설턴트의 의견에 귀를 기울이며 존중하는 태도를 보이는 것이다.

⑤ 부각(Pointing)

컨설팅 과정에서 교사의 아이디어에 기초한 처치가 효과적이라는 것을 교사에게 알려준다. 이렇게 교사의 역할을 부각시키는 것은 교사의 아이디어의 중요성, 교사의 아이디어가 가진 장·단점, 실행에서 고려해야 할 점들을 충분히 성찰할 수 있도록 도와준다. 교사가 자신의 역할을 잘 이해할 때 컨설팅 과정에서 자신의 의견을 편안하게 표현할 수 있으며, 컨설턴트의 의견에 귀를 기울이게 된다.

⑥ 대우(Treating)

교사를 컨설턴트와 동등한 전문가로 대우한다. 컨설팅 과정에서 서로 협력하고 아이디어를 공유하면서 해결책을 만들어 가는 데 함께 기여해야 하는 존재임을 깨닫게 한다.

그런데, 컨설티인 교사가 컨설팅 과정에서 아이디어를 제시하는 것에 자신이 없거나 스스로 아이디어가 부족하다고 여길 경우, ACCEPT가 제시한 컨설턴트의 태도는 오히려 컨설티인 교사에게 부담으로 다가갈 수도 있다. 이러한 상황에서 컨설턴트는 교사가 스스로를 표현할 수 있도록 배려하는 것에 중점을 두고, 제공하는 정보의 타당성, 신뢰성에 대한 근거를 제시하여 컨설턴트를 신뢰할 수 있도록 하는 조치가 필요하다.

## 3 교사지원 학습컨설팅의 영역

이 절에서는 교사지원 학습컨설팅의 영역을 다룬다. 우선, 교사지원 컨설팅 과정은 컨설티인 교사 자신이 해당 문제를 어떻게 바라보는지를 컨설턴트가 이해하는 것에서 출발하여야 한다. 이 과정에서 중요한 것은 교사의 언어적 표현보다 그 이면에

숨겨진 교사의 관점, 신념, 프레임이다. 교사가 사태를 특정한 방향으로 바라보게 되는 것은 교사 자신도 잘 알아채지 못하는 암묵적인 신념, 관점에서 비롯되기 때문이다. 따라서 컨설턴트가 이를 이해하고 당사자인 교사가 자신을 바라볼 수 있게 만드는 것이 컨설팅의 성공을 좌우하는 일이다.

다음으로 다루는 영역은 '학생에 대한 교사의 이해'와 관련된다. 교사지원 컨설팅의 과정에서 컨설턴트가 주로 상대하는 대상은 컨설티인 교사이며, 교사를 변화시킴으로써 학생의 학습을 지원하고자 한다(Dinkmeyer & Carlson, 2006). 컨설팅 과정에서 교사는 학습문제의 원인이 학생에게만 있는 것이 아니라 교사인 나에게 존재할 수 있다고 '시각'을 바꾸어야 한다. 이러한 변화는 학생의 상황을 이해하고 존중하는 태도에서 출발한다. 이 절에서는 교사가 학생을 어떻게 바라보는지를 드러냄으로써 교사가 학생을 이해하는 방식에 내재된 문제점을 다룰 것이다.

마지막으로 효과적인 수업에 대한 논의를 진행할 것이다. 교사가 주로 학생을 만나는 장소는 수업이다. 수업 속에서 학생의 학습을 촉진하고 학습문제에 대처하는 방식은 가장 효과적인 컨설팅의 요소가 될 것이다. 효과적인 수업의 특성을 살펴봄으로써 수업 속에서 이루어질 수 있는 교사의 개입방법을 탐색해보자.

### 1) 교사의 신념에 대한 성찰

교사들은 자신이 왜 특정한 학생을 대하는 것이 어려운지, 왜 특정한 수업방법을 선호하는지를 깊이 생각해보지 않았을 것이다. 학업에 관심이 없고 문제행동을 일삼는 학생들이 나아질 기미가 보이지 않아 실망스럽고 포기하고 싶은 생각이 들 때가 있을 것이다. 이러한 행동의 이면에는 교사 자신이 의식하지 못하지만 학생의 능력, 교육을 바라보는 신념이나 믿음이 존재한다. 예를 들어, 인간의 능력이 좀처럼 변하지 않는다고 생각하는 교사는 수업에서 학생을 성장시키기 위한 다양한 시도를 하지 않을 것이다. 학생이 수업을 이해하지 못하는 것은 학생 자신의 능력이 부족해서이지 자신의 책임이 아니라고 생각할 수 있다. 스쳐 지나가는 생각에 불과할 수도 있는 이러한 교사의 관점 또는 신념은, 사실 수업이나 학교생활의 수많은 장면에서 교사가 만들어내는 의사결정의 토대가 된다.

수업의 생태적 특성에서도 잘 드러나듯이, 다양하고 복잡한 교실상황 속에서 교사의 의사결정은 순간적으로 이루어지는 경우가 많다(Lefrançois, 1997). 충분한 시간을 두고 이루어지는 의사결정이 아니기 때문에 교사는 평소 자신이 지니고 있는 신념이나 관점을 통해 상황을 이해하고 의사결정을 내리게 된다. 교사가 가지고 있는 교육관, 학습자관, 수업에 대한 생각 등은 알게 모르게 문제상황을 대처하는 교사의 태도와 행동에 영향을 준다.

교사지원 학습컨설팅은 교사에게 영향을 줌으로써 학생의 학습문제에 간접적으로 도움을 주는 과정이다. 따라서 교사지원 컨설팅 과정에서 바꿀 수 있는 것은 학생의 행동이 아니라 교사의 행동이다. 학생의 행동을 바꾸기 위해서는 우선 교사의 행동이 바뀌어야 한다. 그러기 위해서는 문제상황을 바라보는 교사의 관점, 신념을 파악하고 필요하다면 이를 변화시켜야 한다.

### 가) 교수-학습 관련 신념

수업이나 학습과 관련된 신념(또는 관점)이 중요한 것은 교사가 수업을 운영하는 방식, 학습결과를 해석하는 방식과 밀접하게 연결되기 때문이다. 수업이나 학습에 대한 관점은 '지식'을 어떻게 바라보느냐(인식론적 신념, epistemological belief)와 관련된다. 자신이 가진 지식이 객관적으로 확실하며 변하지 않는다고 믿는 교사는 학습자의 의견이나 반응을 고려해서 수업을 진행하기보다는 수업내용이 제대로 '전달'되었는지를 중요하게 생각한다. 그에 비해 지식은 학습자가 스스로 구성하며 지식의 진실성 자체도 변화한다고 생각하는 교사는 학습자에게 학습동기를 부여해서 스스로 수업내용을 이해할 수 있도록 돕는다(Dunkin & Precians, 1992).

지식에 대한 인식은 학습자의 학습능력에 대한 관점과도 연결된다. 지식이 절대적이고 객관적인 성격을 가지고 있다고 믿는 교사가 전달식, 강의식 수업을 선호하는 경향이 있기 때문에 학생들이 수업내용을 이해하지 못하는 것은 교사보다는 학생의 문제로 간주한다. 학생의 학습능력도 타고난 것, 고정적인 것으로 생각하기 때문에 학생의 능력이 향상될 수 있도록 도움을 제공하기보다는 능력을 비교하고 경쟁하는 학습환경을 조성하는 경향이 높다. 이에 비해 학습자 스스로 지식을 구성하며, 학습자의 학습능력이 변한다고 생각하는 교사는 학생이 참여하고 노력할 수 있는 수업환경을 제공한다(조윤정, 양명희, 2008).

<표 3-3>은 이상에서 언급한 인식론적 신념을 다섯 가지의 차원—지식의 확실성, 지식의 구조, 지식의 원천, 학습능력, 학습속도—으로 구분하여 바라본 것이다(Schommer, 1993). 소박한(naive) 인식론과 세련된(sophisticated) 인식론이라는 두 성향은 수업이나 학습의 본질에 대한 교사의 신념과 연결되어 교사가 수업을 진행하고 학생과

**표 3.3** 교사의 인식론적 신념

| 하위 요소 | 소박한 인식론 | ⟷ | 세련된 인식론 |
|---|---|---|---|
| 지식의 확실성 | 지식은 절대적으로 불변 | ⟷ | 지식은 지속적으로 변화 |
| 지식의 원천 | 절대적 권위로부터 부여 | ⟷ | 주관적 방법을 통해 추론 |
| 지식의 구조 | 객관적인 진리의 수용 | ⟷ | 학습자 스스로 개념 형성 |
| 학습능력 | 생득적이고 선천적인 것 | ⟷ | 후천적이고 획득하는 것 |
| 학습속도 | 신속한 습득의 과정 | ⟷ | 점진적인 구성의 과정 |

출처: 이순덕, 정은경, 오선아(2009).

상호작용하는 방식, 의사결정을 내리는 과정에 영향을 미친다(Chan & Elliott, 2004).

### 나) 교사-학생관계에 대한 신념

교육의 과정은 기본적으로 가르치고 배우는 두 사람의 상호작용을 전제로 한다. 교육은 가르치는 교사와 배우는 학생의 내면에서 독립적으로 일어나는 현상이 아니라 서로가 서로에게 영향을 미치는 상호의존적인 현상인 것이다. 교사, 학생의 이러한 상호의존적 관계를 장상호(2002)는 '춤'에 빗대어 표현하였다.

> 교육은 서로가 각각 다른 활동에 종사하면서 그 자체의 내재적인 목적을 달성함과 동시에 또한 상대의 활동을 돕는 호혜적인 상호교섭인 것이다. 이 부분에서 우리는 '교육의 춤'이라는 말을 할 수 있을지 모른다. 제자와 스승의 품차의 범위 안에서 허용되는 이 특별한 춤은 교육의 수레바퀴에서 서로 대응하는 활동이 얼마나 협동적으로 이루어질 수 있느냐에 의해서 좌우된다. 춤은 상대방의 유연성이나 능동적 참여를 보장하는 것이다. 또한 춤은 쌍무적이다. 춤은 그 파트너에게 즐거움을 준다. 그 즐거움은 서로 간에 이질적이고 상반된 스텝을 밟는다는 조건에서만 성립될 수 있는 것이다. 교육의 춤도 서로가 상대의 역할을 이해하고 그것에 대응함으로써 상대를 유인하고 결속시킨다(p. 19).

교육의 과정이 이렇게 상호의존적 관계라는 것을 이해하고 있는 교사는 수업활동이 학생의 상태와 참여에 의존하고 있다는 것을 깊이 인식한다. 따라서 학생의 상태나 필요를 민감하게 살피고 이를 이해하려는 태도를 보인다. 학생의 잠재력을 믿기 때문에 학생들의 의견 하나하나를 소중하게 여기고 귀기울인다. 학생들은 자신을 존중하는 교사에게 신뢰를 보이며 교사의 기대에 부응하기 위해 수업에 흥미를 보이며 참여하게 된다(김민성, 2009; 김민성, 엄채윤, 박은정, 2009).

아래 그림은 교육적으로 긍정적인 교사-학생 관계를 '배려'의 구성요소(수용, 전념/동기전환, 성장에 대한 책임감)로 표현한 것이다. [그림 3-2]에서는 학생을 존중하고

**그림 3.2** 교사-학생 간 배려관계

확언(Confirmation)

| | 교사의 태도 | 교사의 행동 | 학생들의 지각 |
|---|---|---|---|
| 수용 | • 학생을 하나의 인격체로 있는 그대로 받아들임<br>• 열린 태도<br>• 이해, 존중, 공감 | • 귀 기울여 들어줌<br>• 학생들의 입장에서 이해<br>• 학생의 언어로 친밀하게 얘기함<br>• 차별없이 공평하게 대해줌 | • '이해받고 있구나'<br>• '내가 소중한 존재구나'<br>• '선생님이 친구같이 편하다' |
| 전념·동기전환 | • 학생의 상태/요구에 민감<br>• 학생에 대해 알려고 노력<br>• 학생의 필요와 요구를 우선시 함 | • 학생들에게 개별적 관심을 보여줌<br>• 학생에 대해 기억하고 물어봐 줌<br>• 학생들에게 시간을 내어줌 | • '선생님의 관심을 받고있다'<br>• '나를 알아 준다'<br>• '나를 믿어 주신다' |
| 성장에 대한 책임감 | • 학생의 발전가능성에 대한 믿음과 신뢰<br>• 낙관적 태도<br>• 학생의 지적성장에 대한 책임감<br>• 수업에 대한 책임감 | • 인생에 도움이 되는 이야기<br>• 학생에 대한 높은 기대 수준을 표현<br>• 도움 제공<br>• 수업을 재미있게 가르침<br>• 재미있는 예를 제시<br>• 질문을 하며 이해 점검<br>• 편안한 수업분위기 조성<br>• 효과적 학급운영<br>• 학업 관련 도움 제공 | • '우리를 위해 애쓰신다'<br>• '내게 이런 모습이 있구나'<br>• '나에 대한 기대가 크다'<br>• '선생님이 원하는 대로 하고 싶다' |

대화적 상호작용(Dialogic Interaction)

출처: 김민성(2009).

그들의 상태와 필요에 민감하게 반응하면서 그들의 성장을 위해 책임감을 가진 교사의 태도와 행동, 그에 대한 학생들의 반응을 표현하였다. 이러한 교사-학생의 상호작용은 일방적인 형태로 이루어지기보다는 쌍방적 소통을 유도하는 '대화적' 상호작용의 형태를 띠며, 다양한 유형의 대화 기회를 만들어낸다. 결과적으로 학생들은 교사와의 관계를 통해 자신의 가능성을 확인하게 된다(확언, confirmation)(김민성, 2009).

교사전문성을 교사의 정체성의 관점에서 살펴본 연구(Beijaard, Verloop, & Vermunt, 2000)에서, 자신을 '관계전문가'로 규정한 교사일수록, 방법전문가, 내용전문가로서의 정체성도 높게 나타났다. 이는 학생의 상태에 민감하고 학생의 성장에 책임을 느끼는 교사일수록 교과내용을 학생의 수준에 맞게 변환하고 학생의 상태에 따라 수업방법을 유연하게 변화시키기 위한 노력을 기울이고 있다는 것을 의미한다.

대조적으로 교사-학생 관계의 중요성을 인식하지 못하거나, 이에 대해 부적절한 신념을 가진 교사일수록 학급이나 학생들의 학습에 부정적인 영향을 초래하였다.

교수-학습, 교사-학생 관계에 대한 교사의 신념은 컨설턴트가 컨설티인 교사와 만남을 진행할수록 드러나게 될 것이다. 교사들이 이러한 신념을 분명하게 진술하거나 명료한 언어로 표현하지는 않을 것이다. 그러나 그들의 행위 속에서, 학생들의 행동이나 태도를 해석하는 언어 속에서 교사의 신념이 어떠한지가 표현될 것이다. 한 예로, 다음에 제시된 '교사가 지닌 잘못된 신념'들은 학생들을 신뢰하지 못하고 억압적으로 대하는 교사의 내면을 드러낸 것이다. 컨설턴트는 컨설팅 과정에서 교수-학습에 대한 교사의 신념, 학생에 대한 관점을 파악하고 이를 컨설팅 주요 내용으로 다룰 수 있도록 준비해야 한다.

잘못된 신념의 예

1. 학생들은 나에게 협조해야 한다. 내가 책임자이며 학생들은 내 말에 따라야 한다. 그렇지 않다면 나는 실패한 훈육자이다. 학생들의 협조는 내가 지향하는 방향대로 이루어져야 한다.
2. 나는 모든 학생들과 상황을 다룰 수 있는 능력을 가지고 있어야 한다. 학생을 다룰 수 있는 기법에 대해 배웠고, 학생을 훈육하는 것은 내 책임이다. 컨설턴트의 도움이 필요하다는 것은 내가 학생들을 잘 다루지 못한다는 증거이다.
3. 내가 계획한 것은 무슨 일이 있어도 성공해야 한다. 내가 세운 계획은 변하지 않는다. 어떠한 협상의 여지도 없다. 다른 사람들과의 관계에서 협상의 여지는 없다.

4. 어떤 학생들은 천성적으로 나쁜 심성을 타고 났다. 그들이 나에게 협조를 하지 않을 때 벌을 받아야 마땅하다.
5. 모든 학생들이 선한 것은 아니다. 몇몇 학생은 개선의 여지가 없다. 나는 이들에게 복종을 강요하는 수단으로 벌을 사용해야 한다고 생각한다. 이러한 학생들에게 가능한 방법은 통제적인 방법뿐이다.
6. 내가 학급과 모든 학생들을 통제해야 한다. 그래야 학생들이 나를 휘두르지 않는다. 학생들이 나의 통제를 벗어나는 것은 위험하다.
7. 학생들은 유전과 그들이 속한 환경의 산물이다. 바꿀 수 없다. 학생들은 나의 행동이나 신념으로 바꿀 수 없다. 학교의 역할은 제한적이다.

출처: Dinkmeyer & Carlson(2006).



### 2) 학생에 대한 이해

교사들은 대체로 학창시절 공부를 잘했거나 '모범생'인 경우가 많다. 반듯했던 학생으로서의 경험은 교사가 되는 중요한 자산이 된다. 그러나 한편으로는 학교에 적응하지 못하고 공부에 마음이 없는 학생들을 이해하는 데는 걸림돌이 될 수 있다. 수업 태도가 엉망인 학생들, 친구들이나 교사에게 예의가 없는 학생들, 때로는 폭력적인 언행을 보이는 학생들, 이런 학생들을 교사의 입장에서 마음으로 이해하기가 쉽지 않다.

컨설팅의 과정에서 학생들의 문제를 그들의 입장에서 바라보는 과정이 필요하다. 학생들의 개별적인 상황이나 사연을 관찰자인 교사나 컨설턴트의 입장에서 충분히 이해하기는 힘들기 때문이다. 다음의 사항들은 학생들이 학교에서의 생활과 학업에서 어떤 어려움을 겪고 있는지를 학생의 입장에서 분석한 내용이다. 이를 바탕으로 학생의 눈으로 학생들의 학교부적응과 학업에서의 어려움을 이해해 보자.

#### 가) 학생의 입장에서 바라본 학교 부적응의 원인

학업중단 학생들에 대한 연구(Princiotta & Reyna, 2009)에서 학생이 학교를 떠나는 주된 원인으로 언급되는 것은 학업실패, 문제행동, 삶의 변고, 관심 상실 등이다. 이러한 원인들이 연구자나 학교당국자들이 파악하는 학생부적응의 표층적인 원인이라면 Washor와 Mojkowski(2013)는 이러한 원인들 이면에 존재하는, 보다 심층적인 원인들을 살펴볼 필요가 있다고 제안한다. 심층적인 원인들은 학생들의 입장에서 서술되었다는 점에서 학생들을 이해하는 데 도움을 줄 수 있을 것이다.

(1) 방치

학생들은 자신이 소중한 존재라는 것을 확인하고 싶어 한다. 스스로가 의미 있는 존재로 타인에게 받아들여지길 원하기 때문에, 자신의 관심사나 희망 등을 교사나 학교가 관심 있게 바라봐주길 원한다. 그러나 학교나 교사는 학생들이 '할 수 있는 것' 보다는 '부족한 것', '하지 못하는 것'에 주목한다. 학생들이 소유하고 있는 것보다는 '결핍'된 것을 중심으로 학생들을 평가하는 것이다.

학교나 교사는 학생들이 학교 밖에서 형성된 관심사, 성과를 주의 깊게 들여다보지 않는다. 주로 학교가 제공한 것에 대한 학생들의 노력을 기준으로 판단한다. 학생들을 제대로 알지도 못한 채 학교 학습에 학생들을 끌어들이려고 할 때, 학생들은 자신들이 제대로 이해받지 못하고 있다고, 방치되고 있다는 생각을 가지게 되는 것이다.

(2) 어긋남

학생들이 자신이 누구인지를 알기 위해서는 자신이 속한 공동체에 뿌리를 내리고 있다는 느낌을 가져야 한다. 타인과 연결되고 싶다는 연결의 욕구는 인간 본성에 깊게 내재되어 있으며 학교현장에서도 어김없이 작동한다. 만약, 학교에서 학생들이 스스로 소중한 사람이라는 것을 느끼지 못하면 그들은 학교가 아닌 다른 장소로 눈을 돌리게 된다.

학생들은 학습일정이나 수업방식, 수업내용, 때로는 학습속도가 자신과 맞지 않다고 여길 수 있다. 남들과 다르게 배워도 잘 지낼 수 있을지, 다른 시각으로 수업내용을 이해해도 되는지 걱정스럽게 바라본다. 이러한 차이나 다양성에 따라 학교교육이 조정된다고 느낀다면 학생들은 자신들이 소중하게 대접받고 있다고 여기게 될 것이다.

아이들은 그냥 두어도 충분히 힘이 듭니다. 우리나라의 입시환경 속에 행복을 느끼는 아이들이 얼마나 되겠습니까? 그런데 그 힘든 아이들에게 성적이 좋지 않다고 무시하고 차별까지 하는 행동들은 평생 마음속에 지워지지 않는 깊은 상처가 되는 점을 생각해 주셨으면 합니다. 진지하게 말입니다. 공부는 아이들의 수많은 재능 중 작은 하나의 부분일 뿐입니다. 아이가 축구를 잘한다고, 바느질을 잘한다고, 친구들과 두루두루 잘 지낸다고, 망가진 물건을 잘 고친다고 학교와 선생님들이 상을 더 주고 치킨파티를 해 주고 따로 모아 설명회를 하는 등 특혜를 주시나요? 그런 일들이 가능할까요? 그런데 실제로 그런 일들이 일어나고 있습니다. 다른 이유가 아닌 단지 공부를 잘한다는 이유 하나로 말입니다(사교육걱정없는 세상, 2015, p. 113).

학교나 학생이 어긋난 만남을 지속하지 않으려면 학교당국, 교사는 학생들의 상태나 관심사를 민감하게 관찰하고 이에 맞추려는 열정과 지성을 갖추어야 한다. 그렇지 않다면 모든 학생들에게 동일한 기준과 동일한 학습방법을 강요하게 될 수밖에 없을 것이다.

### (3) 재능과 흥미의 간과

학생들은 자신 나름의 관심사와 재능을 가지고 있다. 적절한 기회와 주변의 지원이 제공된다면 자신의 직업, 자신이 속한 공동체에서 그 역할을 충분히 감당할 만한 재능을 가지고 있다. 그런데, 학교는 과연 학생들의 재능과 흥미를 발굴하고 계발할 수 있을까? 다중지능으로 유명한 Gardner는 다음과 같이 학교를 비판하고 있다.

> 재능의 범위에 대해 우리의 관심을 확장할 때가 왔다. 아동 발달이 잘 이루어지도록 하는 교육의 중요한 역할은, 한 아동의 재능에 가장 잘 맞는 분야에서 그 아이가 만족을 느끼고 능력을 갖추도록 도와주는 것뿐이다. 우리는 이것을 완전히 모른 채 살았다. 그러기는커녕 우리는 잘해야 대학교수 되기에나 딱 어울리는 그런 교육을 모든 학생들에게 강요했다. 그런 다음 우리는 성공 기준을 지나치게 좁게 설정한 뒤 모든 사람이 그 기준을 충족시키는지를 재는 방식으로 평가해 왔다. 우리는 아이들을 줄 세우는 일에 시간을 쓰지 말고, 타고난 능력과 재능을 밝혀내고 계발하도록 돕는 일에 더 많은 시간을 투입해야 한다. 성공하는 데에는 수백 가지 길이 있고 성공에 이르도록 돕는 능력들 역시 헤아릴 수 없이 많다(Goleman, 1986, p. 6, Washor & Mojkowski, 2013에서 재인용).

학교교육이 선호하는 아동의 재능은 학교의 학업을 무난하게 수행할 능력이다. 수업에 집중하고 교사가 이끄는 과정을 따라오는 태도를 요구한다. 만약 학생들이 이에 부응하지 못할 때, 학생들의 재능에 대해 의심하고 불안해한다. 학생들은 자신의 재능을 발견하지 못하거나, 자신의 재능과 관심사를 발견하기 위해 학교 밖을 탐색하게 된다.

### (4) 지나친 규제

우리나라는 학벌사회라고 불릴 정도로 개인의 삶의 성공에 학벌, 학력이 미치는 영향력이 막강하다. 이런 이유로 초등학교, 심지어는 유치원부터 대학입시라는 골문을 향해 학생들이 내몰려간다. 가정이나 학교가 학생들의 일상을 빡빡하게 관리한다. 이러한 관리가 성공적으로 이루어지기 위해서 학교에서는 수많은 규제가 작동한다. 학교는 기본적으로 순종을 요구하는 장소이다. 학교나 수업의 운영은 이미 계획되어 있고 구조화되어 있다. 종소리로 구별되는 수업시간과 쉬는 시간, 정해진 교육과정, 평가와 같은 학교의 일상이 이미 짜여진 계획대로 움직인다. 이러한 짜여진 일상조차도 힘들어하는 학생들이 존재하지만 그들을 더욱 힘들게 하는 것은 학생들 입장에서는 이해하기 어려운 '규제'들이다. 학교 내 '상 · 벌점제도'에 대한 실태조사 내용의 일부를 살펴보자(사교육걱정없는 세상, 2015).

> 전국적으로 상 · 벌점제도(생활평점제, 그린마일리제 등)의 근본 취지와 달리 친구를 고발하면 상점을 받는 형태의 상 · 벌점제도 남용 사례가 전국적으로 만연함을 확인하였습니다. 전국 모든 학교에서 학생생활규정(학생생활평점제, 그린마일리제 등)으로 친구의 잘못(교실무단출입 등)을 교사에게 신고한 학생은 상점을 받고, 고발된 친구는 벌점을 받는 등 '벌점을 주기 위한 상점제'를 운영 중이었습니다. 조사결과, 지난 2009년 체벌 없는 학교문화 조성과 학생중심의 효과적인 인성지도를 위해 도입된 학생생활평점제(그린마일리제)가 각 시 · 도교육청의 획일적인 상벌지침과 개별학교의 편의적인 상벌점제 적용으로 인해 왜곡되어 시행되는 경우가 많았으며, 친구를 고발하게 하여 상점을 받는 것 자체도 잘못인데, 고발하지 않았다고 감점을 주는 경우 등 학생과 교사를 모두 비인간적으로 만드는 비교육적인 방식으로 시행되고 있었습니다. 특히 이번 조사에서는 상 · 벌점제 실효성을 이유로 시 · 교육청 차원에서 생활평점제를 폐지한 지역에서도 여전히 학생통제중심의 벌을 주기 위한 '친구고발상 · 벌점제'가 운영되고 있는 실태도 확인할 수 있었습니다.

학생생활평점제도를 획일적인 상벌방식으로 사용하는 과정에서 학교의 편의를 위해 학생들의 신고제를 도입한 사례이다. 학교의 원활한 운영과 학생들의 인성교육을 위해 도입된 생활평점제도가 학교의 운영방식에 따라 구성원들 서로를 감시하게 만드는 억압체제로 작동하고 있다는 것을 말해준다.

때로는 교장의 독단적인 학교운영에서 빚어진 비민주적인 규제도 존재한다. 한 학교에 교장이 새로 부임하면서 도입한 긴급조치 1, 2, 3호는 각각 '교내 연애금지', '축제제한', '고3 학생은 점심시간 중 15분은 무조건 자율학습을 할 것'이다(윤철원, 2016). 대학입시를 명분으로 고등학생들은 당연하고 자연스러운 생활마저도 박탈당하는 경우가 비일비재하다.

이러한 규제가 교육적인 성과를 내기 위해서는 학생들이 그러한 규제의 필요성을 인식하고 자발적으로 해당 규제에 동참해야 한다. 그렇지 않은 경우, 규제는 그 내용의 올바름의 유무와 관계없이 학생들에게 통제와 억압으로 다가갈 수밖에 없다. '자율성'은 인간의 가장 기본적인 욕구 중 하나이다. 인간은 스스로 선택해서 결정한 일에 대해 긍정적인 태도와 동기를 가지고 임하게 된다. '교육', '입시'라는 이름으로 학생들이 받아들일 수 없게 자율성을 제약하는 것은 학생들이 느끼는 '주관적인 안녕감'을 잠식할 수 있으며(Reeve, 2009), 이는 학생들의 부적응과도 긴밀하게 연결되어 있다.

### 나) 학생들이 학교에 기대하는 것

교사의 기대의 효과는 '피그말리온 효과'라는 이름으로 그 중요성이 널리 강조되어 왔다. 교사뿐 아니라 부모, 학교가 학생들에게 가지는 긍정적인 기대는 학생들로 하여금 자신들의 잠재력을 깨닫게 만드는 효과가 있다. 그러나 문제는 이들의 기대가 현실에서는 대학입시와 관련된 성적에 집중되어 있어, 학생들에게 부담으로 작동한다는 것이다.

학생들의 성적이나 생활에 대한 어른들의 기대에서 눈을 돌려, 학생의 관점에서 학생들이 학교에 바라는 것이 무엇인지를 살펴보는 것은 어떨까? 학생들의 눈높이에서 학교를 바라본다면 교사나 학교가 학생들에게 무엇을 어떻게 제공해야 할지에 대해 의미 있는 정보를 얻을 수 있지 않을까? Washor와 Mojkowski(2013)는 학생들과의 오랫동안의 작업을 토대로 학교에 대한 학생들의 기대를 열 가지로 요약하여 아래와 같이 제시하였다.

학교에 대한 학생의 기대

① 관계: 삶에서 중요한 인물 만나기
- 선생님과 학교의 다른 사람들이 나와 내 관심사, 재능에 대해 알고 있는가?

② 연관: 배움에 몰입하도록 만드는 강력한 동기

- 학교에서 가르치는 내용이 내 관심사와 연관성이 있는가?

③ 의미: 미래의 직업과 일을 준비하는 진실한 경험
- 학교에서 내가 하는 학습과 작업이 학교 밖의 작업 공동체, 전문가, 가족, 고용주로부터 의미 있게 여겨지는가?

④ 적용: 현실을 반영하는 직접적 경험
- 내가 배우는 것을 실제 세계의 맥락에 적용해 볼 수 있도록 기회가 주어지는가?

⑤ 선택: 스스로 결정할 때 생기는 책임감
- 무엇을 언제 어떻게 학습하고, 내 능력을 선보일 수 있을지에 대해서 나는 실질적인 선택권을 가지고 있는가?

⑥ 도전: 자기능력을 최대한 이끌어 내기
- 학습이나 작업을 할 때 나는 적절하게 도전적인 과제를 수행하고 있다고 느끼는가?

⑦ 놀이: 탐색하고 실험하고 실패해 보는 기회
- 나는 실패로 낙인찍힐 염려 없이 실수를 하고, 또 그로부터 배울 수 있을 만큼 자유롭게 탐험할 기회를 누리는가?

⑧ 연습: 기술과 수행력을 더 예리하게 가다듬기
- 내가 배워야 할 기술을 익힐 때 깊이 있고 지속적인 연습에 몰입할 수 있도록 기회가 주어지는가?

⑨ 시간: 학습이 아닌 성장을 위한 기간
- 나만의 속도로 배울 수 있도록 충분한 시간이 주어지는가?

⑩ 시기: 오로지 스스로 배움을 원할 때
- 표준화된 과정을 벗어나서 나만의 학습을 추구할 수 있는가?

학생들은 자신들이 의식하든 의식하지 못하든 학교에 대해 기대를 품고 있다. 어떤 학생들은 한두 가지만 충족되지 못해도 학교로부터 마음이 떠날 수 있다. 그러나 어떤 학생들은 한두 가지의 기대만 충족되더라도 학교에 마음을 붙이고 생활하게 될지도 모른다. 이러한 기대 중 일부만이라도 충족된다면 그들은 보다 진지한 자세로 학교생활에 임하게 되며 의미있는 경험을 하게 될 것이다(Washor & Mojkowski, 2013).

### 다) 학생들의 의도와 목적 파악하기

학생들은 의도와 목적을 가지고 행동하는 존재이다. 자신에게 이득이 생기기 때문에 특정 행동을 한다. 해당 행동이 교사들이나 어른들에게는 문제행동처럼 보일지라도 학생들은 그 행동을 통해 무언가를 얻고자 한다. 교사나 어른들은 학생들이 문제행동을 하는 이유나 목적에 대해 전혀 모르는 경우가 많다. 나쁜 행동을 했다는 사실을 나무랄 뿐이다. 학생들의 행동 이면에 숨겨진 가장 큰 목적은 자신이 속한 집단 속에서 자신의 위치를 확보하고자 하는 것이다. Dreikurs, Grunwald, Pepper(1998)는 학생들이 자신의 가치를 인정받기 위해서 행하는 문제행동의 유형을 네 가지로 설명하였다.

### (1) 과도한 관심 끌기

아동이나 학생들은 자신이 속해 있는 공동체 속에서 자신들이 원하는 지위를 확보하고자 한다. 그러나 건설적인 방식—예를 들면 수업내용을 이해하고 이에 기반하여 수업활동에 기여하는 것, 친구들과의 운동경기에서 최선을 다해 참여하는 것 등, 학급행사에서 자신의 재능을 발휘하여 행사를 의미있게 운영하는 것 등—으로 공동체 속에 참여하지 못할 때, 학생들은 '과도한 관심끌기'의 행동을 통해 타인의 인정을 얻고자 한다.

이 경우, 초반에는 또래 친구들이나 교사가 좋아할 만한 행동으로 그들의 관심을 끌려고 하지만, 이러한 행동들이 효과가 없을 경우, 바람직하지 못한 행동으로 관심을 끌고자 한다. 욕을 하다거나, 모둠에 참여하지 않는 등 튀는 행동을 통해 자신을 드러낸다. 관심끌기라는 목표를 달성할 수 있다면 창피를 당하거나 벌을 받는 것도 감수한다. 무시당하는 것보다 낫다고 생각하기 때문이다.

### (2) 힘 겨루기

어떤 학생들은 자신의 힘이나 우월함을 활용해서 자신의 가치를 인정받고자 한다. 이런 학생들의 경우, 자신을 따르는 학생이 있거나 특정 측면에서 자신에 대한 자신감을 가지고 있는 학생일 경우가 많다. 교사와 갈등을 일으킬 경우에도 교사의 권위에 굴복하기보다는 교사와 맞서는 것을 택한다. 굴복하지 않는 모습을 통해 자신의 가치를 인정받고자 하는 것이다.

이런 학생들을 대할 때, 교사는 우선 훈계하고 그 학생들의 거만함을 교사의 지위나 권위로 누르려고 한다. 그러나 이러한 방법은 대부분 실패한다. 우선 교사가 학생들과 힘 겨루기에서 이기고자 할 때, 교사로서 갖추어야 할 도덕적인 태도 등을 유지하지 못한 채 감정적으로 대처하는 경우가 많고, 학생들과의 상호작용을 통해 얻고자 하는 훈계의 효과를 얻지 못하기 때문이다. 반면에 학생들은 교사가 가진 도덕적인 책임감으로부터 자유로울 뿐 아니라 자신이 교사와 "맞짱"을 뜬다는 사실에서 벌써 이긴 게임이라고 생각한다.

(3) 보복하기

학교의 다른 학생들이나 교사가 자신에게 공정하지 못하고 자신을 무시한다고 여길 때, 보복을 통해 자신의 존재를 드러내는 학생들이 있다. 때로는 드러나게 혹은 드러나지 않게 자신을 무시한 학생의 물건에 흠집을 내거나 욕을 하거나 모욕을 준다. 이러한 학생은 자신이 받은 대로 갚아준다는 판단에 근거하여 행동하기 때문에 자신의 처신이 정당한 것이라고 여긴다. 자신이 옳다는 것을 보여주는 수단으로 보복하기 행동을 하는 것이다. 교사들이 보복하기 행동을 교정하기 힘든 이유이다.

교사들이 이들 학생의 행동에 대해 즉각적으로 응수하거나 정서적으로 흥분하는 것은 사태를 악화시키는 방법이다. 먼저 학생이 겪었을 고통을 이해하려는 태도를 보여야 한다. 그 학생이 그러한 행동을 하게 된 나름의 근거를 존중하려는 특별한 노력이 필요하다.

(4) 무능함 보이기

자신이 가치로운 존재라는 것을 입증하기 위해서 보였던 이상의 행동들—관심끌기, 힘겨루기, 보복하기—이 목표를 달성하지 못할 때, 학생들이 의존하는 방법 중 하나는 자신의 무능함을 보여주는 것이다. 앞의 행동들이 적극적인 행동을 요구하는 것이라면 무능함 보이기는 회피하는 행동을 통해 사람들의 관심을 끌고자 한다. 수업활동, 학교행사, 학생들과의 상호작용에 무기력함과 무능함을 보임으로써 주변의 관심을 유도하려는 것이다. 뿐만 아니라 활동에 참여하는 것을 회피함으로써 자신의 무능함을 감추려는 의도도 가지고 있다.

건설적인 방법으로 자신의 위치를 보장받지 못할 때 취하는 위의 네 가지 행동들의 목적은 자신의 가치를 인정받는 것이다. 학생들이 자신을 인정해주기를 갈구하는 대상을 향한 간절한 외침일 수 있다. "나를 바라보세요. 저도 함께 가고 싶어요. 존중해주고 관심을 기울여주세요." 그러나 교사나 다른 학생의 입장에서는 이러한 의도를 읽어내기가 쉽지 않다. 오히려 그들의 부정적인 태도나 행동에 눈살을 찌푸리고 훈계하는 것으로 그 행동을 고치고자 한다. 정작, 그러한 행동을 하는 학생들 자신도 자신들이 왜 문제를 일으키는 행동을 하는지를 의식하지 못할지도 모른다. 자신의 가치를 보존하고자 하는 욕구는 잠재의식 가운데 우리를 움직이는 동력이기 때문이다.

### 라) 학습과정 속에서 학생 이해하기

학습과정에서 어려움을 겪는 학생들을 하나의 유형으로 단정짓기는 쉽지 않다. 학습 자체를 수행하기에는 가정에서나 학교에서 너무나 많은 장애물을 가진 학생들이 있을 수도 있고, 아무런 장애물이 없는데도 공부가 안 되는 학생들도 있다. 어떤 학생은 처음부터 끝까지 누군가가 옆에서 가르쳐주어야만 학습내용을 이해할 수 있다면 어떤 학생은 약간의 힌트만으로도 스스로 공부하는 방법을 터득한다. 경쟁과 평가를 즐기는 학생이 있는가 하면 그런 상황에서 극도의 불안감을 느껴 자신의 능력을 좀처럼 발휘하지 못하는 학생들도 있다.

천차만별인 학생들의 공통점과 차이점에 기반하여 학생들에게 도움을 주는 것이 교사가 해야 할 역할이다(김현수, 2014). 너무도 다른 학습자를 보며 답답한 마음이 든다면 김현수(2014)가 제시한 아래의 사항을 되뇌어 보라. 좀 더 인내심을 가지고 학생들을 이해할 수 있게 될 것이다.

학습자 이해하기

**동기**: 공부 못하는 아이는 없다. 다만 안 하는 아이가 있을 뿐이다.

**속도**: 빨리 배우는 아이가 있고 늦게 터득하는 아이가 있을 뿐이다.

**수용**: 단순한 방법으로 되는 아이가 있고 복잡하고 다양한 방법을 제공했을 때 흡수가 잘 되는 아이가 있다.

**역사**: 기초가 튼튼한 아이가 있고 중간중간 빈 부분이 있어서 보강해야 할 아이들이 있다.

**기술**: 자신에게 적합한 배움의 기술을 발견하는 아이들이 있고 반대로 발견하지 못하는 아이들이 있다.

**외부의 지원**: 가족의 적절한 관심과 보상, 자신이 스스로에게 주는 격려와 칭찬만으로도 잘 이겨 내는 아이가 있는가 하면, 관심과 보상이 반드시 외부에서 제공되어야 잘하는 아이도 있다.

## 3) 효과적인 수업운영

모든 교과나 학생에게 공통적으로 효과적인 수업 방식을 찾기란 매우 어려운 일이다. 학습자의 발달이나 흥미, 동기 정도, 교과의 내용, 교사의 특성에 따라 수업의 효과는 달라지기 때문이다. 어떤 상황에서는 수업내용을 명료하게 설명하는 방식이 효과적일 수 있을 것이다. 때로는 교사의 설명보다 학생들이 스스로 수업을 이끌어가면서 수업내용의 핵심을 파악하고 깨달아가는 방법이 효과적일 수 있다. 추상적인 개념, 예를 들어 정의, 평화, 공존 등을 다루는 수업에서는 학생들의 인식과 갈등을 일으키는 사례를 통해서 학생들이 해당 개념의 다양한 측면들을 성찰하게 만들 수 있다. 어떤 경우에는 학생들이 실제 문제해결과정에 직접 개입하여 현실에서 일어나는 갈등을 체험해야 효과적인 수업이 이루어질 수도 있다.

상황에 따라 다양한 모습으로 드러나는 효과적인 수업의 모습일지라도 그 이면에도 어느 정도의 공통점들이 존재한다. 아래에서는 교사효과성을 검토한 연구들을 바탕으로 효과적인 수업에서 나타나는 공통적인 교사의 수업행동을 크게 다섯 가지 범주로 정리하였다(김민성, 1996; Borich, 1990).

### 가) 명료하고 구조화된 설명

수업이 학생들에게 명료하게 다가가기 위해서는 수업내용을 분명하게 직접 전해주고 학생들의 이해 수준에 맞게 수업내용을 제시해 주어야 한다. 모호한 지시어(어떤, 다른), 군더더기 말(자, 음), 확실하지 않은 진술('할지도 모른다', '대체로')을 자주 사용하는 것은 학생들을 이해하기 힘들게 한다. 학생들이 이미 알고 있는 용어로 수업내용을 표현하고 예시를 사용하는 것, 중요한 개념은 반복해서 다루어주는 것 등도 명료한 설명에 도움이 된다.

수업을 체계적으로 구조화시킬 때, 학생들은 자신들이 무엇을 배우고 있는지 수업의 앞뒤가 어떻게 연결되는지를 지속적으로 상기시키는 것이 필요하다. 수업의 시작에서 오늘 수업내용이 지난 수업의 내용과 어떻게 연결되며 어떻게 수업이 전개될 것인지, 수업을 마칠 때에는 핵심내용을 학생들과 상호작용하며 요약하고 정리해주는 행동이 수업을 구조화하는 데 도움이 된다. 수업의 전체적인 짜임새에서도 쉬운 내용부터 점차 어려운 내용으로 구성하는 것이 학생들이 수업을 이해하는 데 도움이 된다.

### 나) 소통이 있는 유연한 상호작용

학생들은 편안한 수업분위기 속에서 이루어지는 수업에 더 집중한다. 학생들은 무엇보다도 "딱딱한" 수업을 싫어한다. 편안한 수업분위기가 이루어지기 위해서는 학생들의 상태를 면밀하게 살펴서 이에 따라 유연하게 수업진행을 바꿀 수 있는 교사의 역량이 필요하다. 학생들이 수업내용을 이해하지 못하고 집중력이 떨어질 때, 수업분위기를 환기하는 등, 학생의 입장에서 수업을 바라보는 교사의 태도가 편안하고 소통이 이루어지는 수업을 만든다.

다양한 상호작용의 기회를 제공하는 것도 학생들의 참여를 제고하여 학습의 효과를 높이는 방법이다. 수업 내 상호작용의 가장 대표적인 방식은 교사의 질문이다. 교사의 질문은 수업내용에 대한 다양한 사고를 가능하게 한다. 배운 내용을 상기하는 질문, 여러 현상의 관련을 묻는 질문, 학생 자신의 의견을 묻는 질문 등, 교사의 질문은 학생들로 하여금 기억하고 생각하게 만드는 기능을 할 뿐만 아니라 학생들의 주의를 집중시켜 학습분위기를 유지하는 기능도 한다(Good & Brophy, 2008).

중요한 것은 다양한 수준의 질문(답이 하나만 존재하는 닫힌 질문, 정답이 여럿 존재하는 수렴적 질문, 학생들의 의견을 묻는 발산적 질문이나 열린 질문 등)을 사용함으로써 학생들이 다양한 사고과정을 경험할 수 있게 하는 것이다(조벽, 2001).

누가 질문하고 누가 대답하는지를 다양하게 구성하는 것도 다양한 유형의 상호작용을 활용하는 방법이다(조벽, 2001). 교사의 질문에 한 명이나 집단의 학생들이 대답하는 것이 교실에서 흔히 나타나는 장면이다. 그러나 교사의 질문에 대한 학생의 반응에 다른 학생의 생각을 물어보는 것(연결하기), 다른 학생의 생각에 대해 원래 대답했던 학생의 의견을 다시 물어보는 것(되돌리기)과 같은 질문의 방식은 학생들이 깊게 사고할 수 있도록 도울 뿐 아니라 수업에 주인으로 참여한다는 책임감을 불러일으킨다(김태현, 2012).

학생들이 교사의 질문에 반응하지 않을 때, 수업의 분위기가 가라앉아 있을 때, 수업내용에 대해 짝과 대화하도록 하는 짝토론, 각자 역할을 가지고 참석하는 모둠토론이나 모둠활동을 수업 시간에 다각적으로 활용할 때 수업에 활력을 불어넣을 수 있다.

### 다) 교사의 열정

가르침에 대한 교사의 열정은 유능한 교사, 훌륭한 교사의 공통적인 특징이다(Borich, 1990; Hamacheck, 1999). 교사가 수업에서 열정적인 모습을 보일 때 학생들은 교사의 모습 속에서 수업의 가치를 느끼고 수업에 참여하고자 하는 동기를 느끼게 된다.

교과서에 교과내용이 상세히 기술되어 있어도 그 내용을 학생이 혼자 읽어보는 것과 교사가 해당 내용을 다루는 수업에 참여한 것은 이해의 정도에 차이가 난다. 교사는 언어로 표현된 수업내용의 사고방식이나 가치를 이해하고 자신의 스타일과 느낌으로 수업내용을 전하는 역할을 하기 때문에, 학생들은 교사로부터 수업내용에 대한 이해뿐 아니라 수업내용에 대한 애정과 교과의 가치를 깨닫게 된다(김인, 2008).

교사의 열정은 특히 학기나 학년 초반 수업이나 교사에 대해 잘 알지 못하는 학생들이 교사를 신뢰하게 만드는 역할을 한다. "선생님의 열정적인 모습을 보니 잘 가르치는 선생님인 것 같다. 배울 게 많을 것 같다"라는 기대는 학생들이 주의를 기울여 수업에 참여하게 만든다. 교사와 학생이 서로에 대해 알기 전에 가지고 있는 '조건부적 신뢰'는 교육이 일어나는 필수적인 요소이다(장상호, 2002). 교사의 열정은 교사를 믿고 그 가르침을 따르면 자신에게 의미있는 배움이 일어날 것이라는 신뢰를 형성하게 한다.

### 라) 학생의 동기부여

학생의 학습동기를 부여하기 위한 전략들은 다양한 교재에서 이미 언급이 되었다. 여기서는 학습동기이론이 제시하는 동기증진전략의 공통점만 언급하고자 한다(Stipek, 1998).

먼저 학생들에게 수업내용을 배워야 하는 이유, 과제를 수행하는 이유나 가치를 이해시켜야 한다. 학생들이 흥미가 있는 수업내용이 아니라면 학생의 삶에 해당 수업과 과제가 어떤 의미가 있는지를 이해해야만 수업에 참여할 것이다. 수업내용을 학생들의 삶과 연결시켜 설명하거나, 수업내용과 관련된 학생들의 경험을 나누어보도록 하거나, 앞으로의 다양한 진로와 어떻게 연결되는지를 설명하는 등 학생이 수업내용이나 과제에서 개인적인 의미를 발견할 수 있도록 도와주어야 한다.

학생들에게 "나도 할 수 있다"는 생각을 가지도록 도와주어야 한다. 그러기 위해서는 작은 성공의 경험, 자기와 유사한 성공한 사례, 교사나 친구들의 격려가 필요하다. 질문을 하는 것, 작은 과제라도 끝까지 완성해보는 것, 성실하게 참여하는 것 등이 매우 가치로운 것이라는 것을 일상의 상호작용 속에서 느끼도록 도와준다. 학생의 모습 그대로를 존중하고 인정하는 교사나 또래의 태도, 실수해도 괜찮은 수업분위기가 학생들에게 "나도 해 봐야지" 하는 도전감을 불러일으킨다.

'성공'은 경쟁에서 이기는 것이 아니라 하루하루 성장해나가는 것이라는 인식이 학급에서 공유되는 것도 중요하다. 그러기 위해서는 교사의 면밀한 관찰이 필요하다. 학생들의 변화를 포착하고 이를 격려해주는 것 속에서 학생들은 배우고 성장하는 것에 가치를 두는 태도를 배울 수 있다.

무엇보다도 수업에서 학생들이 흥미를 가지고 참여하는 활동을 계획하는 것이 필요하다. 수업내용을 깊이 이해하지 못해도 학생들이 역할을 가지고 참여할 수 있는 수업, 자신을 표현할 수 있는 수업을 통해 학생들이 수업에 기여하고 있다는 뿌듯함을 느낄 수 있도록 수업을 구성해야 한다.

### 마) 효과적인 수업관리

수업이 원활하게 진행되어 수업목표를 달성하기 위해서는 수업에서 학생들의 주의가 흩어지거나 수업분위기가 산만해지는 것을 사전에 미리 예방하는 것이 가장 효과적인 수업관리 전략이다(Borich, 2004). 문제가 발생한 다음 이에 대해 대처하는 것은 아무리 효과적인 방법이라고 할지라도 수업의 흐름을 끊어버리기 때문이다.

수업의 흐름에 방해가 되는 학생들의 행동들, 예를 들어 자기들끼리 키득거리기, 딴짓하기, 발구르기, 소리내기 등을 막기 위해서는 교사가 학생들 전체 행동을 늘 시야에 담아야 한다(스캐닝). 학생들이 수업진행 속도에서 뒤처지지 않도록 수업을 관리해야 학생들이 딴짓을 할 공간을 제공하지 않는다. 조별로, 개별로 학생들의 이해정도나 수업속도를 살펴보아야 한다.

때로는 수업 안에 학생들의 관심을 멀어지게 하는 요소들이 있다. 예를 들어, 만들기 재료나 체험재료가 책상 위에 펼쳐져 있을 때 학생들은 수업에 집중하지 못한다. 이럴 때는 미리 재료를 나눠주지 말고 활동 직전에 대표 학생들에게만 나누어주던지, 정확한 규칙을 따르지 않을 때 어떠한 불이익이 있는지를 분명히 제시해 주어야 한다. 때로는 단짝들이 같이 있을 때 수업에 방해가 되기도 한다. 이럴 때는 자리배치를 바꾸어보는 것도 방법이다.

학생들의 미세한 일탈이 수업의 흐름을 바꾸어 놓지 않도록, 학생들이 수업 속에 참여하도록 교사는 수업의 방향을 적절하게 전환해야 한다. 딴짓하거나 떠드는 학생 옆에 가서 살짝 관심을 보여준다거나, 학생들 전체가 지시사항에 집중할 수 있도록 지시사항을 반복하거나 보여주기, 수업내용을 설명할 때, 예시 속에 수업을 방해하는 학생의 이름을 살짝 언급하거나, 모범적인 학생의 이름을 불러주어 학생들에게 교사가 기대하는 것이 무엇인지를 환기시켜주는 것도 필요하다.

이상의 행동들은 수업의 분위기를 험악하게 하지 않으면서 학생들의 일탈행동을 효과적으로 관리해주는 방법이다. 물론 학생들이 심각하게 문제행동을 일으키면 벌칙을 주거나 더 강한 경고를 내려야 할 때도 있다. 그러나 그러한 상황에 이르기 전에

표 3.4 교사의 수업관리 전략

| 예방 | 방향전환 | 대처 |
|---|---|---|
| 자연스러운 관리행동 | ⟷ | 강한 대처 |
| • 전체 교실행동 스캐닝<br>• 수업속도에 보조 맞추도록 하기<br>• 유혹의 요소 없애기<br>• 수업흥미 높이기<br>• 교실배치 바꾸기 | 일탈행동 학생 옆에 가기<br>눈 맞추기<br>지시사항 다시 환기<br>일탈행동 학생 예시 들 때 언급<br>적합한 행동한 학생 언급 | • 경고<br>• 권한의 박탈<br>• 타임아웃<br>• 활동에서 배제<br>• 방과후 남기기 |

출처: Borich(2004).

자연스러운 관리행동이나 방향전환 행동을 통해 문제상황을 예방하는 것이 교사에게는 가장 효과적인 수업관리 기법이 될 것이다. <표 3-4>에서는 수업관리에 대한 이상의 내용을 요약하여 제시하였다.

## 4 교사지원 학습컨설팅 실제

### 1) 교사지원 학습컨설팅의 단계

학습자의 학습문제 해결에 가장 큰 열쇠를 쥔 사람은 교사이다. 학습컨설턴트는 교사와 협력해서 학생들에 대한 정보를 이끌어내어 대안을 탐색하고, 컨설팅의 구체적인 계획을 수립하고 이를 실행해야 한다. 컨설팅의 단계마다 컨설턴트의 컨설팅의 초점은 달라진다. 아래의 각 단계마다 어떤 점에 주력하여 교사지원 컨설팅을 진행해야 하는지를 살펴보자(Brigman, Mullis, Webb, & White, 2005).

#### 가) 1단계: 컨설팅 준비 - 배경정보 파악 & 컨설팅에 대한 밑그림 그리기

이 단계는 교사가 컨설팅을 의뢰한 이유와 배경정보를 파악하고 이에 기반하여 컨설팅의 목표와 컨설팅 계획의 밑그림을 그리는 단계이다.

아래에 열거된 사항은 배경정보를 파악하기 위해 살펴보아야 할 것들이다. 구체적인 상황에 따라 각 사항의 중요성은 달라질 수 있을 것이다.

① 교사가 컨설팅을 요청한 이유
② 학생기록부 확인
  – 성취검사 결과(기초학력평가, 중간/기말고사, 표준화된 검사결과)
  – 교과별 학생의 강·약점의 패턴
  – 교사의 피드백, 태도사항
  – 출석 점수
③ 가능하다면 수업에서 컨설팅 대상 학생 관찰
④ 학생을 담당했던 교사들과의 대화

컨설팅이 본격적으로 시작되기 전에 교사에게 컨설팅 과정과 컨설팅의 목적이 무엇인지를 설명해야 한다. 수집한 학생의 배경정보를 종합하여 컨설팅과정의 밑그림을 그리고 교사에게 안내하거나 부탁할 사항을 정리한다. 사정이 허락한다면 교사와의 전화통화나 짧은 만남을 통해 컨설팅이 어떻게 진행될 것인지, 컨설팅의 목표는 무엇인지, 어느 정도의 기간 동안, 어떠한 방식으로 컨설팅이 진행될 것인지에 대해 대화를 나누는 것이 컨설팅의 시작을 편안하게 해 줄 것이다.

### 나) 2단계: 컨설팅 절차 계획 & 관계 형성 & 긍정의 분위기

이 단계에서는 컨설팅의 회기, 주제, 진행방법을 구체화하고 컨설티인 교사와 신뢰관계를 형성하는 것이 중요하다. 컨설팅 시작 단계에서 교사는 컨설팅에 대한 막연한 두려움이나 의심을 품고 있을 수도 있다. 해결해야 할 학습문제가 무엇인지, 교사와의 컨설팅 회기의 시간, 장소에 대해 의견을 나누고 교사와의 만남에서 함께 해야 할 일이 무엇인지를 알려준다. 아래의 대화를 참고해 보자.

컨설팅은 50분에서 1시간 정도 소요될 것 같습니다. 저희가 도와주어야 할 A학생의 문제는 학습에서 무기력을 경험하고 있다는 것입니다. 선생님과 제가 A의 문제에 대해 구체적으로 파악해야 할 필요가 있을 것 같습니다. 수업시간이나 친구들과의 관계에서 A의 행동은 어떠한지, 기타 수집할 수 있는 자료를 바탕으로 A학생의 무기력의 원인이 무엇인지, 어떻게 도와줄 수 있을지 함께 논의해 보죠. 그러면 저희가 A를 도와줄 수 있는 구체적인 계획이 나올 것 같습니다. 선생님 생각은 어떠세요?

이 단계에서는 긍정적이고 희망적인 분위기를 만드는 것이 필요하다. 컨설티인 교사는 학생의 문제에만 집착하기 때문에 도움을 받아야 할 학생의 문제에 대해서만 이야기하려 할 것이다. 그러나 컨설팅 과정이 학생에게 도움이 되려면 학생이 잘하는 것, 좋아하는 것에서 출발해야 한다.

따라서 학생에 대해 이야기할 때 단지 학습문제만을 언급하기보다는 학생 자체를 긍정적으로 바라보는 것으로 시작해야 한다. 학생들의 문제에 치중하지 말고, 학업, 또래관계, 책임감, 관심 분야에서 긍정적인 측면을 찾아내고 이러한 강점에 기반하여 컨설팅 계획을 수립해 보자.

### 다) 3단계: 학생에 대한 정보 수집 및 제시

교사와의 대화를 통해 학생에 대한 정보를 수집할 때, 아래에 제시된 일련의 질문들을 활용해 보라. 그 과정에서 학생의 정보 중 빠진 부분들을 채워보라. 아래에서는 이 단계에서 활용할 수 있는 질문들을 제시하였다.

#### (1) 학생의 문제를 명료하게 표현하라

- A학생에 대해 염려하는 것은 무엇인가요? 학생들의 구체적인 행동을 예로 들어 말씀해 주세요.
- 문제의 행동을 하기 직전 상황을 말씀해 주시겠어요?
- 그리고 나서 문제행동은 어떻게 일어났나요?
- 학생이 문제행동을 할 때 선생님은 어떤 느낌이셨는지요?
- 선생님은 어떤 조치를 취하셨나요?
- 그에 대한 학생의 반응은?
- (행동의 지속/발생 빈도) 그 행동이 얼마나 지속되었나요? 얼마나 자주 일어나나요?

이 질문들은 학생들의 문제를 구체적인 상황 속에서 이해할 수 있도록 도와준다. 그리고 교사와 학생의 반응과 문제행동의 지속성, 빈도를 질문함으로써 해당 문제를 종합적으로 바라보고, 상황에 따라 어떻게 달라지는지를 파악하게 해준다.

#### (2) 구체적인 용어로 목표하는 바를 표현하라

- 상황이 좋아진다면 선생님께서는 학생에게 어떤 변화를 기대하십니까?

이 질문은 학생에게서 일어나는 작은 변화, 변화의 시작을 포착할 수 있도록 도와준다. 이렇게 작은 변화, 변화의 시작을 알아차리고 이를 격려하고 강화하는 것은 학생들의 긍정적인 행동을 일으키는 데 무척 중요한 역할을 한다. 이 질문에 대한 교사의 반응은 컨설턴트가 현실적으로 컨설팅 계획을 세우는 데 도움이 된다. 그러한 변화가 일어나는 지점을 이해한다면 현실적인 시간표를 가지고 컨설팅을 진행할 수 있다. 이럴 때, 지나치게 높은 목표로 인해 중간 과정에서 포기하거나 좌절하는 위험을 극복할 수 있을 것이다.

### (3) 이전에 시도했던 것, 교사가 생각하는 대안을 정리해보기

이 과정에서는 컨설턴트가 만족한 답을 얻을 때까지 아래의 질문을 반복한다.

- 이전에 선생님께서 A학생에게 시도한 것들이 있다면 말씀해 주십시오.
  A학생의 반응은 어떠했나요?
- 그 이외에 시도한 것은 없었나요?
- A학생에게 통할 것 같은 방법에 대해 생각하시는 것이 있다면 말씀해 주십시오.

위의 질문을 통해 컨설턴트는 컨설티인 교사가 학생을 어떻게 대하는지를 파악할 수 있다. 교사가 취했던 방법이 학생에게 도움이 되었다면 컨설턴트는 이에 대해 인정하고 격려하는 것이 필요하다. 반면, 교사의 태도나 행동에서 변화가 필요한 부분이 무엇인지도 점검해야 한다. 이상의 질문에 대한 교사의 답변을 컨설팅 계획에 반영하게 된다면 컨설팅 과정에 대한 교사의 신뢰가 높아지고, 컨설팅 과정에 참여하려는 의지가 생겨날 것이다.

### (4) 배경 정보에 대한 추가 수집

교사와 대화를 진행하다 보면 학생의 배경에 대해 초기에 파악했던 것과 다른 측면을 발견할 수 있다. 그럴 경우, 교사에게 학생에 대한 정보를 추가적으로 질문할 수 있다. 학생의 문제와 관련된 상황, 여러 여건 등에 대해 자세히 파악할수록 학생의 문제를 더 명료하게 파악하고, 이를 기반으로 실질적으로 도움이 되는 컨설팅 계획을 수립할 수 있다. 예상해 볼 수 있는 질문들은 다음과 같다.

- 자매나 형제의 학업, 사회성, 운동수행 관련 정보. 책임감, 다른 사람에게 도움을 주는 정도
- 해당 학생의 학업, 사회성, 운동수행, 책임감, 다른 사람에게 도움을 주는 정도
  (이웃이나 공동체 내에서 또래와 놀거나 어울릴 기회 물어보기)

- 해당 학생이 형제, 자매, 부모, 친구, 다른 사람들과 어떻게 지내는지?
- 일상에 대한 질문: 기상, 옷입기, 아침식사, 방과후 시간, 저녁 식사, 숙제, 취침과 관련된 질문

### 라) 4단계: 개입해야 할 학생의 행동 정하기 - 개입 및 추수 전략 세우기

학생의 문제와 개입해야 할 행동이 무엇인지를 분명하게 파악하고 교사와 효과적인 대안에 대한 충분한 협의를 진행한 이후, 구체적인 컨설팅 프로그램이 작성되어야 한다. 될 수 있으면 교사가 제안하도록 하되, 교사가 컨설팅 내용에 대한 아이디어를 내지 못할 때 컨설턴트가 아이디어를 제시하는 형태로 진행한다. 이 때 교사가 스스로 전문가라고 여길 수 있도록 컨설턴트가 배려하는 것이 필요하다.

> 제 생각으로는 ~이런 방법이 있는데, 만약 이런 방법을 적용한다면 어떨까요? ... 이 방법이 비슷한 유형의 문제에서 효과적이기는 하였는데, 선생님께서 직접 이 방법을 학생한테 적용한다고 생각하신다면, 어떨까요?

교사와 대화할 때, 한 번에 한두 가지 쟁점에만 집중해야 한다. 학생의 문제를 한꺼번에 다 다루려고 하면 컨설티인 교사는 앞으로 이루어질 컨설팅 과정이 매우 부담스럽게 느껴질 수 있다. 그리고 컨설턴트가 제안한 컨설팅 내용이 즉각적인 효과를 보이지 않을 수도 있고, 항상 계획대로만 진행되지 않을 것이라는 점도 언급할 필요가 있다. 그래야 컨설팅 과정이 때로는 삐걱거릴지라도 컨설턴트와 계획했던 컨설팅 내용을 교사가 지속적으로 실천할 수 있는 힘이 생길 것이다. 여러 번의 회기를 거쳐야 비로소 컨설팅 대상 학생에게서 작은 변화를 확인할 수 있을 것이라는 현실적인 기대를 가지는 것도 도움이 된다.

### 마) 5단계: 컨설팅 종료 후-추수 단계

컨설턴트는 컨설팅 종료 후에도 컨설팅의 효과가 지속되는지, 추가적인 문제가 발생했는지 등에 관심을 기울여야 한다. 기회가 닿는 대로 학습문제에 대해 교사와 대화를 나누는 것이 필요하다. 컨설팅 종료 후, 추수 회의를 가지는 것도 바람직하다. 회의에서는 교사의 노력과 헌신에 대해 아낌없이 치하하고 필요하다면 또 다른 추수 회의를 계획하는 것도 좋을 것이다.

## 2) 교사지원 학습컨설팅의 사례

### 가) 학습문제 진단과정 컨설팅 사례

문제를 진단하는 것은 컨설팅 과정에서 매우 중요한 단계이다. 컨설티인 교사가 평소에 의뢰 학생에 대해 알고 있는 정보들, 다양한 학교기록, 컨설턴트가 의뢰 학생을 직접 관찰하고 면담한 내용 등으로부터 의뢰 문제의 배경, 다양한 원인, 결과 등에 대해 충분히 논의하여야만 문제를 정확하게 진단할 가능성이 높아진다.

아래의 사례는 수업시간에 자리를 이탈하는 영훈이에 대해 컨설턴트와 교사가 협력하여 문제를 진단하고 개입방법을 찾아가는 과정을 기술한 것이다. 진단을 내리기 전에 컨설턴트 역시 의뢰 문제를 이해하기 위해 학급을 관찰하고 영훈이를 면담하였다. 상황에 대한 이해없이 교사와 대화를 시작하기는 힘들기 때문이다. 컨설턴트는 영훈이뿐 아니라 영훈이 주위 친구들의 행동까지 함께 관찰하여 문제상황이 영훈이 혼자의 문제가 아니라 학급 전체의 상호작용에서 비롯된 측면이 있다는 것을 파악하였다. 교사와의 컨설팅 과정에서 영훈이에 대한 개별적인 개입뿐 아니라 학급관리의 측면에서 교사의 개입방향을 정하고 있다. 이 과정에서 교사는 파트너로서 자신의 의견을 제시하고 서로 협의하며 컨설팅을 수행하는 것을 볼 수 있다(Dougherty, 2009).

컨설턴트 B는 학교에 소속된 컨설턴트다. 그는 자리에 가만히 앉아 있지 못하는 학생 때문에 힘들어 하는 김교사를 도와주고 있다. 그 학생(영훈)을 진단하기 위해 컨설턴트 B는 적어도 3회 이상 교실에서 학생을 관찰하고 1회 면담을 실시하기로 하였다.

관찰 중에 컨설턴트 B는 영훈이가 자리를 벗어날 때 주변의 친구들이 어떻게 반응하는지를 관찰하면서, 영훈이가 자기 자리를 이탈하기 전과 후에 일어나는 자극과 결과를 파악하고자 하였다. 영훈이와의 면담에서 컨설턴트 B는 김교사가 영훈이에 대해 걱정하고 있다는 것을 알려주기로 하였다. 김교사가 학급이나, 학생들, 영훈이의 행동에 대해 느끼는 감정을 영훈이에게 전해달라고 부탁했기 때문이다.

컨설턴트 B는 영훈이를 관찰하고 면담한 내용을 김교사와 함께 협의하였다. 관찰, 면담, 김교사의 경험 등을 토대로 영훈이가 자리에서 벗어나서 수업을 방해하는 것은 학급 친구들이 영훈이가 그럴 때마다 관심있게 지켜보았기 때문이라고 분석하였다. 친구들의 관심이 영훈이의 자리이탈 행동을 강화한 것이다.

컨설턴트 B와 김교사는 수업에서 학생에게 허용된 행동과 허용되지 않은 행동이 무엇인지를 논의하였다. 이 기준에 근거하여 문제가 되는 자리이탈 행동이 무엇인지를 규정하고 그 행동을 줄이기 위한 실현가능한 목표를 세웠다. 컨설턴트 B와 김교사는 브레

인스토밍 방법을 사용하여 가능한 해결책에 대해 아이디어를 생각하였다. 서로가 제시한 아이디어에 대해서는 어떠한 평가도 하지 않았다. 학생의 자리 바꾸기, 교사와 학생이 계약 맺기, 교사가 학생과 면대면으로 대화하기, 학생이 참여하는 가운데 학부모와 면담하기, 학생 도우미 프로그램, 학급의 전체 구조를 다시 짜기와 같은 아이디어를 중심으로 컨설팅 내용을 계획하였다(Dougherty, 2009).

### 나) 교사의 상호작용 역량 컨설팅 사례

아래 사례는 컨설팅 사례라기보다는 교사연수프로그램의 일환으로 진행된 면담 내용이다. 학습부진학생의 강점 발견, 피드백 제공역량 함양 연수에 참여한 교사가 연수 종료 후, 자신의 수업에서 학습부진학생과 상호작용하며 새롭게 느끼게 된 것을 연구자와 면담한 내용이다. 아래의 면담에서 연구자는 개입해야 할 지점을 제시하기보다는 교사의 느낌과 성찰을 경청하며 교사와 공감하는 방식으로 학습부진학생에 대한 피드백 방법을 강화하고 있다.

이러한 컨설턴트의 태도는 교사로 하여금 컨설턴트에 대한 인간적인 신뢰를 느낄 수 있도록 한다. 교사가 연수나 컨설턴트로부터 배운 내용을 자신의 수업에 적용하면서 그 경험을 컨설턴트와 나누는 것은 교사가 컨설팅 과정에 관심을 가지고 참여하게 만드는 효과적인 방법이 된다. 컨설턴트가 일방적으로 지시하는 것보다, 교사의 입을 통해, 그리고 교사의 경험을 통해 컨설턴트의 계획이 표현될 때, 컨설팅 과정은 훨씬 성공적으로 이루어질 것이다.

**연수자:** 혜영이가 그런 얘기를 했을 때, 선생님이 긍정적으로 받아들일 수 있었던 건 선생님께서 충분한 마음의 여유가 생기셨기 때문인 것 같아요.

**교사:** 프로그램을 진행하고 연수를 했던 과정이 저를 그렇게 만든 것일 수도 있다고 생각해요. 아이들의 반응과 나 자신을 바로 볼 수 있게 도움이 되었어요.

**연수자:** 오늘 수업에서 선생님이 의도하거나 잘 되었다고 생각한 부분이 있으세요?

**교사:** 언어 바꾸기가 아이들 스스로 자발적으로 움직이지 않으면 안 되는 부분이잖아요. 기대한 수준은 아니었지만, 아이들의 경험이야기를 예전보다는 열린 마음으로 받아줄 수 있었던 것 같고, 아이들의 수준에 만족을 했고요. 그게 도움이 된 것 같아요.

**연수자:** 오늘 아이들이 활동지에 기록하는 부분은 어떠셨어요?

**교사:** 활동지 쓸 때 제가 미리 한번 돌아봤잖아요. 그런데 아이들이 쓴 내용이 너무 어설픈 거예요. 예전 같으면 그 내용들을 그냥 넘어가버렸을지도 몰라요. 하지만 그렇다 할지라도 아이들이 조금씩 언어를 바꿔보려고 뭔가 시도한 것이라는 긍정적인 생각이 순간 들었어요. 그래서 제 마음에 썩 만족은 안 되어도, 그냥 아이들이 제대로 발표를 못한다 할지라도, 기록한 것이 어설프다 할지라도 그냥 해보려는 시도를 귀하게 생각하고 발표시켜보자 하고 제 스스로 용기를 낸 거예요. 그런데 의외로 괜찮더라구요. 생각했던 것보다... 아이들의 소중한 움직임이었구나... 그것을 확인할 수 있었어요.

**연수자:** 오늘 기훈이가 특히 예전에 발표를 많이 했지요? 선생님이 기회를 주시고 들어보자는 분위기를 만드신 것이 기훈이가 용기를 내어 참여하게 된 계기인 것 같아요.

**교사:** 지난 주까지의 아이들의 모습만 생각했다면 제가 오늘 모든 아이들에게 발표를 시키는 것을 못했을 거예요. 그런데 아이들이 순간순간 변화하고 달라질 수 있다는 것, 저도 자꾸 긍정적인 방향으로 생각을 전환하게 되니까... 자꾸 과거의 아이들의 행동, 발표시켰을 때 그 아이들의 반응들 이것만 제가 붙들고 있었으면 발표시키는 것 자체를 포기하고 얌전한 몇 명만 시켰을텐데, 그냥 용기를 내서 긍정적인 마인드로...

---

**연수자:** 민수랑 선민이가 활동할 때 좀 힘들잖아요. 오늘은 어떠셨어요?

**교사:** 민수랑 선민이가 만들어주는 상황 그 자체가 수업시간에 생명력을 주는 거라고 오늘 제가 알게 모르게 받아들이고 있었던 것 같아요. 교사를 창의적이게 만들 수 있고, 또 그런 아이들을 수용할 수 있는 마음, 물론 수업을 방해하는 측면으로 볼 수 있겠지만 그 상황을 통해서 굉장히 오늘 수업에서 의도하고 목적했던 바에 그걸 끌어들여서 오히려 아이들에게 더 각인시켜 줄 수 있는 상황으로 만들 수 있지 않을까 싶어요.

---

**연수자:** 다음 차시에는 전체 프로그램을 검토하면서 아, 내가 열심히 해 왔구나, 내가 굉장히 소중한 사람이구나, 그래서 내가 앞으로 이렇게 열심히 노력해야지 하는 서약서를 쓰는 시간이지요. 이에 앞서서 선생님께서 학생들 한 명, 한 명이 1차시부터 각 차시 중에서 어떤 변화를 보였었는지, 특히 어떤 차시 때 너의 그 행동이 인상 깊었다든지, 선생님이 피드백할 수 있는 답지들을 갖고 있으면 아이들에게 도움이 될 것 같아요. "아 참, 너 지난번에 '날아라 동동'할 때 이랬었잖아. 선생님은 그때 굉장히 인상적이었는데." 그런 이야기를 해주면 선생님이 나를 주의깊게 보고 있구나. 그런 것도 알 수 있죠. 떠오르는 것 있으세요?

**교사:** 경문이가 비행기 날리는 '하늘까지'라는 활동을 할 때 그 활동을 통해 어떤 것을

느꼈는지에 대해 얘기를 나누었는데, 경문이가 날리고 또 날려야겠다는 생각을 했다고 하더라구요. 초반에 참 적극적이었다가 요즘 좀 주춤하지만, 그래도 콩나물 시루에 물이 다 빠져도 자라듯이 그렇게 경문이에게도 조금씩 흡수되고 있지 않나 싶어요.

**연수자:** 선민이는 어떤 장점이 있을까요?

**교사:** 선민이는 외모에 굉장히 민감하더라구요. 그러니까 자기 나름대로 멋을 부릴 줄 아는 거지요.

### 다) 교사의 수업컨설팅 사례

아래 사례는 장경원, 이륜(2013)의 연구에 제시된 것으로, 초등학교 A교사의 수업 컨설팅 사례이다. A교사는 '배움이 일어나는 학습자 중심의 수업방법'을 알고 싶다고 컨설팅을 의뢰하였다. 당시 23명으로 이루어진 초등학교 4학년 학급을 맡고 있던 A교사는 수업에 대해 자신감이 있었고 수업 개선에 대한 의지나 열정이 높은 상태였다. 자신은 학습자중심의 수업을 원하는데 실제 이루어지는 수업은 교사중심이라고 자신의 고민을 토로하며, 배움중심의 학습방법에 대해 알고 싶다고 하였다.

컨설턴트는 3명의 팀으로 이루어졌고, A교사가 의뢰한 과제를 보다 명확하게 정의하기 위해 <표 3-5>와 같은 질문을 하였다.

**표 3.5** A교사의 의뢰과제 명확화를 위한 질문들

| 질문유형 | 의뢰과제 명확화를 위한 질문들 |
|---|---|
| 학습자 실태 분석 | • 남녀 비율은?<br>• 수업시간에 질문에 대답하는 학생의 비율은 대략 어느 정도인가?<br>• 모둠 구성은 어떻게 했나요?<br>• 학습자가 흥미와 호기심을 가지고 배우고 싶어하는가? |
| 교사의 실태 분석 | • 어떤 과목에서 어려움을 느끼나요?<br>• 가장 최근에 학생들이 집중하여 참여했다고 생각되는 수업은?<br>• 학습자 중심이 되기 위해서 사용하는 수업모형은?<br>• 동료교사와 학생중심수업에 대한 협의를 한 적 있는가? 있다면 구체적인 내용은?<br>• 배움중심 수업을 무엇이라고 생각하는가?<br>• 학생의 출발점 수준을 어떤 방법으로 파악했는가?<br>• 배움중심 수업을 위해 교육과정을 어떻게 재구성하였는가? |

| | |
|---|---|
| 학습 활동 확인 | • 언제 아이들에게 배움이 일어난다고 생각하는가?<br>• 배움이 일어나고 있지 않다고 느끼는 경우는?<br>• 어떤 형식으로 칭찬이나 격려를 하는가?<br>• 모둠활동 후 발표형태는?<br>• 교사와 친구의 말을 진지하게 듣고 반응하는가?<br>• 학습자가 배움 과정 속에서 감동을 느끼는가?<br>• 수업 과정에서 경쟁이 아닌 협력적인 활동을 하는가?<br>• 수업이 끝나고 나서 자기 평가를 하는가?<br>• 교사와 학습자가 가지고 있는 공통의 목표는 무엇인가?<br>• 수업시간에 학생들이 하는 활동은 구체적으로 무엇인가?<br>• 학생들의 학습을 유발하기 위해 활용하는 자료는 무엇이고, 어떤 역할을 하는가?<br>• 모둠의 학습 활동 시 학생들은 어떻게 협력하는가?<br>• 모둠 구성원 간에 어떻게 의사소통하는가?<br>• 학생들은 학습한 결과를 어떻게 표현하고 확인하는가? |
| 시도한 방법들 | • 학생들이 수업에 적극적으로 참여하도록 시도한 방법은?<br>• 협력적인 수업을 위해 모둠구성은 어떤 방법으로 하였는가?<br>• 모둠활동 시 활동과 반응이 늦는 학생들은 어떻게 지도하는가?<br>• 모둠활동 시 활동을 독점하는 학생들은 어떻게 지도하는가?<br>• 모둠활동이 잘 이루어지지 않을 때 교사는 무엇을 하는가?<br>• 학습자 한 명, 한 명을 보살피기 위해 교사는 어떤 노력을 하였는가?<br>• 학생들에게 어떤 질문을 하는가? 예를 들어주세요.<br>• 학생들의 참여도를 높이기 위해 수행하는 활동들은 무엇인가?<br>• 스스로 생각하고 문제를 해결할 수 있도록 어떤 도움을 주었는가?<br>• 수업분위기를 조성하기 위해 교사는 무엇을 하는가?<br>• 자기의견을 자유롭게 표현할 수 있는 개방적 분위기 조성을 위해 무엇을 하는가? |

출처: 장경원, 이륜(2013).

위 질문에 대한 A교사의 답변을 정리한 결과, A교사가 원하는 수업은 "학습자가 모두 참여하는 수업"이며 특히 국어과 과목에서 학생들이 참여하는 수업을 운영하는 데 어려움을 겪는다고 하였다. 컨설턴트팀은 의뢰과제를 '모둠 활동 시 모둠원들이 모두 참여하는 수업'으로 명료화하고, '다양한 방법으로 수업을 운영할 때 학습자들이 모둠 활동에 적극적으로 참여'하는 수업을 컨설팅의 목표로 정하였다.

의뢰문제에 대한 컨설팅 계획을 세우기 위해 컨설턴트팀은 연구가 필요한 부분을 도출(예: 현황분석, 동기유발전략, 역할정하기 전략 등)하여 연구를 수행한 후 <표 3-6>과 같이 학생들이 수업에 참여할 수 있는 교수전략을 수립하였다.

**표 3.6** 학생참여를 위한 교수전략

| 모둠원 참여전략 | 문헌 및 사례연구 | 핵심 요인 도출 |
|---|---|---|
| 동기유발 전략 | • 시청각 효과 활용<br>• 질문–응답–피드백을 통한 적극적인 사고유도<br>• 학습자에게 신비감을 줌<br>• 교수자료는 적절한 변화를 줌 | • 목표지향성의 전략<br>• 성공기회 제시 전략 |
| 역할 정하기 | • 모둠별 이름, 규칙, 구호, 노래정하기를 통해 분위기 진작<br>• 주어진 과제를 모둠원 수만큼 균등하게 나누어 각자 역할을 수행<br>• 모둠장을 돌아가면서 경험<br>• 액션 러닝을 활용한 적극적 모둠 역할 | • 학습의욕 고취<br>• 참여한 모둠원들에게 책임감 부여<br>• 다른 역할 경험하기를 통해 새 역할에 대한 흥미유발로 모두가 참여하는 계기 |

출처: 장경원, 이류(2013).

컨설턴트팀은 이러한 교수전략에 기반하여 특정 수업 차시의 학습주제에 맞는 구체적인 실행계획을 수립하여 A교사와 논의한 후 교수학습과정안을 마련하고, 수업을 실시하였다. 수업을 마친 후 컨설턴트팀과 A교사는 함께 문제를 해결하려고 고민하고 논의하는 과정에서 이전에는 미처 생각지도 못했던 아이디어나 전략을 도출할 수 있었고, 서로 성장하는 기회였다는 것에 공감하였다.

**표 3.7** 의뢰교사와 컨설턴트의 성찰

| 주체 | 성찰내용 |
|---|---|
| 의뢰 교사 | 이번 컨설팅을 통해 모둠원들이 모두 참여하는 수업이 내가 원하는 수업이라는 것을 알게 되었고 컨설턴트님들과 함께 수업을 고민할 수 있었으며 내 수업을 한 단계 업그레이드 할 수 있는 계기가 된 것 같다. 또한 혼자 고민할 때는 잘 생각나지 않았던 것들이 함께 고민하면 해결할 수 있다는 사실도 알게 되었다. 그리고 앞으로의 수업에 있어서 학습자 스스로 문제를 해결하고 모둠 활동에 적극적으로 참여할 수 있는 방법을 고민하여 수업을 실천할 것이다. 그리고 스토리텔링을 활용하여 아이들의 학습동기를 고취시키고 이를 통한 발문, 역할부여, 다양한 과제 제시 등 이번 컨설팅을 통해 생각하게 된 수업활동을 앞으로의 수업에도 적용해 볼 생각이다. |
| 컨설턴트 팀 | 컨설팅을 받고 계신 선생님이 수업 개선에 대해 얼마나 많은 고민과 시행착오를 겪으셨을지 생각해보니 내가 컨설팅을 참여하여 얻고 가는 것이 훨씬 많았다는 생각이 들었습니다. 수업컨설팅을 액션러닝으로 진행하니 수업컨설팅에 참여한 교사와 컨설팅 교사 모두 의뢰과제를 더욱 명확하게 알 수 있었고, 수업방향에 대해 훨씬 더 좋은 경험을 많이 공유할 수 있었습니다. 더욱이 추상적으로 방향만 제시하는 것이 아니라 구체적인 방안을 같이 마련하여 바로 실행할 수 있어 훨씬 효과적이었습니다.<br>수업컨설팅을 하면서 의뢰교사의 입장을 이해할 수 있었고 그동안 컨설팅 장학에 대한 오해와 편견을 없애고 컨설팅의 본질을 알 수 있었습니다. 컨설턴트가 아닌 의뢰교사의 입장이 되어 컨설팅 받을 수 있는 기회가 온다면 더욱 정립되고 체계적인 접근이 가능할 것 같습니다.<br>이번 컨설팅에서 액션러닝을 적용하여 의뢰교사가 자신의 과제를 찾아보고 그 과제를 함께 정해진 시점까지 해결하는 동시에 과제의 내용과 과제 해결 과정을 학습하는 과정을 배울 수 있었습니다.<br>앞으로 더 나은 컨설팅이 되기 위해서 과제를 명확히 하고 과제를 해결하기 위한 방법을 찾을 때 컨설팅의 각 단계에 맞는 다양한 액션러닝 기법 등을 실시해야겠습니다. |

출처: 장경원, 이륜(2013).

# 참고문헌


김민성(1996). 학생들이 지각하는 잘 가르치는 교사의 수업행동. 서울대학교 대학원 석사학위논문.

김민성(2009). 교수－학습상황에서 '배려'의 개념화와 교육적 의미. 교육심리연구, 23(3), 429－458.

김민성(2012). 교사전문성의 연계적 특성. 교육심리연구, 26(1), 39－61.

김민성, 엄채윤, 박은정(2009). 중학생이 인식하는 '배려하는 교사'의 특성 및 유형 분석. 한국교원교육연구, 26(2), 145－13373.

김인(2008). 교육적 관계에서 본 교사의 의미: 플라톤 '향연'의 관점. 초등교육연구, 21(2), 357－377.

김태현(2012). 교사, 수업에서 나를 만나다. 서울: 좋은교사.

김병찬(2003). 중학교 교사들의 교직문화에 대한 질적 사례 연구. 교육행정학연구, 21(1), 1－27.

김현수(2014). 공부상처. 서울: 에듀니티.

민중서림(2006). 엣센스 국어사전. 파주: 민중서림.

박영숙, 전제상, 황은희, 전혜정(2012). 한국 교사의 학교생활·문화개선 연구. 서울: 한국교육개발원.

백순근(2005). 교사용 실천지능검사의 구성 요인에 대한 이론적 고찰. 교육평가연구, 18(2). 59－77.

백순근, 임현수(2006). 중학교 교사용 실천지능검사의 개발 및 타당화. 교육평가연구, 19(1), 223－240.

사교육걱정없는세상(2015). 울산 교육청의 심각한 줄세우기 교육실태를 고발한다. 2015.10.27. 토론회 자료집.

사토 마나부(2003). 배움으로부터 도주하는 아이들. 손우정, 김미란(역). 서울: 북코리아.

양영희(2014). "돌봄 교사의 '잡무 쓰나미'는 누가 돌보나요." 시사IN (2014. 4. 23).

오상철, 이화진, 김태은, 노원경, 김영빈(2011). 학습부진학생 지도의 실효성 제고를 위한 지원연구—강점기반 학습도움 프로그램 개발—. 서울: 한국교육과정평가원.

오영재(2010). 한국 초등학교 교사문화의 특성과 교육 행정적 함의. 한국교육논단, 9(2), 111－136.

윤철원(2016). 긴급조지 1호 '연애금지' ... 교장이 곧 법. 노컷뉴스(2016.5.3.).

윤초희(2009). 학습컨설팅의 모형과 현장 적용 가능성 고찰. 학교심리와 학습컨설팅, 1(1), 1－18.

이순덕, 정은경, 오선아(2009). 대학교수의 인식론적 신념과 교수방법의 관계. 한국교육논단, 8(1), 79－100.

장경원, 이륜(2013). 배움 중심 수업을 위한 수업컨설팅 사례 연구. 한국HRD연구, 8(3), 45－70.

장상호(2002). 교육적 관계와 교육공동체에 관한 소고. 교육원리연구, 7(1), 1-42.
장호영(2013). "교사인지, 행정공무원인지 모르겠어요". 시사인천(2013. 5. 2).
조벽(2001). 조벽교수의 명강의 노하우 & 노와이. 서울: 해냄출판사.
조윤정, 양명희(2008). 교사의 인식론적 신념과 교사효능감, 교수전략과의 관련성 탐구. 열린교육연구, 16(1), 1-20.
한국교육심리학회(2000). 교육심리학 용어사전. 서울: 학지사.

Beijaard, D., Verloop, N., & Vermunt, J. (2000). Teachers' perceptions of professional identity: an exploratory study from a personal knowledge perspective. *Teaching and Teacher Education, 16,* 749-764.
Borich, G. D. (1990). *Observational skills for effective teaching.* Ohio: Merrill Publishing Company.
Borich, G. D. (2004). *Effective teaching methods.* NJ: Pearson.
Brigman, G., Mullis, F., Webb, L., & White, J. (2005). *School counselor consultation: Skills for working effectively with parents, teachers, and other school personnel.* Hoboken, New Jersey: John Wiley & Sons.
Good, T. L. & Brophy, J. E. (2008). *Looking in classrooms.* Allyn and Bacon.
Brown, A. (1994). The advancement of learning. *Educational Research, 23*(8), 4-12.
Brown, D., Pryzwansky, W. B., & Schulte, A. C. (1987). *Psychological consultation: Introduction to theory and practice.* Boston: Allyn and Bacon.
Chan, K. & Elliott, R. G. (2004). Relational analysis of personal epistemology and conceptions about teaching and learning. *Teaching and Teacher Education, 20,* 817-831.
Dinkmeyer, D., Jr., & Carlson, J. (2006). *Consultation: Creating school-based interventions (3rd ed.).* New York: Taylor & Francis.
Dougherty, M. (2009). *Psychological consultation and collaboration in school and community settings (5th ed).* Belmont, CA: Brooks/Cole, Cengage Learning.
Doyle, W. (2006). Ecological approaches to classroom management. In C. M. Evertson & C. S. Weinstein (Eds.), *Handbook of classroom management: Research, practice, and contemporary issues* (pp. 97-125). Mahwah, NJ: Erlbaum.
Dreikurs, R., Grunwald, B. B., & Pepper, F. C. (1998). *Maintaining sanity in the classroom: Classroom management techniques (2nd ed.).* Taylor & Francis.
Dunkin, M. J., & Precians, R. P. (1992). Award-winning university teachers' concepts of teaching. *Higher Education, 24*(4), 483-502.
Erchul, W. P., & Martens, B. K. (2002). *School consultation: Conceptual and empirical bases of practice (2nd ed.).* New York: Kluwer Academic/Plenum..
Goleman, D. (1986). Rethinking the value of intelligence tests. *New York Times.* November 9.
Hamachek D. (1999). Effective teachers: What they do, how they do it, and the im-

portance of self-knowledge. In R. Lipka & T. Brinthaupt (Eds.), *The role of self in teacher development*. Albany, NY, SUNY Press.

Kampwirth, T. J. (2006). *Collaborative consultation in the schools: Effective practices for students with learning and behavior problems*. Columbus, OH: Pearson M,errill.

Lefrançois, G. R. (1997). *Psychology for teaching (9th ed.)*. Wadsworth Publishing Company.

Lampert, M. (2010). Learning teaching in, from, and for practice: What do we mean? *Journal of Teacher Education, 61*(1−2), 21−34.

Princiotta, D., & Reyna, R. (2009). *Achieving Graduation for All: A Governor's Guide to Dropout Prevention and Recovery*. NGA Center for Best Practices.

Reeve, J. (2009). *Understanding motivation and emotion (5th ed.)*. John Wiley & Sons, Inc.

Schallert, D.L., & Martin, D.B. (2003). A psychological analysis of what teachers and students do in the language arts classroom. In J. Flood, D. Lapp, J.R. Squire, & J.M. Jensen (Eds.), *Handbook of research on teaching the English language arts* (pp. 31-45). Mahwah, NJ: Erlbaum.

Schommer, M. (1993). Epistemological development and academic performance among secondary students. *Journal of Educational Psychology, 85*, 406−411.

Shulman, L. (2004). Professional development: Learning from experience. In S. Wilson (Ed.), *The wisdom of practice: Essays on teaching, learning, and learning to teach* (pp. 503−522). San Francisco: Jossey−Bass.

Stipek D. J. (1998). *Motivation to learn: From theory to practice*. Boston: Allyn & Bacon.

Washor, E., & Mojkowski, C. (2013). *Leaving to learn: How out−of−school learning in−creases student engagement and reduces dropout rates*. Urban Fox Studios.

C/H/A/P/T/E/R 4

# 학부모지원 학습컨설팅

최 지 영

## 1 학부모지원 학습컨설팅의 기초

### 1) 학부모지원 학습컨설팅의 의미와 절차

#### 가) 학부모지원 학습컨설팅의 의미

학습컨설팅은 학교컨설팅의 하위 영역으로서, 학생의 학습 및 행동문제를 해결하는 것을 도와주기 위해 학습 전문가인 컨설턴트가 의뢰인에게 서비스를 제공하는 과정이다(김정섭, 2009). 의뢰인은 학생이 될 수도 있고, 교사와 학부모와 같은 컨설티가 될 수도 있다. 따라서 컨설턴트는 의뢰인(학생, 또는 컨설티인 교사나 학부모)에게 심리적, 교육적 서비스를 제공하게 된다. 이와 같이 학습컨설팅은 컨설턴트와 학생, 컨설턴트-컨설티(교사나 학부모)-학생 간에 이루어질 수 있으며, 궁극적 목표는 학생의 학습문제를 해결하는 것이다.

학부모지원 학습컨설팅이 일어나는 과정은 크게 두 가지이다. 첫째, 광의의 의미에서, 컨설턴트가 교사, 학부모, 학교에서 의뢰한 학생의 문제를 해결하기 위해 학부모를 만나서 자녀의 학습문제를 해결하는 데 필요한 교육적 개입 방안을 함께 모색하기도 하고, 또 때로는 컨설턴트가 전문가로서 학부모에게 자녀와의 관계를 향상시키거나 자녀학업을 돕는 방법들을 제시하고, 실행해보도록 하는 것이다. 즉, 어떠한 과정을 거쳐 학생이 컨설팅에 의뢰되었느냐에 상관없이 학부모에 대한 지원이 필요한

그림 4.1 학부모지원 학습컨설팅

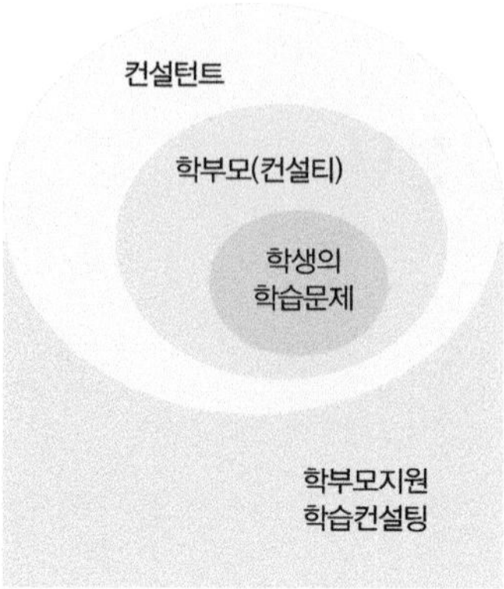


경우가 있다. 둘째, 협의의 의미에서, 학부모지원 학습컨설팅은 학부모가 의뢰인이 되어 컨설턴트를 통해 자녀의 학습문제를 해결하는 데 필요한 도움을 받는 것을 의미한다. 즉, 학부모가 컨설티가 되어서 자녀의 학습문제를 해결하는 방법에 대해 컨설팅을 받는 것이다. 두 경우 모두 의뢰된 학생의 학습문제를 해결하기 위해서 학부모에게 필요한 심리적, 교육적 서비스를 제공한다는 점에서 공통점이 있다.

이 장에서는 학부모가 컨설티인 경우에 좀 더 초점을 맞추고자 하며, 이러한 의미에서 보면 학부모지원 학습컨설팅에서 컨설턴트, 컨설티, 학생 간의 관계는 [그림 4-1]과 같다.

학부모지원 학습컨설팅에서는 컨설턴트가 학부모의 의뢰를 받아 학생의 학습에 영향을 미치는 문제가 무엇인지를 파악하고 그에 대해 적절한 지원을 제공하여 학부모가 학생의 학습에 효과적으로 개입할 수 있도록 한다. 또한 학부모와 자녀의 관계가 건강한 방식으로 형성되어 있는지, 그 관계가 학생의 학습을 효과적으로 지원하는 방식으로 작용하는지 등을 점검할 수도 있다.

### 나) 학부모지원 학습컨설팅의 절차

학부모지원 학습컨설팅의 절차는 도입, 진단, 실행계획 수립(목표 설정), 실행, 종결의 단계를 거치며, 이 과정은 학습컨설팅의 일반적인 과정과 동일하다. 이 책의 전반부에 학습컨설팅의 절차가 자세히 설명되어 있으므로 여기에서는 생략하도록 하겠다.

### 2) 자녀의 학습에 대한 부모의 역할

부모는 여러 가지 측면에서 자녀 발달에 가장 영향을 많이 미치는 존재이다. 자녀의 학습에 대해서도 마찬가지이며, 자녀의 연령대에 따라 자녀의 학습에 도움을 줄 수 있는 학부모의 역할이 달라질 수 있다.

초등학교에서 고등학교에 이르기까지 학년이 올라가면서 학생은 점점 학업 문제로 인해 스트레스를 많이 받고, 초등학생에 비해 중·고등학생들의 내재동기 수준이 더 떨어진다고 알려져 있다. 그 이유는 여러 가지가 있겠지만, 우선 인지적인 능력이 발달하면서 타인과의 비교를 통해 자신의 수준을 파악하는 능력이 향상되기 때문에 성적이 나쁠 경우에 학업에 대한 유능감이 저하될 수 있다. 또한 초등학교 시기에는 교사나 부모가 학생의 수행에 대해 되도록 긍정적인 피드백을 주려고 하지만, 중·고등학생에게는 학업성취도에 근거하여 객관적인 평가를 하기 때문에 학업에서의 실패를 경험하면서 학업에 대한 흥미를 잃게 되는 경우가 있다. 따라서 성적에만 신경 쓰기보다는 공부하는 것의 즐거움을 깨닫게 하고 자신의 진로와 관련지어 학습내용을 이해하는 것이 중요하다(최지영, 2013). 학부모는 자녀의 학업과 관련하여 이러한 역할을 하는 것이 필요할 것이다.

가령 자녀가 중학생이라면 사춘기를 거쳤거나, 거치는 중이기 때문에 반항적인 행동을 많이 할 것으로 예상해볼 수 있다. 부모나 다른 성인과의 관계보다는 친구들과의 관계를 중요하게 생각하기 때문에 어떠한 친구들과 함께 시간을 보내는지에 대해 부모들이 관심을 많이 갖는 시기이기도 하다. 반면 고등학생이 되면 중학교 시기와 비교했을 때 대학, 입시 등의 단어를 많이 떠올리게 된다. 따라서 같은 청소년 시기라고 해도 자녀가 중학생일 때와 고등학생일 때는 발달특성이나 생활패턴이 다르기 때문에 학부모가 관여하는 양상도 달라져야 한다.

초등학교 때에는 공부를 잘하다가 중학교에 진학하면서 성적이 떨어지는 경우가 있는데, 이 경우에는 중학교에 진학하면서 학습량이 증가하기 때문에 성적이 떨어지기도 하지만 친구관계에서 갈등이 있어서 부정적인 영향을 받는 경우가 있다. 예를 들어 또래관계에 문제가 있어서 성적이 떨어지는 경우도 있다.

이처럼 중학생은 부모와의 관계보다는 친구들과의 관계를 중시하기 때문에 친구관계가 학습에 어떠한 영향을 주는지를 살펴볼 필요가 있다. 중학교에 진학하면서 새로운 친구를 사귀는 것에 대해 어려움을 느끼거나 친구 간의 갈등이 있을 때 어떻게 해결해야 할지 방법을 모르는 경우에는 그러한 문제를 효과적으로 해결할 수 있도록 도움을 주는 것이 필요하다.

고등학생의 경우는 아무래도 입시 때문에 학업스트레스가 많고 진로에 대한 고민을 많이 하는 시기라서 중학교 때보다 오히려 부모와의 대화를 통해 진로를 설정하고 탐색해보고자 하는 욕구가 강하다고 볼 수 있다. 따라서 고등학생 자녀의 학부모는 이러한 자녀의 욕구를 충족시켜주기 위해 자녀와 적절한 거리를 유지하면서 자녀에게 지지와 격려를 보내는 것이 필요하다.

### 3) 학부모 이해하기: 학부모의 발달특성과 다양한 유형의 학부모

#### 가) 의뢰인으로서의 학부모 특성

학부모지원 학습컨설팅이 성공적으로 이루어지기 위해서는 무엇보다 컨설턴트가 학부모의 특성을 잘 이해해야 한다. 마치 좋은 교사가 되기 위해서는 교사가 자신의 전문분야에 대해 내용전문성을 가지고 있어야 될 뿐만 아니라 자신이 가르치는 학습자의 특성을 잘 알고, 그에 적합한 교수방법을 적용해야 되는 것과 마찬가지이다.

컨설턴트는 학부모가 어떤 성격 특성을 지녔는지, 자녀와의 관계는 어떠한지, 자녀의 학업에 대해 어떻게 인식하고 있는지 등을 이해할 필요가 있다. 이와 관련하여 부모역할 자존감(parental self-esteem)이 중요한데, 이 개념은 부모로서의 지각된 자기효능감과 부모역할에 대한 만족감을 포함하는 개념이다(Johnston & Mash, 1989; 이정윤, 장미경, 2008에서 재인용). 부모교육 프로그램을 개발하는 과정에서도 이러한 내용을 고려하는 것이 필요할 것이다.

#### 나) 중년기 학부모의 발달특성

학부모지원 학습컨설팅에서 컨설턴트는 자녀의 학습문제에 관심이 있는 학부모를 주로 대상으로 하기 때문에 학부모의 발달특성과 다양한 유형의 학부모에 대해 이해할 필요가 있다. 일반적으로 자녀의 연령에 따라 학부모의 발달단계는 달라지지만, 자녀가 초·중·고등학교에 다니는 경우에 학부모는 중년기에 해당되는 경우가 많다. 따라서 학부모의 특성을 이해하려면 중년기의 발달특성을 살펴보는 것이 도움이 될 것이다.

중년기에 접어들면 누구나 노화의 징후가 나타나고, 자신의 개인적인 삶은 위축되면서, 다음 세대로의 전수를 중요하게 생각하게 된다(송명자, 1995). 중년기에는 신체적으로는 갱년기 증상을 경험하게 되는데 여성의 경우는 폐경을 경험하기도 하고, 남성의 경우는 중년기에 남성성을 상실한다는 것에 대해 두려움을 갖게 되고, 우울함이나 피로를 많이 느낄 수 있다. 심리적으로는 '중년의 위기'라는 용어가 있을 만큼 인생의 중년기에는 발달과정에서 근본적인 변화가 일어난다. 정신분석학자인 융에 따르면, 중년기에는 젊은 시절에는 굉장히 중요하다고 생각했던 것들이 별것 아니라는 생각이 들고, 무의미하게 느껴지기 때문에 우울하다고 보았다. 특히 자신이 하고 싶은 것들을 참아가면서 인생의 중요한 목표를 성취하게 되면, 그 이후에는 무엇을 해야 하는지 혼돈에 빠지게 된다고 보았다(박승민, 2013).

중년의 학부모는 우울증이나 부부관계에서의 갈등, 자녀와의 관계에서 심리적 갈등을 경험할 수 있다. 따라서 컨설팅 과정에서 중년의 학부모가 자신의 발달적 상태에 대해 이해하고, 자신이 어려움을 느끼는 문제의 이유를 스스로 탐색해볼 수 있도록 하는 것이 중요하다.

### 다) 다양한 유형의 학부모

최근 가정의 구조가 빠르게 변하고 있으며, 이에 따라 컨설턴트는 다양한 유형의 학부모를 접할 가능성이 있다. 학부모의 유형에 따라 컨설턴트가 컨설팅 과정에서 주의해야 할 점이 있다.

가족의 구조에 따라 다문화가정 자녀, 조손가정 자녀, 한부모가정 자녀, 입양가정 자녀 등으로 구분할 수 있는데, 다양한 가족유형별로 학부모지원 컨설팅을 할 때 컨설턴트가 고려해야 할 점이 있다.

우선 다문화가정 학부모를 컨설팅할 때에는 어머니가 외국인인 경우가 많은데, 이 때 외국인 부모의 한국어 실력을 점검할 필요가 있다. 부모의 언어사용이 부모와 자녀의 관계에 영향을 미치기 때문이다. 북한이탈가정의 경우도 언어문제나 부모와 자녀 관계에 문제가 없는지를 확인할 필요가 있다. 둘째, 학부모에게 문화적 차이를 설명하는 것이 필요하다. 학부모가 문화적 차이를 이해할 수 있도록 설명해주고, 문화적 차이가 자녀와 교사, 자녀와 또래친구들, 자녀와 학부모, 학부모와 교사, 학부모와 컨설턴트 간의 상호작용에 영향을 줄 수 있다는 점을 설명하는 것이 필요하다.

조손가정의 경우, 두 가지 관계를 고려해야 한다. 첫째는 조부모와 손자 손녀의 관계이고, 둘째는 부모와 자녀의 관계이다. 우선 조부모와 손자 손녀의 관계를 살펴보면, 조부모의 경제력 및 가족부양 능력에 따라 자녀가 느끼는 심리적 부담이 다를 수 있다. 조부모가 가족부양능력이 충분하지 않을 경우, 손자 손녀는 가정에서 어린 나이에 감당하기 어려울 만큼 해야 할 일이 너무 많을 수 있다. 반면 조부모가 경제적으로 넉넉하더라도 또래들로부터 부모가 없다는 이유로 놀림을 받고 부모를 그리워하면서 심리적으로 상처를 많이 받을 수 있다. 조손가정의 부모(조부모)를 컨설팅 할 때에는 이러한 점을 고려하여, 조부모가 손자·손녀의 심리, 사회적 상황을 잘 이해할 수 있도록 도움을 주고 조부모의 입장에서 필요한 개입을 할 수 있도록 하는 것이 중요하다. 또한 조부모와 손자·손녀와의 관계가 잘 형성될 수 있도록 도움을 주어야 할 것이다. 이와 더불어 조부모가 자녀의 부모에 대해 부정적인 생각을 하고 이러한 생각을 손자·손녀에게 주입시키는 경우가 있기 때문에 조부모에 대한 심리적 지원이 필요하다. 둘째, 조손가정의 경우, 부모와 자녀가 얼마나 자주 만나는지, 그리고 만나서 무엇을 하는지, 자녀가 부모와의 만남을 통해 어떠한 감정을 느끼는지 등을 점검할 필요가 있다. 조손가정의 경우, 학습컨설턴트가 부모를 만나서 컨설팅을 하기가 어렵기 때문에 조부모나 자녀와의 면담을 통해 이러한 부분을 확인할 수 있을 것이다.

한부모가정의 경우, 결손가정이라는 용어를 사용하지 않도록 주의해야 한다. 한부모가정은 다양한 가족의 한 형태일뿐, 한부모가정이 일반적인 가족구조에 비해 부족한 가족형태라는 의미는 아니기 때문이다. 한부모가정의 학부모를 컨설팅하는 과정에서는 다음과 같은 몇 가지 사항을 주의할 필요가 있다. 첫째, 자녀에게 혹시 다른 부모의 역할(엄마 또는 아빠의 역할)을 요구하고 있지는 않은지 살펴볼 필요가 있다. 자녀가 다른 부모의 역할을 담당하게 되면 자녀는 스트레스를 많이 느낄 수 있기 때문이다. 둘째, 부모가 이혼하거나 사별한 경험이 있는 경우, 그 때 자녀는 어떤 생각을 하고 어떤 느낌이 들었는지, 다른 친구들에게 그러한 사실을 알렸을 때 기분은 어떠했는지 등을 파악하는 것이 중요하다. 셋째, 한부모가정의 학부모는 자신의 상황과 문제에 몰두하여 정작 자녀의 문제는 소홀히 할 가능성이 있다. 한부모가정 학부모를 컨설팅할 때에는 이러한 부분을 학부모가 스스로 인식할 수 있도록 도와주는 것이 필요하다. 넷째, 특히 부모의 이혼으로 인해 한부모가정이 된 경우, 학부모는 배우자에 대해 부정적인 말과 태도를 보이지 않도록 주의해야 한다. 마지막으로, 한부모의 가족의 한 유형이기도 한 미혼모·미혼부와의 컨설팅과정에서도 부모와 자녀와의 관계를 점검하는 것이 중요하다. 미혼모·미혼부와의 컨설팅에서 특히 중요한 것은 그들이 미혼모나 미혼부라는 점 때문에 컨설턴트가 학부모를 비난하거나 질책하지 않아야 한다는 것이다.

입양가정 학부모를 컨설팅할 때에는 자녀가 입양되었다는 사실을 알고 있는지, 그 때 자녀가 어떻게 반응했는지? 자녀의 반응에 대해 부모의 반응은 어떠했는지 등을 확인할 필요가 있다.

이처럼 다양한 가족형태에 따라 학부모와의 컨설팅 과정에서 컨설턴트가 고려해야 할 점이 다르다. 또한 컨설턴트는 때로는 자신보다 나이가 많은 학부모를 만날 수 있고, 때로는 자신보다 나이가 어린 학부모를 만날 수도 있다. 각각의 경우에도 컨설턴트가 주의해야 할 점이 있다. 우선 컨설턴트보다 나이가 많은 학부모를 만나게 되면 학부모의 경험을 충분히 들어주고 존중하되, 컨설턴트와 학부모의 관계가 자녀의 학업문제를 해결하기 위해서 협력적인 관계가 되어야 한다는 점을 알려주어야 한다. 학부모는 자녀에 대해 나름대로의 경험이 많겠지만, 학업문제를 다루는 데 있어서는 컨설턴트가 전문가이기 때문이다. 또한 컨설턴트보다 나이가 어린 학부모를 만날 때는 학부모를 무시하는 태도를 보이지 않도록 주의해야 한다. 자신보다 어린 학부모가 시행착오를 거칠 수도 있고, 아직 자녀 양육에 대해 컨설턴트 만큼의 노하우가 없다고 해도 자녀를 누구보다도 잘 이해하고 있기 때문이다. 따라서 컨설턴트가 일방적으로 학부모에게 해야 할 일을 지시하지 않아야 한다. 또한 컨설턴트가 나이 어린 학부모를 만났을 때 세대 차이를 느낄 수가 있다. 가령 요즘 젊은 학부모들은 인터넷 검색 등을 통해 자녀 양육에 대한 지식을 습득할 기회가 많고 자기 나름의 교육관이 확고해서 컨설턴트의 조언에 난색을 표하거나 발끈할 수도 있다는 점을 유념해야 한다.

가끔 컨설팅을 하는 도중에 우는 학부모를 만날 수도 있다. 중·고등학교에 다니는 자녀를 키우는 과정에서 배우자의 정서적 지지 없이 지친 상태일 수도 있고, 배우자가 자녀 양육에만 몰두해서 부부관계가 소원해서일 수도 있다. 이 때 컨설턴트는 일단 학부모의 이야기에 공감해주고 충분히 들어주는 것이 필요하다.

마지막으로 자녀가 장애아동인 학부모 컨설팅을 할 때 유의사항에 대해 살펴보도록 하겠다. 첫째, 학습장애아라는 말보다는 학습에 문제를 가지고 있는 학생이라고 표현하는 것이 중요하다. 장애를 가진 사람을 표현할 때 영어로도 'handicapped person' 보다는 'people with disabilities'라는 표현을 사용하는 추세라는 점을 염두에 둘 필요가 있다. 둘째, 장애아동을 자녀로 둔 학부모에게 지나치게 불쌍하다는 식의 표정을 짓거나 표현을 하지 않아야 한다. 셋째, 장애아동에 대한 표현을 할 때, 장애아동을 지나치게 옹호하거나 지나치게 비판하지 말고 균형 잡힌 시각으로 이야기하는 것이 중요하다. 때로는 학부모 자신이 장애를 가진 자녀의 행동을 방어하고 지나치게

표 4.1 다양한 유형의 학부모 컨설팅 과정에서의 고려점

| 다양한 학부모유형 | 학부모 컨설팅 시 고려점 |
|---|---|
| 다문화가정 | -외국인 부모의 한국어 능력<br>-문화적 차이에 대한 이해도 |
| 조손가정 | <조부모와 손자·손녀 관계><br>-조부모와 손자·손녀 간의 친밀감 정도<br>-조부모의 경제력 및 가족부양능력<br>-손자·손녀의 심리, 사회적 상태에 대한 조부모의 이해도<br><부모-자녀 관계><br>-부모와의 접촉 빈도, 활동<br>-부모에 대한 자녀의 감정 |
| 한부모가정 | -결손 가족이라는 용어 사용 지양<br>-자녀에게 다른 부모의 역할을 요구하고 있는지의 여부<br>-부모의 이혼이나 사별에 대한 자녀의 생각과 느낌<br>-부모가 자녀보다는 자신의 문제에 집착하고 있는지의 여부 |
| 입양가정 | -자녀가 입양사실을 알고 있는지의 여부<br>-입양사실을 알았을 때의 자녀의 반응<br>-자녀의 반응에 대한 부모의 반응 |
| 장애아동의 학부모 | -'학습장애아'라는 용어보다는 학습에 어려움을 겪고 있는 학생으로 표현<br>-장애아동에 대해 너무 불쌍해하거나 지나치게 옹호하는 태도 지양 |

변호하려고 하는 경우가 있을 수 있다. 특히 컨설턴트가 부모를 비난하는 것으로 여긴다든지 또는 자녀의 문제 행동을 인정함으로써 자녀에게 불이익이 갈 것을 두려워할 때 그러한 행동을 할 수 있다. 넷째, 컨설팅 과정에서 학부모가 결국 공교육을 신뢰할 수 있도록 이야기를 하는 것이 중요하다. 결국 학교라는 곳이 자녀를 좋아지게 할 수 있다는 신념을 갖도록 하는 일이 중요하다.

## 4) 학부모지원 학습컨설팅 시 유의사항

### 가) 학부모에 대한 학습컨설턴트의 기본적 태도

#### (1) 학부모의 자발성을 존중하라

학습컨설턴트는 학부모가 성인이라는 사실을 항상 염두에 두어야 한다. 물론 아동과 청소년의 경우에도 다른 사람의 지시에 의해서 어떤 일을 해야 하는 상황보다는

자발적으로 자신의 의지에 의해서 움직이는 것을 선호하지만, 특히 성인의 경우에는 자기 주도적인 것을 선호한다.

성인의 경우는 자신이 직접 도움을 청하지도 않았는데 누군가로부터 할 일을 지시받는 것을 원하지도 않고 또 기대하지도 않는다. 따라서 학부모는 학습컨설팅 과정에 능동적인 참여자가 되고 싶어 하지, 전문가의 지시에 의해서만 움직이는 수동적인 참여자가 되고 싶어 하지는 않는다는 점을 명심해야 한다(Cobern, 1993; 김정섭 외, 2010에서 재인용). 따라서 학부모의 자발적 참여를 독려하고 존중하는 자세가 필요하다.

(2) 학부모의 경험을 존중하라

학부모는 학생과는 다르게 실제 경험이 많으며, 컨설팅 관계에 영향을 줄 수 있는 자신만의 생각과 기준을 가지고 있는 경우가 있다(김정섭 외, 2010). 예를 들어 학부모는 자녀가 필요로 하는 것, 컨설턴트가 좋아하는 접근, 자신의 고유한 경험 등을 함께 고려하면서 가장 효과적인 문제 해결방법을 찾고 싶어한다. 학부모는 일반적으로 컨설턴트가 제공하는 도움을 받으며 자녀의 문제를 스스로 해결할 수 있다고 믿는 경향이 있기 때문에 학부모의 경험과 입장을 고려하지 않고 컨설턴트의 의견을 일방적으로 제시한다면 효과적인 컨설팅이 되기 어렵다. 컨설턴트가 학부모에게 문제 파악과 해결방안에 대해 지시하는 경우도 있으나, 그러한 상황에서도 학부모가 그 과정에서 자신의 목소리가 반영되었다고 생각하도록 하는 것이 중요하다.

(3) 학부모는 협력적 컨설팅을 선호한다는 점을 이해하라

학부모는 일반적으로 전문가 지향의 컨설팅보다 협력적 컨설팅을 더 선호하는 것으로 알려져 있다(Weiler, 1984; 김정섭 외, 2010에서 재인용). 즉, 컨설턴트와 학부모가 하나의 팀으로 이루어져서 학부모 자신이 한 명의 팀원이라고 느끼게 되면 컨설팅 자체를 유익한 것으로 지각하는 경향이 있고, 학부모 자신에 대해서도 유능감을 느낀다.

(4) 다양한 유형의 학부모가 있다는 사실을 기억하라

앞서 설명한대로 다양한 가족형태를 가진 학부모도 있고, 연령과 경험의 측면에서도 다양한 학부모가 있을 수 있다는 사실을 컨설팅을 할 때 고려할 필요가 있다.

### 나) 학부모에게 컨설팅을 제공할 때 유의해야 할 점

(1) 학부모 컨설팅 전에 준비할 사항

컨설턴트는 학부모를 만나기 전에 다음과 같은 주제에 대해 생각해보고 구체적인 계획을 가지고 있어야 한다(김정섭 외, 2010). '이번 학부모와의 만남에서 컨설턴트로서

내가 학부모에게 정말 하고 싶은 말은 무엇인가?', '내가 만나는 학부모는 어떤 사람인가? 학부모의 개인적 특성은 어떠한가?', '학부모에게 자녀의 문제를 어떻게 표현하는 것이 좋을까? 어떻게 하면 학부모가 컨설팅 과정에 좀 더 적극적으로 참여할 수 있을까?', '학부모에게 어떤 과제를 주는 것이 좋을까?'

### (2) 학부모를 대상으로 컨설팅을 할 때 고려해야 할 점

컨설턴트는 학부모를 대상으로 컨설팅 할 때 다음과 같은 사항을 고려할 필요가 있다(김정섭 외, 2010). 첫째, 컨설턴트의 관점에서 보면 너무나 명확하게 문제로 보이지만, 학부모는 문제라고 생각하지 않을 수 있다. 컨설턴트는 왜 문제가 될 수 있는지를 학부모에게 설명하고 설득해야 한다. 둘째, 컨설턴트는 학부모보다 우월한 위치에 있는 사람이 아니다. 예를 들어 컨설턴트보다 학부모의 학력수준이 낮은 경우가 있는데, 사람을 경시하는 투로 말하지 않도록 유의해야 한다. 셋째, 자신에 대해 이야기하고 개방하는 정도는 사람마다 다르다. 따라서 어떤 사람은 자신이나 가족에 대해 말하는 것을 좋아하지 않을 수 있다. 자신에 대해 많은 것을 말하지 않으려는 학부모에게 강압적으로 정보를 요구하는 것은 적절하지 않다. 넷째, 어떤 학부모는 문제를 해결하려는 컨설턴트의 뜻을 수용하지 않을 수도 있다. 이러한 학부모에게는 학부모와 그 가족의 입장에 대해 인정하고 공감을 표현하는 동시에 가족의 지원이 왜 필요하고, 어떻게 도와줄 수 있는지를 설명하는 것이 좋다. 다섯째, 컨설턴트로부터 문제를 해결하는 데 협력해 달라고 요청받을 때 대부분의 학부모는 기쁘게 생각할 것이다. 학부모는 컨설턴트를 학습과 교육에 있어서 전문가라고 생각하고, 문제해결을 위해서 무엇을 해야 할지 누구보다도 가장 잘 알고 있다고 믿기 때문이다. 여섯째, 컨설팅은 컨설팅에 참여하는 누군가가 이기고 누군가가 지는 그러한 과정이 아니다. 또 컨설팅은 누군가의 문제를 파헤치거나 비난하기 위한 것이 아니다. 컨설팅은 문제해결에 대한 것이라는 점을 기억하는 것이 중요하다.

## 2 학부모지원 학습컨설팅의 영역

### 1) 학업

#### 가) 학부모의 인식론적 신념

학부모가 자녀의 지능과 능력에 대해 어떠한 생각을 가지고 있는지는 자녀를 대하는 태도에 영향을 미친다. 자녀의 지능과 능력이 타고난 것이고 변하지 않는 것이라고 믿는 것을 실체적 관점(entity view)이라고 한다. 반면 자녀의 지능과 능력이 노력과 연습에 의해 얼마든지 변할 수 있다고 보는 것이 증가적 관점(incremental view)이다(Ormrod, 2016). 자녀 스스로 자신의 지능과 능력에 대해 실제적 관점을 갖는지, 아니면 증가적 관점을 갖는지에 따라 학업과 관련된 행동이 달라질 수 있는 것처럼 학부모가 어떠한 관점을 갖는지도 중요한 문제이기 때문에 이러한 학부모의 인식론적 신념을 파악하고 그에 적합한 개입을 할 필요가 있다.

#### 나) 학습동기 및 효과적인 학습전략

자녀가 공부를 열심히 하지 않고, 공부를 왜 해야 되는지를 모르는 것 같을 때 부모는 안타까움을 느낀다. 일반적으로 사람들은 어떤 일에 대해 동기수준이 높을 때는 그 일에 대해 시간과 에너지를 아낌없이 투자하고 도중에 어려운 일이 있어도 중단하지 않고 계속해서 목표를 이루기 위해 노력한다. 학습에 대한 동기도 마찬가지이다. 학생이 학습동기가 높다면, 더 많은 시간을 공부할 것이고, 어려운 내용이 나와도 중도에 포기하지 않고 내용을 어떻게 해서든지 이해하려고 노력하고 결국 자신이 목표로 삼은 학습목표를 도달하기 위해 노력할 것이다.

자녀들은 때로는 공부하는 것이 재미있어서, 때로는 열심히 공부한 것의 결과가 외적인 보상을 주기 때문에 공부를 한다. 부모는 자녀가 어떠한 방식으로 학습에 대한 동기화가 잘 되는지를 파악해서 자녀의 특성에 맞게 지도할 필요가 있다. 학습동기가 부족한 경우에 컨설턴트는 전문적인 개입을 할 수도 있고, 학부모에게 다음과 같은 사항을 점검하도록 안내할 수 있다. 첫째, 특정한 자녀의 욕구가 계속 좌절되고 있지는 않는가? 예를 들어 자녀는 특정 집단에 소속하고 싶은 욕구가 있는데, 학교에서 친구들로부터 계속 따돌림을 당한다면 소속에 대한 욕구가 좌절되기 때문에 그 상태에서는 학업에 대한 관심을 갖기가 힘들다. 둘째, 자녀가 혹시 학습된 무력감에 빠져있지는 않은가? 공부하는 과정에서 계속 실패를 경험하게 되면 정작 자신이 쉽게 풀 수 있는 문제를 접하게 되더라도 '나는 할 수 없다'는 생각 때문에 실제로 수행능력도 떨어지게 된다. 학업에 있어서 작은 성취 또는 성공의 경험을 할 수 있도록 개입하는 것이 필요하다. 셋째, 부모, 친구, 교사 등 중요한 사람들과의 관계에서 무엇인가 문제가 있지는 않는가? 예를 들어 부모와의 관계에서 적절한 거리를 유지하는 것이 중요한데, 부모-자녀 관계가 너무 소원하지는 않은지 또는 너무 밀착되어 있는 것은 아닌지를 점검할 필요가 있다. 또한 청소년기에는 특히 또래관계가 중요하기 때문에 친구관계에 문제가 있는 것은 아닌지도 살펴볼 필요가 있다.

효과적인 학습전략과 관련하여 자녀가 효과적인 학습전략에 대한 지식이 없는 경우, 자녀를 대상으로 컨설턴트가 학습전략 및 메타인지 학습전략에 대한 교육을 실시할 수 있다. 학부모는 자녀에 대해 누구보다 잘 알고 있지만, 학업과 관련해서는 전문가의 도움을 받는 것이 필요하다.

### 다) 자기관리

학부모는 자녀가 성장하면서 자신의 생활을 스스로 관리하기를 기대한다. 자신의 생활을 스스로 관리한다는 것은 목표와 계획을 스스로 세우고, 이를 주도적으로 추진해나가며, 추진과정에서의 어려운 점을 조정할 수 있는 것까지 의미한다. 학습에 있어서 자기주도적 학습자가 되기를 바라는 것처럼 자녀가 스스로 모든 일에 있어서 주도적으로 일을 추진해갈 수 있기를 바라는 것이 모든 학부모의 바람일 것이다.

자기관리의 가장 대표적인 것 중의 하나가 시간관리이다. 하루에 물리적으로 주어지는 시간은 누구에게나 동일하지만 자신이 원하는 과제를 잘 성취하기 위해서는 시간을 잘 관리할 필요가 있다. 자녀가 시간관리를 잘 하도록 도와주기 위해서는 일일계획과 주간계획을 세우는 것도 중요하지만, 중·장기적으로 계획을 세워 자신의 미래를 상상하면서 현실에서의 우선순위를 정해가는 것이 필요하다.

시간관리를 잘 하기 위해서는 시간을 어떻게 사용할 것인가에 대해 계획을 세우고, 실제 계획대로 시간을 잘 사용하고 있는가를 점검하는 과정이 필요하다. 즉, 자신이 낭비하고 있는 시간이 어느 정도인지를 파악해야 한다. 그리고 중요한 일을 계속 미루고 있을 때, 그 이유가 무엇인지를 파악할 필요가 있다. 일반적으로 학생들이 자신에게 중요한 공부를 미루는 이유는 세 가지로 알려져 있다(Marks-Beals, 1994; 전명남, 2013에서 재인용). 첫째, 기말시험이나 최종 과제물과 같이 과제물의 분량이 너무 큰 경우이다. 둘째, 하기 싫은 과제나 숙제 같은 것이다. 셋째, 특정한 과제에 대해 학생이 공포를 느끼는 경우이다. 따라서 미루는 행동을 계속 할 경우에는 그 이유를 파악하여, 그에 적합한 대처방법을 사용하는 것이 좋다. 가령 계속 어떤 일을 미룬다면 결국 자신에게 안 좋은 결과가 나타난다는 것을 인식한다든지 너무 큰 과제를 한꺼번에 하려고 하지 않고 작은 단위로 구분하여 하나씩 해결하는 방법 등을 사용할 수 있다 (전명남, 2013).

## 2) 대인관계

### 가) 부모-자녀 관계

자녀의 학습이 효과적으로 이루어지기 위해서는 부모-자녀 관계를 점검하고, 건강한 부모-자녀 관계가 형성되어 있는지를 확인할 필요가 있다. 부모의 특정 양육방식이 자녀를 숨막히게 하고 있지는 않은지, 건강하게 정서적 분리와 개별화가 잘 이루어지고 있는지를 파악하고 적절한 개입을 시도해야 한다. 오은영(2016)은 자녀를 숨막히게 하는 부모 유형을 일곱 가지로 구분하고 있다.

자녀를 숨 막히게 하는 일곱 가지 부모 유형

① 아이를 무서워하는 부모: 자녀가 사춘기가 되면 공격적으로 행동하고 부모에게 함부로 굴까봐 아이에게 할 말을 제대로 하지 못하는 부모
② 도덕적인 지침을 주지 못하는 부모: 학교에서 자녀가 다른 학생을 때렸다는 전화를 받고도 '그럴 수도 있지요'라고 대답하는 부모
③ 불안해하는 부모: 언제나 안절부절하지 못하고 자녀가 걱정되어 끊임없이 잔소리를 하고 아이를 통제하려는 부모
④ 감정조절이 안 되는 부모: 분노조절을 못해 욱하는 경우가 많고 감정기복이 심해 자기도 모르게 결국 자녀에게 심하게 화내는 부모
⑤ 밖에서 보내는 시간이 많은 부모: 삶의 중심에서 아이가 빠져있는 경우로, 자녀에 대한 관심이 별로 없고, 업무 이외의 일로 항상 바쁜 부모
⑥ 무능력한 부모: 경제적으로 무능한 것을 의미하는 것이 아니라 최선을 다해 자녀를 돌보고 가르치고자 하는 마음가짐이 부족한 부모
⑦ 뻔뻔하게 우기는 부모: 부모가 항상 자기 말만 옳다고 우기는 부모

출처: 오은영(2016).

어떤 부모와 자녀는 너무 밀착되어 있는데, 이러한 가정의 가족구성원들은 불안과 우울 같은 내면화된 장애가 나타나기도 한다. 또 다른 극단적인 부모-자녀 관계는 방임의 관계인데, 이 경우에는 자녀가 부모의 관심을 얻기 위해 공격행동과 같은 외현화된 장애를 보이기도 한다(이규미 외, 2009).

학부모가 자녀의 삶과 자신의 삶을 적절하게 분리하지 못할 때 자녀의 성적에 대해 지나치게 집착할 수 있다. 자녀의 성적이 곧 학부모 자신의 명예와 관련된다고 생각하고 자신의 존재가치를 입증한다고 생각하기 때문이다. 따라서 자녀의 성적표를 보고 학부모가 어떠한 생각을 하게 되고, 어떠한 감정을 느끼는지를 점검해볼 필요가 있다. 자녀의 성적이 곧 부모의 성적이 아니기 때문에 자녀의 낮은 성적에 대해 지나치게 죄책감을 느낄 필요도 없고, 높은 성적에 대해 으스댈 필요가 없을 것이다. 자녀의 성적에 대해 지나치게 민감하고 자신의 문제로 받아들이는 학부모의 경우, 자녀와의 관계에서 적절한 거리를 유지하지 못한다고 볼 수 있다. 따라서 그러한 경우, 자녀가 성적이 떨어지면 화가 많이 나고 스트레스를 많이 받게 될 것이다.

자녀가 자신의 삶을 주도적으로 살아가도록 도와주는 것이 필요한데, 이 과정에서 부모는 자신의 삶도 자녀에게 의존하거나 타인의존적이 아니라 자기주도적인 삶을 사는 것이 필요하다. 자녀는 부모의 분신이 아니기 때문이다.

또한 자녀들은 가족관계에서 충족되지 않은 욕구를 해결하기 위해서 때로는 인터넷 게임중독에 빠지기도 한다(서장원, 2017). 따라서 부모-자녀 관계를 개선하는 것뿐만 아니라, 부부 간, 형제 간의 관계를 포함하여 전반적인 가족관계가 제대로 형성되어 있는지를 점검하는 것이 중요하다.

### 나) 또래 관계

부모-자녀 관계는 자녀의 또래 관계에도 영향을 미친다. 즉, 자녀가 또래 관계에서 문제를 일으키거나 반사회적 행동을 하는 경우, 부모의 훈육과 관련되는 부분이 있다. 우선 부적절한 양육방식이 자녀의 행동에 영향을 미치는데, 예를 들어 지나치게 엄격하게 훈육하거나, 이와는 반대로 지나치게 관대하게 훈육을 받은 경우에 자녀가 건전한 사회적 가치를 제대로 습득할 기회가 없었기 때문에 다른 사람들과의 관계에서 요구되는 사회적 행동을 적절하게 수행하기가 힘들다(신희천, 신은향, 2017). 앞서 기술한 자녀를 숨 막히게 하는 일곱 가지 부모 유형 중 하나인 도덕적인 지침을 주지 못하는 부모의 경우도 이와 관련된다. 자녀가 잘못된 행동을 해도 부모가 적절하게 대처하지 못했기 때문에 자녀의 입장에서 어떤 행동은 해도 괜찮은 것인지? 안되는 것인지?에 대한 기준을 갖지 못할 가능성이 크기 때문이다. 비일관적인 양육 또한 자녀에게 어떤 행동이 괜찮은 것인지에 대한 기준을 제공할 수 없기 때문에 자녀의 행동에 안 좋은 영향을 준다. 따라서 학부모는 자녀에게 적절한 정도의 엄격성과 유연성을 보여주며, 일관적인 양육태도를 보일 필요가 있다.

한편 자녀의 연령에 따라 또래관계의 중요성이나 또래관계에서 관심을 기울여야 할 부분이 달라진다(이순형 외, 2015). 우선 아동의 또래관계를 도와주기 위해서는 수줍음이 많은 아동에게 다른 친구들에게 어떻게 말을 걸고 행동을 해야 할지를 알려줄 필요가 있다. 자신이 하고 싶은 말을 적절하게 표현하도록 지도하고 사회적 상호작용을 보다 많이 할 수 있도록 지원하는 것이 필요하다. 또한 최근에 심각한 사회문제가 되고 있는 집단따돌림이나 괴롭힘 상황에서 다른 아이들에게 공격적인 행동을 하는 자녀에게는 궁극적으로는 다른 학생들과 함께 잘 지내는 방법, 자신의 분노를 잘 조절하는 방법 등 긍정적인 사회적 기술을 발달시키는 것이 중요하다. 한편 청소년기에는 또래들의 영향을 더 많이 받고, 또래동조나 또래압력 때문에 부정적인 영향을 받기도 한다. 학부모의 입장에서는 청소년기 자녀가 친구들의 생각에 지나치게 의존하는 것을 염려하지만, 자녀의 친구선택과정에서 부모의 가치가 반영되기도 한다는 연구결과도 있기 때문에(Holmbeck, Paikoff, & Brooks-Gunn, 1995; 이순형 외, 2015에서 재인용), 지나치게 걱정하기보다는 자녀의 또래관계에 대해 관심을 갖고 바라보는 것이 필요할 것이다.

### 다) 자녀-교사 관계

학부모는 자녀가 학교에서 교사와 좋은 관계를 유지하기를 원한다. 특히 자녀의 연령이 어릴수록 교사의 영향력이 더 크게 작용한다. 가령 학부모들 사이에서 공유된 '어느 반 학생들이 단체로 틱 장애가 생겼다더라' 등의 소문은 담임교사의 지나치게 엄격한 훈육 때문으로 밝혀지기도 했다.

자녀와 교사의 관계는 두 가지 관점에서 생각해볼 수 있다. 첫째는 자녀가 교사를 어떻게 인식하는가이다. 둘째는 교사가 자녀를 포함한 학생들을 어떻게 대하는가이다.

우선 학생이 교사를 너무 어려운 존재로 생각하거나, 또는 반대로 교사를 존중하는 마음이 없이 너무 쉬운 존재로 여기는 것, 둘 다 학생과 교사의 원만한 관계 형성에 문제가 된다. 반면, 교사가 학생들에 대해 애정을 가지고 공정하게 대하려고 할 때는 문제가 없지만, 편견에 가득 차 있는 교사, 학생들의 또래관계가 어떻게 구성되어 있고 진행되는지에 대해 전혀 관심이 없는 교사, 지나치게 가혹한 체벌을 하는 교사, 우수한 소수 학생들의 학업성취에만 관심 있는 교사 등 공정한 학습관행에 대해 무심한 교사가 내 자녀를 가르친다면 학부모의 입장에서는 상당히 걱정스러울 것이다.

교육이 일어나는 과정에서 가르치고 배우는 학생과 교사의 관계는 긍정적인 상호작용이 전제될 때에 학습의 효과가 배가 될 것이다. 이 때 어느 한 쪽의 입장만이 중요한 것이 아니라 학생의 입장에서는 교사에 대해 존경하면서도 정서적 유대감을 느끼는 것이 중요하고, 교사의 입장에서는 공정한 학습관행에 대해 늘 관심을 갖고 학생들의 요구와 필요에 대해 적절하게 반응하는 것이 중요하다.

따라서 학습컨설턴트는 컨설티인 학부모를 만날 때 자녀가 교사와의 관계에서 무엇을 느끼고, 어떠한 경험을 하는지를 파악하도록 하는 것이 필요하다.

### 3) 심리 · 정서문제

심각한 우울장애로 진단받지 않은 경우라도, 우울한 특성이 있는 청소년들은 다른 청소년들에 비해 '학교에 가기 싫다', '갑자기 눈물이 날 때가 많다', '하고 싶은 일이 없다', '이유 없이 몸이 아프다' 등의 증상을 이야기할 때가 많다(박경애 외, 2013).

우울증은 사회적 기술이나 귀인방식과 관련이 있는 것으로 알려져 있다(권석만, 2013). 먼저 사회적 기술에는 의사소통기술, 자기표현기술, 자기주장기술, 대인관계 문제해결기술 등이 포함되는데, 사회적 기술이 부족한 사람들이 우울증에 걸릴 가능성이 높다고 알려져 있다. 사회적 기술은 학습과 훈련에 의해서 길러질 수 있기 때문에 학부모가 자녀에게 부족한 사회적 기술이 무엇인지를 파악한다면 해당되는 사회적 기술을 향상시키도록 자녀와 함께 노력할 수 있을 것이다.

또한 자신과 타인의 행동의 원인에 대해 어떻게 해석하느냐에 따라 우울감이 증가되기도 한다. 예를 들어, 한 번의 실패경험은 괜찮지만, 실패경험이 반복되면서 그 이유를 자신의 내부적 요인에 귀인하는 경우에는 자존감이 낮아지고 결국 우울한 감정이 증가하게 된다. 자신의 내부에 귀인하는 경우는 자신의 노력 또는 능력 부족을 들 수 있다. 청소년 자녀에게 있어 실패경험은 성적이 하락하는 경우가 될 수도 있고, 친구와의 갈등을 잘 해결하지 못하는 것 등을 포함할 수 있다. 이 때 그 이유를 자신의 내부적 요인, 특히 자신이 통제할 수 없는 요인(예: 능력)에 귀인하는 경우에 자녀들은 심리적으로 더 어려움을 겪을 수 있다. 따라서 자녀들이 자신의 실패경험에 대해 내부요인에 귀인하지 않고, 외부요인(예, 환경의 불리함, 시험이 너무 어려움, 상대방 친구의 성격 특성 등)에 귀인할 수 있도록 도움을 주는 것이 필요하다.

## 4) 학부모의 저항 다루기

### 가) 자녀의 문제에 대한 학부모의 반응

컨설팅을 통해 학부모가 자녀의 문제를 알게 되었을 때 학부모의 반응은 대체로 분노 및 죄책감, 부인, 수용 등의 모습으로 나타난다(김정섭 외, 2010). 자녀의 문제에 대한 이러한 부모의 일반적 반응은 장애를 가진 자녀에 대한 부모의 반응과 유사한 측면이 있다(김윤옥, 2003). 우선 학부모는 자녀의 문제가 자신의 잘못이라고 생각하여 죄책감을 가지거나 자녀가 그러한 문제를 갖게 된 것에 대해 화를 내기도 한다. 또한 자녀 문제에 대한 진단 자체가 잘못되었다고 생각하면서 자녀의 문제를 인정하지 않는 경우가 있다. 이후 컨설턴트와의 만남을 통해 자녀의 문제를 인식하고 수용하게 되는 과정을 거치게 된다. 따라서 컨설턴트의 입장에서 자녀의 문제를 알렸을 때 학부모가 어떠한 반응을 나타낼 수 있는지를 이해하고 그에 대처하는 것이 필요하다.

#### (1) 분노 및 죄책감

자녀 문제에 대한 진단내용을 전달받은 후에 학부모는 자녀에게 화가 나기도 하고 자녀를 잘 지도하지 못한 교사에게 화를 낼 수 있다. 또는 같은 학급의 다른 학생들을 비난하는 경우가 있다. 한편 학부모 자신이 자녀를 잘 돌보지 못해서 문제가 생긴 것이 아닐까 하는 생각 때문에 자책하기도 한다. 컨설팅 과정에서 자녀의 문제에 대해 분노를 표현하거나 죄책감을 갖는 학부모의 심정을 이해하는 것은 중요하지만, 이러한 부정적 감정이 오랫동안 지속되는 것은 문제가 될 수 있으므로 부정적 감정에서 벗어날 수 있도록 도와주는 것이 필요하다.

#### (2) 부인

어떤 학부모는 자녀가 문제가 있다는 사실을 인정하지 않을 것이다. 진단과정에서 문제가 있을 수도 있고, 자녀의 문제는 일시적인 것이기 때문에 시간이 지나면 저절로 사라지게 될 것이라고 생각하면서 컨설턴트를 설득하기도 할 것이다. 학부모가 자녀의 학업문제를 해결하기 위해 컨설팅을 의뢰한 경우라도 컨설팅 과정에서 진단결과의 일부를 믿지 않으려고 하거나 학부모 자신이 자녀에 대해 누구보다 잘 알고 있다고 생각하면서 자녀가 문제가 있다는 사실을 최소화하려고 할 수 있다.

(3) 수용

컨설팅 과정을 통해서 학부모는 자녀의 문제를 인정하고 받아들이게 된다. 이 때 학부모는 학업과 관련된 자녀의 정서적, 행동적 문제를 이해하게 되고, 이 문제들을 해결하기 위해서 자신이 어떠한 일을 할 수 있을지에 대해 궁금해 한다. 컨설턴트 입장에서는 모든 학부모가 자녀의 문제에 대해 수용적인 태도를 보이기를 기대하지만, 이러한 수용적 태도를 보이기까지는 어느 정도 시간이 걸릴 수 있기 때문에 학부모와의 대화를 통해 자녀의 문제를 수용하도록 기다려주어야 한다.

### 나) 학부모의 저항에 대처하는 방법

학부모의 저항을 설명하는 이론적 관점에는 행동주의적 관점, 인지부조화 이론, 반발 이론 등이 있다. 각각의 이론적 관점에서 제시하는 저항의 원인과 저항의 해소 방안은 다음과 같다(김정섭 외, 2012).

**표 4.2** 학부모의 저항을 설명하는 다양한 이론적 관점

| 이론적 관점 | 저항의 원인 | 저항의 해소 |
|---|---|---|
| 행동주의적 관점 | 컨설팅 결과에 대한 혐오 | 학부모에게 컨설팅에 참여함으로써 발생하는 비용과 컨설팅으로부터 얻게 되는 혜택이 적어도 동일하다는 점을 납득시키는 것이 중요함. |
| 인지부조화 이론 | 학부모의 입장에서 컨설티가 되지만, 그것을 좋아하지는 않음. | 학부모가 컨설팅 과정에서 주체가 되어 자발적으로 참여하도록 하고 학부모와의 관계를 지속하는 것이 중요함. |
| 반발 이론 | 학부모가 자유를 빼앗겼다고 느끼게 되면서 반발함. | 컨설팅 과정에서 과도한 설득과 권고보다는 다양한 선택권을 학부모에게 제공하는 것이 필요함. |

학부모의 저항을 다루는 대표적인 방법은 다음과 같다(김정섭 외, 2010). 첫째, 협력적인 접근을 사용하는 것이다. 학부모는 학습컨설턴트를 만나기 전에 이미 교사와의 만남을 가졌지만 만족스럽게 해결되지 않았기 때문에 학습컨설턴트를 만나게 되었을 가능성이 있다. 자녀의 문제를 해결하기 위해서 어떤 방법이 적합하다고 생각하고 있

는지, 어떤 방법을 시도해보았는지 학부모의 이야기를 경청하고 학부모와 함께 문제를 확인하는 자세가 필요하다. 컨설턴트는 학부모의 의견을 존중하고 스스로 문제해결에 대한 답을 찾아가도록 격려하는 방법을 사용할 수 있다. 컨설턴트가 학부모에 비해 더 전문성이 있다고 생각하여 자신의 의견을 강요하거나 위압적인 자세를 취하는 것은 문제가 있다. 둘째, 학부모가 자녀에게 적용한 방법 중 성공한 방법이 있으면 그에 대해 적절한 칭찬을 통해 강화하는 것이 필요하다. 셋째, 컨설팅 과정에서 학부모와 컨설턴트가 각각 어떠한 역할을 할 것인지 등에 대해 계약서를 작성하여 명료화한다. 넷째, 학부모와 라포를 형성하고 신뢰관계를 확립해야 한다. 자녀의 문제를 해결하는 데 있어서 가족 모두가 참여할 수 있도록 격려하는 것이 중요하다. 특히 다문화 가정 학부모의 경우 필요하다면 통역을 사용하는 것이 좋다.



## 3 학부모지원 학습컨설팅의 실제

### 1) 사례 1: 친구관계로 인한 학업문제

#### 가) 의뢰 내용

• **의뢰인**: 가을이(가명, 고등학교 1학년, 여)의 어머니

• **학부모 상담**

고1 여학생인 자녀가 열심히 공부하는 것 같기는 한데 성적이 오르지 않고, 성적이 오르지 않기 때문에 학업에 대한 자신감을 잃어가는 것 같다며 어머니가 학습컨설팅을 의뢰했다. 상담과정에서 어머니는 아이가 학교에서 친구관계의 어려움을 겪는 것으로 보이며 이 점이 학습에 방해를 주는 것 같다고 토로하였다.

• **학생 상담**

가을이는 중학교 3학년 때 친했던 친구에게서 따돌림 당하는 경험을 하였다. 이후 고등학교에 진학했는데 공부를 열심히 하고 싶은 마음이 있으면서도 친구들과의 관계가 잘못될까봐 불안해서 쉬는 시간에 공부하고 싶은 마음도 접고 친구들과 함께 놀기도 했다. 그러나 친구들이 왠지 자신을 따돌릴 것 같은 마음이 들고, 쉬는 시간에 친구들 곁에 가 있지 않으면 계속 불안한 마음이 들었다. 불안감 때문에 친구들 마음에 드는 행동을 억지로 하려다 보니 스트레스가 쌓이고 수업시간에도 잘 집중이 되지 않았다. 도서관에서 공부하는 것이 자신의 공부방식과 맞지 않다고 생각하면서도 친구들이 주말에

도서관에서 공부하기로 했다고 하면 자신도 같이 가서 공부를 하였다. 그러나 친구들 눈치를 보느라 공부에 집중이 잘 안된다고 호소하였다.

### 나) 컨설팅 과정

#### (1) 도입

의뢰 내용에 따라 어머니, 학생, 컨설턴트가 함께 학습컨설팅을 설계하였다.

표 4.3 학습컨설팅 설계를 위한 의사결정 사항

| 협의 주제 | 의사결정 사항 |
|---|---|
| 의뢰문제 | 친구관계의 어려움으로 학업에 집중하지 못함 |
| 의뢰대상 | 가을이(인문계 고등학교 1학년, 여) |
| 학습컨설팅 목표 | 친구불안을 극복하고 공부할 때 집중하기 |
| 학습컨설팅 기간 | 2개월간, 매주 1회 실시(50분) |
| 운영 장소 | 의뢰인의 가정 |

#### (2) 진단

어머니와 가을이를 개별적으로 상담하였다.

① 중학교 때 따돌림 당했던 이야기를 하며 눈물을 흘리고 아직도 친구들이 무섭다는 표현을 하는 것으로 보아 따돌림이라는 부정적 경험에 대한 감정처리가 제대로 이루어지지 않은 것으로 보여 정서적 해소가 필요하다고 판단되었다. 또한 그 상황에 대한 건강한 재해석을 할 수 있도록 조력이 필요한 상태였다.

② 따돌림을 당했을 때에 무슨 일로 당했는지 잘 모르겠다고 하였고 친구들과의 관계가 어그러지는 이유를 잘 모르겠다는 내담자의 호소내용으로 보아 친구들과 원만한 관계를 맺는 방법을 잘 모르는 것으로 보였다. 따라서 또래관계에 필요한 사회적 기술을 알려줄 필요가 있었다.

③ 또래관계의 어려움과 연결성이 있을 수 있는 어머니와의 관계를 탐색하였다. 어머니에 대해서는 공부에 대한 압박을 느끼고 있어 엄마 앞에서는 편히 쉬지 못하고 책상에 앉아서 공부하는 모습을 보여야 할 것 같은 부담을 가지고 있었다. 어머니는 학생의 이러한 불편한 마음을 알지 못하고 있었으므로 이에 대한 조력이 필요한 상황이었다.

(3) 실행

1 1~3회기(가을이 컨설팅)

2 ~ 3 4~8회기(어머니 컨설팅 그리고 가을이와 어머니 함께 컨설팅)

• 1회기: 어머니 상담의뢰 내용에 따라 가을이 컨설팅

가을이는 따돌림 경험에 대하여 이야기하면서 눈물을 많이 흘렸고 아직도 친구들이 무섭다고 호소하였다. 이에 따라 컨설턴트는 계속 이야기를 들어주며 부정적 정서가 해소될 수 있도록 지지하였다.

• 2회기: 가을이 컨설팅

힘들었던 상황들을 컨설턴트와 이야기하면서 자신이 그때 무섭고 외로웠는데 엄마에게 말하지 않았다고 하였다. 이유는 엄마가 성적에만 관심이 있는 것 같아서였다. 지금 생각해보니 엄마에게 이야기했더라면 덜 힘들었을 것 같다고 후회하고 있었다.

• 3회기: 가을이 컨설팅

엄마가 성적에 대해 예민하기 때문에 친구들과 잘 지내려는 생각보다는 친구들보다 공부를 잘 하고 싶은 생각을 가지고 있었다. 그래서 친구를 배려하기보다 경쟁대상으로 생각하여 프린트도 안 보여주고 과제나 수학문제를 알면서도 친구에게 가르쳐주지 않았던 기억을 떠올리며 자신이 친구들이 싫어하는 행동을 했음을 알게 되었다. 컨설턴트는 이러한 가을이의 깨달음을 칭찬하고 난 후 그럼에도 불구하고 친구들이 가을이를 따돌린 행동은 나쁜 행동이며 가을이가 많이 힘들었을 것임을 인정하여주고 정서적으로 지지하였다. 가을이는 자신의 성적 욕심에 대한 이기적인 행동패턴을 알게 되고 친구들의 마음을 이해하고 존중해야 함을 인식하게 되었다. 그러자 막연했던 친구에 대한 불안한 마음이 가벼워지기 시작하였다.

• 4회기: 어머니 컨설팅

가을이가 가지고 있는 성적 압박을 조력하기 위해 어머니와 상담을 실시하였다. 어머니는 자녀가 이러한 마음까지 가지고 있는지 몰랐고, 중학교 때도 그런 일이 있는 줄 몰랐으며 집에 오면 짜증을 많이 부려서 그냥 사춘기인 줄만 알았다고 하였다. 자녀의 당시 상황이나 힘든 마음을 몰랐다는 사실에 미안한 마음을 나타냈다. 가을이와 이야기를 나눠보도록 조언했다.

• 5회기: 가을이와 어머니 컨설팅

어머니가 4회기 컨설팅 후 가을이가 중학교 때 힘들었는데 도와주지 못함을 이야기하고 사과를 하였는데 가을이는 그런 엄마의 말에 위로를 받았다고 하였다. 또한 어머니는 자신이 가을이에게 성적이야기만 하고 있는 줄 몰랐음을 고백하였고, 가을이는 어머니에 대한 압박감에서 편안해 짐을 느끼게 되었다. 컨설턴트는 다음과제로 주말에 어머니와 '30분 동안 자전거 타기'를 제시하였다.

• 6회기: 가을이와 어머니 컨설팅

자전거 타기를 하면서 느꼈던 생각과 감정을 각각 이야기하도록 하였다. 가을이는 엄마가 공부나 성적에만 관심 있는 줄 알았는데 자전거를 타면서 학교에서 있었던 친구들 이야기도 하게 되니 스트레스도 풀리고 엄마에 대한 부담스러운 마음도 가벼워지는 것 같다고 표현하였다. 어머니는 가을이의 학교생활에 대한 이야기를 듣게 되어 친구관계에서 필요한 점을 조언해 줄 수도 있고 가을이의 마음을 알 수 있게 되어 만족스럽다고 표현하였다.

함께 자전거 타기 활동을 통해 스트레스가 해소되고 엄마는 공부나 성적 이야기만 한다는 엄마에 대한 이미지를 수정할 수 있도록 도움을 주었다. 다음 과제는 매일 방과 후 집에서 '어머니와 15분 대화시간 갖기'와 '어머니와 마트에서 장보기'를 제시하였다. 장보기 과정에서 어머니와의 관계 훈련을 할 수 있기 때문이었고, 이는 인간관계 훈련이 될 수 있으며 나아가 또래 관계를 향상시키는 데 도움이 되기 때문이었다.

• 7회기: 가을이와 어머니 컨설팅

가을이는 어머니와 장보기를 하면서 대화를 많이 하게 되고 그러다 보니 친구들이야기도 하면서 친구 때문에 속상했던 이야기를 하게 되었고, 어머니가 이해해주고 좋은 충고를 해주어서 친구관계에 많은 도움이 되었다고 하였다. 어머니는 가을이가 그런 고민들을 이야기 해주어서 고맙고 친구들에 대한 어려운 마음이 나아지는 것 같다고 하였다.

• 8회기: 가을이와 어머니 컨설팅

요즘의 마음상태는 어떤지, 여전히 친구들의 눈치를 살피는지 확인하자 가을이는 엄마와 집에서 이야기 시간을 갖게 되니 자신이 친구에 대해 생각이 부족한 점은 어머니의 충고로 깨닫게 되고 속상한 일은 어머니의 위로를 받게 되면서 스트레스가 해소되고 친구관계가 많이 편해지고 있다고 하였다. 마음이 편안해지니 수업시간에 집중이 잘 되고 중간고사 시험 계획을 세우고 잘 실천하고 있다고 하였다. 어머니는 자녀의 정서적인 상황을 이해하게 되고, 그 상황에 적절한 행동을 실천함으로써 어머니와 자녀 관계가 회복되었다고 하였다. 또한 어머니의 조력으로 인해 가을이의 친구관계가 점점 좋아지고, 공부도 집중해서 할 수 있게 되면서 학업에 대한 자신감을 회복하게 되었다.

### (4) 종결

어머니와 자녀가 함께 시간을 보내고 이를 컨설턴트와 함께 이야기함으로써 부모자녀 간의 관계방식의 문제점을 확인하고 수정할 수 있었다. 이에 따라 자녀의 대인관계방식이 수정되어 또래관계가 점차 좋아지면서 심리적 불안이 감소하여 공부에 집중할 수 있게 되었다. 또한 중학교 때의 부정적인 경험의 해소와 상담을 통한 따돌림 상황에 대한 올바른 인식은 친구와 꼭 친해야만 한다는 과잉불안을 해소하게 되어 학업에 집중할 수 있도록 도왔고 학습에 대한 자신감도 회복되어 종결에 이르게 되었다.

(5) 제언

위 사례와 같이 또래 관계가 학습 문제의 원인이 될 수 있으며 더 나아가서는 부모 자녀 관계에 원인이 있다는 점을 주지할 필요가 있다. 학습컨설턴트가 상담하기 어려운 영역의 문제가 학습을 방해하는 것으로 진단된다면 그 영역의 전문가와 연계하는 것도 하나의 방법이다. 그 밖의 학습요소로 아이가 학습 계획을 잘 세우는 편인지, 인지 및 학습전략의 문제점은 없는지, 공부에 대한 동기는 어떠한지, 시험불안과 시간관리 패턴은 어떠한지 등을 확인해 보는 것도 필요할 것이다.

## 2) 사례 2: 자녀의 학업성적향상을 원하는 학부모의 사례

### 가) 의뢰내용

- **의뢰인:** 여름이(가명, 인문계 고등학교 2학년, 여)의 어머니
- **의뢰내용**

현재 인문계 고등학교 2학년에 재학 중인 여름이는 초등학교 때는 성적이 상위권을 유지하였으나, 중학교 진학 후 교과 과목이 많아지면서 좋아하는 과목과 싫어하는 과목의 성적 편차가 심하게 나타났다. 중학교 때의 전체 성적은 중위권에 머물면서 인문계 고등학교에 입학하게 되었다, 의뢰인의 자녀는 진로 결정을 마친 상태로 유아 교육과에 진학하기를 희망하고 있다, 의뢰인은 자신의 자녀인 여름이의 성적으로는 원하는 대학교 진학에 어려움이 있을 것으로 예상하고 효과적인 학습전략 사용 및 성적 향상을 위하여 컨설팅을 의뢰하였다.

### 나) 컨설팅 과정

(1) 도입

의뢰 내용에 따라 어머니, 학생, 컨설턴트가 함께 학습컨설팅을 설계하였다.

**표 4.4** 학습컨설팅 설계를 위한 의사결정 사항

| 협의 주제 | 의사결정 사항 |
|---|---|
| 의뢰문제 | 대입진학을 위한 성적향상/ 효과적인 학습전략 |
| 의뢰대상 | 여름이(인문계 고등학교 2학년, 여) |
| 학습컨설팅 목표 | • 의뢰학생의 현재 성적 파악, 편차가 심한 교과목에 대한 진단<br>• 성적 향상을 위한 계획수립<br>• 학습전략 점검 및 효과적인 학습전략 방법 제시 |
| 학습컨설팅 기간 | 2개월간, 매주 1회 실시(50분) |
| 운영 장소 | 의뢰인의 가정 |

(2) 진단

- 학생의 현재 성적파악(국어, 영어, 사회－3등급, 수학－5등급, 과학－7등급)
- 학생의 학습전략이 어떠한지 알기 위하여 MLST 학습전략검사 실시
- MLST 진단검사 결과

| 시간관리 | 주의집중력 | 기억력 | 읽기 | 시험관리 | 강점 | 약점 |
|---|---|---|---|---|---|---|
| 하 | 하 | 상 | 중 | 중 | 기억력 | 시험불안 |

(3) 실행계획 수립

① 학업성적 향상

- 학생이 자신의 진로를 유아교육과로 희망하고 있으므로 문과 지망에 맞는 학습 향상 컨설팅으로 계획 수립
  - 국어, 영어, 사회 과목은 3등급을 유지하고 있으므로 자기주도학습으로 성적 향상시키기
  - 수학이 5등급이므로 수학 점수를 높일 수 있도록 개인과외 또는 학원에서 체계적인 학습과 자기주도학습을 병행하기

② 학습전략 점검 및 개입

- 학생의 학습전략의 강점과 약점을 파악하여 실행계획 세우기: 시간관리, 주의집중, 읽기, 시험불안 줄이기
  - 학생의 학습강점으로 지필고사보다 수행평가의 점수가 훨씬 높은 것으로 파악되므로 강점을 살려 수행평가에서 좋은 성적을 유지할 수 있도록 계획하였다.
  - 학생이 취미로 피아노 및 기타, 종이접기 등의 예능 활동을 계속 유지하여 현재는 스트레스 해소법으로 활용하도록 하였다. 미래에는 유아교육과 진학 시 도움이 되는 학습법으로 계획하였다.

• 개입프로그램

| 회기 | 주제 | 내용 |
|---|---|---|
| 1 | 시간관리 | 자신의 규칙 정하기<br>• 나의 하루일과 작성하기(1단계)<br>• 하루 분석하기(2단계)<br>• 하루 계획하기(3단계) |
| 2 | | • 나의 일주일 작성하기(1단계)<br>• 일주일 분석하기(2단계)<br>• 일주일 계획하기(3단계) |
| 3 | 주의집중 | • 주의집중 훈련하기: 처음 3분에서 시작(예: A4 용지에 펜으로 가운데부터 사각형을 그리기 시작하여 전체를 채운다)<br>• 주의집중 훈련 후 교과목 학습 실행하기 |
| 4 | | • 주의집중 환경 만들기<br>• 책상 치우기, 공부방에 공부 방해요소 없애기(컴퓨터, 침대, 핸드폰) |
| 5 | 읽기 | • 글의 의미 확인하고, 글의 연결어 파악하고 정리하기(읽기방법 1, 2단계 복습) |
| 6 | | • 글의 내용 연결하기(읽기 방법 2단계) |
| 7 | 시험관리 / 마무리 | • 시험불안 줄이기–체계적 둔감법 익히기(명상, 호흡)<br>• 시험계획, 시험전략 이해 및 훈련 |
| 8 | | • 자신의 장점 인식, 자기효능감 높이기<br>• 학습컨설팅 참여 소감 나누기(학습컨설팅 전, 후 달라진 점) |

## (4) 실행

- 여름이 학생은 개입프로그램 계획에 따라 8회기 동안 학습컨설팅을 실시하였다.
- 시간관리: 매일 시간관리하는 것을 어려워하였으나 시간이 지나면서 익숙해졌다.
- 주의집중: 3분을 시작으로 20분까지 주의집중 시간이 늘어났다. 20분이 지나면 5분 휴식, 주의집중 훈련 후 다시 학습을 시작하였다.
- 공부환경: 어머니는 자녀가 학습컨설팅에 잘 참여할 수 있도록 학습환경을 만드는 과정에서 적극적으로 도움을 주었다.
  - 책상을 깨끗이 정돈하는 것을 학생과 같이하고, 컴퓨터는 거실로 옮겨 필요시만 사용하게 하였다. 휴대폰은 학습 시간에는 어머니가 보관하고 학습을 완결했을 때 사용하도록 허락하였다.
  - 또한 어머니는 회기별로 학생이 충실히 과제를 수행했을 때만 학생이 원하

는 것을 강화물로 사용하였다(예: 핸드폰 사용시간 1시간 늘려주기, 사고 싶은 옷 사기, 친구와 영화보기 등)

- 읽기: 여름이 학생은 글의 내용을 파악하고 연결하는 것을 어려워하였다—수학, 국어 과목은 과외를 시작하여 자기주도 학습과 병행하였다.
- 시험불안 줄이기: 체계적 둔감법을 학생의 어머니가 먼저 숙지한 후 학생과 함께 명상 호흡을 실시하였다.

(5) 종결

학생의 강점 및 약점을 파악하여 컨설팅을 진행하였다. 어머니의 적극적인 지원과 협조가 컨설팅을 성공적으로 마무리하도록 이끌었다.

(6) 제언

개인이 의뢰한 학습컨설팅의 경우, 의뢰자의 강점과 약점을 파악하여 맞춤형 컨설팅이 도움이 될 것이다. 예를 들어 진로가 결정된 문과를 지망하는 고등학생이 문과 교과목에 강점을 보이고 이과 교과목이 약점이라면 문과 교과목에 더 높은 점수를 얻을 수 있도록 도움을 주어야 할 것이다. 또한 지필평가와 수행평가 중 어느 것에 더 높은 점수를 얻고 있는지도 파악하여 컨설팅을 진행하는 것이 도움이 될 것이다.

## 3) 맺음말: 학부모지원 학습컨설팅을 지원하는 학부모는 누구인가?

학부모라는 용어는 부모의 일생 중 자녀가 학교에 다니고 있을 때 부모를 지칭하는 말이다. 국내에서 2011년에 학부모와 부모를 주제로 한 공익광고가 화제가 된 적이 있다. 그 내용은 부모는 자녀의 발달이 조화롭게 이루어지기를 바라지만, 학부모는 자녀에게 앞만 보고 앞서 가라고 한다는 것이다(https://youtu.be/nTJRuWZoQkw). 그 공익광고의 내용을 토대로 학부모와 부모에 대한 다큐멘터리가 제작되기도 하였다(출처: SBS 스페셜, 부모 VS 학부모, 2014년 1월 5일 방영). 자녀가 학생일 때 부모는 누구보다 자녀의 학업과 진로에 대해 관심과 걱정이 많다. 그래서 학부모가 되면 많은 부모들은 자녀가 학습과정에서 공부하는 즐거움을 맛보고, 자신의 적성에 대해 충분히 탐색하는 것을 기다리기보다는 경쟁에서 뒤처져서는 안 된다는 생각에 그들을 닦달하기도 하고, 성적향상에만 관심을 보이기도 한다.

이 시점에서 학부모지원 학습컨설팅을 신청하게 되는 학부모들은 어떤 과정을 통해 지원하게 되는 것일까를 고려해볼 필요가 있다. 우선 자녀교육에 대한 관심과 열의가 높은 학부모일 가능성이 있다. 또는 교사가 학생의 학업문제를 다루는 과정에서 학부모와 학생의 관계에서 해결해야 할 이슈가 있다는 것을 알아차리고 학부모에게 자녀를 위한 학습컨설팅을 의뢰하도록 권유할 수도 있을 것이다. 학습컨설턴트가 만나게 되는 학부모들은 일차적으로는 자녀의 성적과 진로에 관심이 많고, 자녀가 다른 학생들보다 공부를 더 잘하기를 바라기 때문에 자녀에 대한 학부모로서의 그들의 심정과 상황을 컨설턴트가 충분히 이해할 필요가 있다.

동시에 학부모들이 자녀의 성적만을 생각하고, 진정으로 자녀의 삶에 대해 고민하지 않는다면 컨설턴트는 학업에 대한 학부모의 신념과 태도를 변화시킬 의무가 있고, 그래야만 변화된 부모가 자녀와의 관계를 좀 더 원만하게 형성할 수 있을 것이다.

## 참고문헌

김윤옥(2003). 특수아동상담입문. 문음사.
김정섭(2009). 학습컨설팅의 중요성과 학습 컨설턴트의 역할. 학교심리와 학습컨설팅, 1(1), 19-33.
권석만(2013). 현대 이상심리학. 학지사.
박경애 외(2013). 학교상담 사례연구. 학지사.
박승민(2013). 제 9장 성인중기. 임은미 외. 인간발달과 상담, 267-297. 서울: 학지사.
송명자(1995). 발달심리학. 서울: 학지사.
서장원(2017). 인터넷 중독: 가상의 공간에서 길을 잃다. 학지사.
신희천, 신은향(2017). 반사회성 성격장애: 공격적이고 폭력적인 그들. 학지사.
오은영(2016). 내 아이가 힘겨운 부모들에게. 녹색지팡이.
이정윤, 장미경(2008). 기혼여성의 부모역할 스트레스와 우울의 관계: 부모역할 자긍심의 매개 및 중재효과. 상담학연구, 9(2), 339-352.
이순형, 민하영, 권혜진, 정윤주, 한유진, 최윤경, 권기남(2015). 부모교육. 학지사.
전명남(2013). 제 9장 시간계획 및 관리 향상. 이재규 외. 학습상담, 239-258. 서울: 학지사.
최지영 (2013). 제 6장 청소년기. 임은미 외. 인간발달과 상담, 185-215. 서울: 학지사.

Dougherty, A. M. (2009). Psychological consultation and collaboration in school and community settings(5th ed.). 김정섭, 이영만, 유순화, 윤초희, 강승희 공역(2012). 학교와 지역사회를 위한 심리 및 학습컨설팅. 서울: Cengage Learning.
Holmbeck, G. N., Paikoff, R. L., & Brooks-Gunn, J. (1995). Parenting adolescents. In M. Bornstein (Ed.), Handbook of parenting, Vol. 1 (pp. 91-118). Hillsdale, NJ: Erlbaum.
Johnston, C., & Mash, E. J. (1989). A measure of parenting satisfaction and efficacy. *Journal of Clinical Child Psychology, 18*(2), 167-175.
Kampwirth, T. J. (2006). Collaborative consultation in the schools(3rd ed.): Effective practices for students with learning and behavior problems. 김정섭, 유순화, 윤경미 공역(2010). 학습과 행동 문제 해결을 위한 학교컨설팅. 학지사.
Marks-Beale, A. (1994). Study skills: The tools for active learning. Delmar Pub, Inc.
Ormrod, J. E. (2016). Human learning. Pearson Education.
Pledge, D. S. (2004). Counseling adolescents and children: Developing your clinical style(1st ed.). 이규미, 이은경, 주영아, 지승희(2009). 아동 및 청소년상담. 시그마프레스.
https://youtu.be/nTJRuWZoQkw
SBS 스페셜, 부모 VS 학부모, 2014년 1월 5일 방영분.

C/H/A/P/T/E/R 5

# 학교지원 학습컨설팅

윤초희

## 1 학교지원 학습컨설팅의 개념

교사지원이나 학부모지원 학습컨설팅에서처럼 학교지원 학습컨설팅에서도 (교육) 심리학자들의 역할은 매우 중요하다. 이들은 학생이나 교사를 대상으로 하는 개인 수준의 컨설팅뿐만 아니라, 학교 전체 시스템의 변화를 도모함으로써 조직컨설팅에도 관여할 수 있다.

교육프로그램 평가, 문제해결팀 구성, 교육과 훈련 제공, 슈퍼비전, 구성원의 위기관리 등의 업무는 학교조직 수준에서 심리학자들이 담당할 수 있는 컨설팅의 영역이다. 예컨대, 심리학자들은 학교 전반의 긍정적인 행동지원 프로그램을 시행하는 데 전문적인 도움을 제공할 수도 있고, 교수법을 개선하기 위한 교육 및 훈련절차를 개발할 수도 있다. 학교 내의 특정한 프로그램(예컨대, 독서치료 프로그램, 학교폭력 예방 프로그램, 읽기중재 프로그램 등)이 효과가 있는지를 평가하고, 효과가 없다면 개선방안을 제안하거나 새로운 프로그램을 개발할 수도 있다. 이러한 활동의 궁극적인 목적은 학생의 학습을 증진하고 행동변화를 가져오는 것이다. 그러므로 이 장에서는 학생학습을 지원하는 학교조직 수준의 모든 컨설팅을 학교지원 학습컨설팅이라는 용어로 통칭하고자 한다.

학교 내에서 발생할 수 있는 문제의 수준과 초점이 다양한 만큼 컨설팅이 이루어지는 범위와 수준도 다양하다. 이전 장에서 학습컨설팅의 수준 중 개별 학생, 교사,

학부모 등 주로 사례 중심의 컨설팅에 대해 기술하였다면, 이 장에서는 특별히 학교 조직과 시스템 수준의 변화를 도모함으로써 학생의 학습을 지원하는 학교지원 학습컨설팅에 대해 기술한다. 학교지원 학습컨설팅은 일종의 '조직컨설팅(organizational consultation)'으로, 개인에 초점을 두기보다는 학교라는 복잡한 사회적 시스템 내에서 발생하는 문제를 해결하는 데 초점을 둔다. 교사지원 혹은 학부모지원 학습컨설팅이 교사집단이나 학부모집단 등 주로 '컨설티(consultee)'에 초점을 두고 이루어진다면, 학교지원 학습컨설팅은 학교시스템에 초점을 두고 이루어지는 컨설팅이다.

조직컨설팅은 조직의 효율성을 유지하거나 증대시키는 조직의 능력 계발을 위해 조직의 내부 또는 외부에서 일하는 전문가가 조직의 구성원이나 집단을 대상으로 컨설팅을 제공하는 것을 의미한다(Dougherty, 2009). 전문가로 의뢰되는 컨설턴트는 변화관리(change management)와 효율성 증대라는 목표를 가지고 조직의 현재 상태 진단, 문제해결팀 구성, 교육연수와 훈련 개발, 조직 개편, 학생을 위한 진로지도 등의 활동에 참여하는 사람들이다. 과거에는 학교조직 외부에서 전문가인 컨설턴트가 초빙되어 학교조직의 문제를 진단하고 해결하였다면 최근에는 학교조직 내부의 전문가(학교심리사, 교사, 학교장 등)를 활용하는 경우가 많다. 학교조직의 생산성과 효율성을 높이기 위해서는 경영시스템이나 보상체계와 같은 시스템적인 측면뿐만 아니라, 조직구성원의 동기와 리더십을 증진하고, 협력적이고 창조적인 조직풍토를 생성하는 데 초점을 두는 문화적·심리적 측면에서의 개입도 중요하다.

우리나라에서는 2000년 한국교육개발원에서 학교컨설팅 사업(김정원 외, 2002)을 시작하면서 컨설팅에 대한 관심이 대두되기 시작하였고, 2003년 최초의 학교컨설팅 교재인 『학교컨설팅』(진동섭, 2003)이 발간되었다. 이후, 대학에 학교컨설턴트 양성과정이 개설되고 다양한 학교컨설팅 연구회모임이 활성화되면서 학교현장에서 컨설팅에 대한 수요와 관심이 증가하고 있다. 학교기반의 조직컨설팅은 조직의 변화능력과 효율성 증대를 목적으로 하는 조직개발(organizational development)에 초점을 둔다. 조직개발은 조직의 효율성을 증대하기 위해 조직 내부에 행동과학적 원리를 적용하는 것을 말한다.

학교컨설팅에서 조직 수준이란 학교 내의 부서, 교사집단, 프로그램 또는 전체 학교조직을 말한다. 단위학교 수준에서 이루어지는 정책수립이나 의사결정은 궁극적으로 학생의 학습과 행동에 영향을 미치게 되므로 조직컨설팅의 궁극적인 수혜자는 학생이다. 이들 상위 차원의 정책은 실제적인 교육과정, 교육방법, 학생집단화 방식, 평가방법, 학생 생활지도 등에 영향을 미칠 수 있고, 이는 다시 학생의 행동변화에 영향을 미치게 된다. 예컨대, 단위학교의 특정한 교육철학에 부합하는 교사전문성 계발 프로그램은 교사의 수업역량, 리더십, 의사소통 기술을 함양하는 데 기여하며, 결과적으로 학생의 학습과 태도변화에 영향을 미칠 수 있다.

## 1) 조직컨설팅의 대두 배경

조직컨설팅으로서 학교컨설팅은 학생의 학습문제를 해결하기 위해 전체 조직 수준에서 개입이 이루어지는 절차로, 학교 내외의 전문가(예컨대, 학교심리사, 교사, 특수교사, 행동수정 전문가 등)의 도움을 받아 이루어지는 컨설팅이다. 우리나라에서 학교컨설팅은 비교적 최근에 주목을 받기 시작하였지만, 서구에서 학교컨설팅은 그 역사가 오래되었다. 학교컨설팅에 영향을 미친 다양한 역사적 요소들이 있는데, 여기서는 조직개발(Schmuck, 1995), 정신건강 컨설팅(Caplan, 1970), 그리고 학교개혁 운동(Fullan, 1991; Sarason, 1971)에 대해 소개한다.

### 가) 조직개발

조직개발은 경영분야에서 처음 도입된 조직컨설팅의 초기 모형이다(Meyers et al., 2009). 대부분의 조직개발 개념은 조직 내의 인간 및 사회적 관계, 과정, 개인, 집단 및 시스템 개념의 체계화, 그리고 적응하고 혁신하며 생존하고자 하는 조직 능력의 개선 등 전체 시스템의 의도적인 변화에 초점을 둔다. 그러므로 학교맥락에서의 조직개발은 학교조직의 역량 개선을 위해 행동과학적 지식을 적용하는 과정으로 정의할 수 있다.

조직개발은 조직의 공식적인 구조에 초점을 두는 베버의 고전적 조직이론에 반하여 나타난 이론이다(Kleiner, 1996). 조직개발은 고전적 조직이론에 비하여 조직 내의 비공식적인 인간관계나 상호작용을 강조하며, 조직의 효과성은 이러한 비공식적인 관계에 더욱 의존한다는 가정을 기반으로 한다. 조직개발의 실천가들은 그 이론적 기반으로 종종 Lewin의 장이론, Schein의 과정 컨설팅 모형, Skinner의 강화이론 등을 강조하지만, 다양한 조직개발의 실천을 묶어주는 통합된 이론은 존재하지 않는다(Illback & Pennington, 2008). 조직개발은 체계적인 이론의 적용보다는 실천적인 유용성에 더욱 초점을 두며, 조직변화에 효과적인 것이라면 무엇이든지 조직개발의 과정에 이용될 수 있다. 이러한 관점은 조직개발의 창발적(emergent) 특성을 보여준다. 조직개발을 위한 새로운 아이디어는 미리 계획되는 것이 아니라 조직개발의 과정에서 생성되고 이에 따라 조직개선이 이루어질 수 있다. 조직개발을 지원하는 방법과 전략은 매우 다양하고 광범위하다. 이에는 임원 코칭, 조직 재구조화, 변화관리, 리더십 개발, 팀 빌딩, 종합적 품질관리, 문화의 변화, 학습조직의 개발 등이 포함된다(Erchul & Sheridan, 2008).

학교기반의 조직컨설팅의 목적은 학교조직이 사회변화에 보다 적응적이고 유연하게 대처하게 하는 것이다(Meyers, Parsons, & Martin, 1979). 개인 수준에서 도모되는 변화는 지속성이 떨어질 수밖에 없다. 이러한 개입은 개인의 특정한 행동수정을 목표로 하지만 개인의 행동문제는 개인 수준에서뿐만 아니라 조직과의 상호작용에서 비롯되는 문제이기 때문에 조직이 변화되지 않은 상황에서 개입이 중단되면 개인의 문제는 반복적으로 나타날 수밖에 없다. 예컨대, 학생의 긍정적인 행동을 지원하기 위해 학교시스템을 변화시키지 않은 채 개별 학생의 행동변화만 도모하는 것은 장기적 변화를 담보할 수 없다. 그러므로 변화의 지속성을 보장하려면 개인 수준이 아닌 시스템 수준에서의 변화를 도모할 필요가 있다. 학교기반의 조직컨설턴트는 학교변화를 위한 전략으로 학교장 코칭, 학교조직의 재구조화, 변화관리 전략과 활동, 학교장 리더십 개발, 문제해결팀 구성, 학습공동체 구성 등을 사용할 수 있다.

#### 나) 정신건강 컨설팅

Caplan(1970, 1995)의 정신건강 컨설팅 모형과 유형은 조직컨설팅의 발전에도 영향을 미쳤다. Caplan은 컨설팅의 수준과 초점에 따라 네 가지 유형의 컨설팅을 제안하였는데, 이는 1) 클라이언트 중심 사례 컨설팅, 2) 컨설티 중심 사례 컨설팅, 3) 프로그램 중심 행정 컨설팅, 그리고 4) 컨설티 중심 행정 컨설팅이다.

클라이언트 중심 사례 컨설팅과 컨설티 중심 사례 컨설팅은 용어가 암시하는 것처럼 개인에 초점을 두는 컨설팅이다. 전자는 클라이언트(예: 학생)가 가지고 있는 문제를 해결하는 것을 목적으로 하며, 후자는 학생문제와 관련하여 컨설티(예: 교사)의 역량과 기술을 강화하는 것을 목적으로 한다. 예컨대, 교사가 학습문제를 갖는 학생과 관련하여 학습전문가에게 도움을 의뢰하면, 전문가는 이 학생의 문제를 해결하기 위해 중재계획을 수립하고 실행한다. 또는 학생의 훈육문제로 고민하는 교사를 대상으로 적절한 훈육방안을 컨설팅해줄 수 있다. 클라이언트 중심 사례 컨설팅에서 컨설턴트는 클라이언트를 직접 만나서 문제를 진단하고 해결하지만, 컨설티 중심 사례 컨설팅에서는 컨설턴트가 학생을 직접 만날 필요가 없다. 학생의 문제해결을 위한 교사의 역량과 기술을 강화하는 것이 목적이기 때문이다.

프로그램 중심 행정 컨설팅은 학교에서 실시되고 있는 프로그램을 평가하는 것에 초점을 둔다. 예컨대, 학생의 자기조절학습능력 계발 프로그램이 적절하게 시행되고 있는지 혹은 학생학습에 효과적인지를 평가하기 위하여 학습전문가에게 도움을 요청할 수 있다. 반면, 컨설티 중심 행정 컨설팅은 학교 교육목표의 효과적인 달성을 위해 새로운 프로그램을 개발하고 관리하는 학교구성원의 전문적 역량 강화를 목적으로 한다. 예컨대, 새로운 교수법 증진 프로그램을 개발하고 관리하는 데 필요한 지식과 기술을 학교구성원에게 가르치기 위해 외부 전문가와 학교구성원이 주기적인 워크숍을 가질 수 있다.

Caplan의 모형 중 특히 프로그램 중심 행정과 컨설티 중심 행정 컨설팅은 조직 컨설팅의 성격과 부합된다. 사례 중심의 컨설팅이 개인의 문제를 해결하기 위해 개인 수준에서 이루어지는 컨설팅이라면, 관리 중심의 컨설팅은 조직 수준에서 이루어지며 프로그램의 개선 혹은 조직구성원의 역량 강화를 통해 조직을 개선·발전시키는 것을 목적으로 하기 때문이다. 나아가, 컨설티 중심 행정 컨설팅은 컨설팅의 과정(process)에 초점을 두지만, 프로그램 중심 행정 컨설팅은 내용(content)에 초점을 둔다는 점에서 서로 다르다. 예컨대, Zins(1992)는 의뢰전 중재(prereferral intervention) 모형[1])에 기반하여 5년 동안 조직컨설팅을 제공하였는데, 이 과정에서 컨설티의 기술과 역량을 강화하는 것(내용 초점) 뿐만 아니라, 동시에 새로운 컨설팅 서비스에 대한 학교구성원의 참여를 촉진하고 권한을 부여하며 학교조직에 대한 헌신도를 높이는 과정 또한 중요함을 보여주었다.

### 다) 학교개혁 운동

미국에서 학교개혁 운동은 학교컨설팅의 요구를 증대시키는 기폭제가 되었다. 학교개혁과 학교 재구조화 운동은 수월성교육에 대한 미국 국가위원회 보고서인 "위기에 처한 국가: 학교개혁을 위한 요구(Nation at risk: The imperatives for school re-form)"(National Commission on Excellence in Education, 1983)의 발행에 의해 촉발되었고,

1) 기존에는 학업에 문제가 있는 학생들을 의뢰하고, 의뢰된 학생들을 대상으로 검사를 실시하여 최종적으로 특수 학급에 배치시키는 의뢰-검사-배치(refer-test-placement) 모형을 사용하였다면, 최근에는 학생을 공식적으로 의뢰하기 전에 정규 교육활동 과정에 개입하여 이러한 개입 이후에도 변화가 없는 학생의 경우에만 의뢰를 하는 의뢰전 중재모형으로 전환되고 있다.

이 보고서는 근거기반실천(evidence-based practice)과 2001년 발효된 '낙오아동방지법(No Child Left Behind Act)'에도 영향을 미쳤다. 학교개혁은 학교조직의 재개편을 통해 학생들의 학습기회를 증대시키는 것에 초점을 두며, 이에는 학생의 학교선택권 강화, 학교의 자율적인 의사결정 촉진, 교사와 학부모의 의사결정 강화, 교육책무성의 강화, 학교와 지역사회 간의 파트너십 수립, 국가 자격증 제도 개선, 교사의 승진제도 개선, 개별화 교수 강화, 역량중심 교육 등 다양한 전략들이 포함된다(Newman, 1993).

이러한 과정에서 학교컨설팅은 미국 공교육의 개혁 노력에 많은 기여를 하였다. Fullan(1991)은 학교기반의 조직개발에 대한 광범위한 문헌고찰을 통해 학교개혁을 위해 조직개발 접근을 활용할 수 있는 가능성을 보여주었다. 그럼에도 불구하고, 학교개혁은 지속적인 확산에는 실패하였는데, 이는 학교개혁이 교육목표의 수정, 새로운 학생행동 목표 설정, 새로운 교육과정의 도입 등 주로 외형적인 변화에 초점을 두는 반면, 이들 변화의 내용을 하나로 묶어주는 기본 원리나 이론이 부재하기 때문인 것으로 전문가들은 보고 있다. Peterson, McCarthey와 Elmore(1996)는 대부분의 학교개혁이 실패한 이유로 실질적인 교육실천의 변화가 이루어지지 않은 점을 들었다. 전체 조직의 구조 변화는 교육실천을 변화시키는 데 중요한 요인으로 작용하지만, 실제 교수적 변화가 이루어지기 위해서는 교사의 부단한 학습노력과 역량 강화, 프로그램 설계, 수업 설계나 교실환경과 같은 직접적인 요인의 변화가 필요하다. 보다 학습 지향적이고 개인의 성장을 도모하는 학교 시스템은 그 구성원인 교사의 전문성과 역량을 강화하는 것과 밀접한 관련을 갖기 때문이다. 그러므로 학교개혁을 위해서는 구조의 변화뿐만 아니라 교사의 교육실천을 변화시키는 노력 또한 중요하다.

### 2) 학교지원 학습컨설팅의 구성요소

일반적으로 컨설팅에는 두 명(또는 두 집단)의 전문가와 하나의 대상이 관여하게 된다. 즉, 도움을 제공하는 컨설턴트와 도움을 제공받는 컨설티가 특정 클라이언트가 갖는 문제해결을 위해 상호작용한다는 점은 컨설팅의 본질적인 특징이라고 할 수 있다(윤초희, 2009; Caplan, 1995). 여기서 컨설턴트란 컨설티가 요청한 문제를 해결하기 위해 전문적인 도움을 제공하는 사람을 말하며, 컨설티란 현재 자신의 일에서 일정한 문제를 갖는 사람을 지칭한다. 학교지원 학습컨설팅에서 클라이언트는 대개 개별 학생이기보다는 학교이거나 학교조직 내의 하위 집단이다. 학교는 학교 내 부서, 교사, 학생들 간의 지속적이고 역동적인 상호작용이 발생하는 체계이므로, 학교의 한 부서를 컨설팅하는 것은 학교의 모든 부서에 영향을 줄 수 있다(Dougherty, 2009). 예컨대, 학습부진 학생의 학습을 증진하기 위해 조직된 교사연구회가 있다면, 이 연구회가 좀 더 효과적으로 운영되도록 돕기 위해 외부 컨설턴트가 투입될 수 있다. 이러한 교사연구회의 활성화와 효과적인 기능은 방과후 학습지도를 담당하는 부서에도 영향을 미칠 수 있다. 각 부서는 유기적으로 연결되어 있으므로 컨설턴트는 컨설티로 하여금 하부조직에서 발생하는 일들을 인식하고 이에 적절하게 반응할 수 있도록 해야 한다.

### 가) 컨설턴트

학교지원 학습컨설팅에서 컨설턴트는 주로 교육심리학자, 학교심리사(school psychologist), 특수교사, 일반교사들이다. 학교는 다양한 층위의 시스템이 복잡하게 얽혀있는 사회적 구조이므로 이 구조 내에서 형성되는 상호관계와 상호작용은 학생성취를 위해 매우 중요하며(Illback & Pennington, 2008), 이러한 구조를 잘 아는 사람이 컨설턴트로 활동하는 것이 좋다. 학교 내에서 활동하는 학교심리사는 다양한 구성원들과 상호작용할 수 있는 최적의 위치에 있기 때문에 개인 수준뿐만 아니라 조직 수준에서도 개입하기가 용이하다. 그러므로 학교심리사는 다른 어떤 교육 전문직보다도 '현장 속에서' 조직을 개선하기 위해 일할 수 있는 전문가라고 할 수 있다(Illback & Maher, 1984). 컨설턴트로서 교육심리학자 혹은 학교심리사들은 다양한 수준에서 발생하는 조직의 문제를 쉽게 파악할 수 있을 뿐만 아니라 조직구성원들과 협력하여 문제해결을 도모할 수 있다.

그 외의 전문가로 대학의 교수, 연구자나 조직전문가가 컨설턴트 역할을 담당할 수 있다. 학교는 학교장을 비롯하여 교과담당 교사, 상담교사, 보건교사, 방과후교사, 특수교사 등의 다양한 인력으로 구성되어 있으며, 이들 구성원은 학생의 학업과 적응을 위해 적절한 역량과 기술들을 계발하고 공유할 필요가 있다. 컨설턴트는 이들 구성원의 역량계발에 관여한다. 예컨대, 수석교사는 신임교사의 사기 진작과 수업의 질 관리를 도울 수 있으며, 학교상담사는 교사와 친밀한 관계 속에서 교사와 학생 간의 갈등문제를 다루고 사회적 기술을 훈련시키는 역할을 담당할 수 있다. 또한 통합교과목의 개발과 운영을 위해 다양한 분야의 교과교사들이 협력하고, 컨설턴트는 이를 보조할 수도 있다. 관리자인 학교장은 이러한 전 과정을 컨설턴트와 점검하고 비효과적인 중재활동을 수정하며, 보다 효율적으로 기능하는 학교조직을 만들어내는 데 기여할 수 있다.

컨설턴트가 조직의 내부자인 경우, 여러 가지 이점이 있다. 특히 내부자들은 학교 조직의 특성을 잘 알고 있기 때문에 조직문화를 특별히 거스르지 않는 상태에서 컨설팅을 제공할 수 있다. 컨설팅에 영향을 미치는 다양한 조직요소들은 과정적 요소이다. 조직컨설팅에서 과정은 문제의 내용만큼 중요하다. 즉, 조직이 어떤 문제를 가지고 있는지도 중요하지만 이러한 문제를 어떻게 진단하고 해결할 것인지도 중요하다. 학교지원 학습컨설팅에서 과정이란 조직의 문제가 어떻게 해결되었는가를 의미하며, 내용이란 조직의 어떤 문제가 해결되었는가를 의미한다. 예컨대, 교사가 학생을 다루는 기술이 부족하다면 이들에게 학생을 적절히 다룰 수 있는 상담기법, 동기유발기법, 리더십 역량을 지도하고 함양시키는 것도 중요하지만, 학교구성원들이 어떻게 서로 의사소통하고 상호작용하여 이러한 문제를 해결하려고 노력하는지도 중요하다. 학교구성원들 간의 협력적 관계나 의사소통 유형, 의사결정 방식은 문제를 정의하는 방식이나 해결에도 영향을 미칠 수 있기 때문이다. 내부자들은 아무래도 이러한 조직문화에 익숙하기 때문에 조직문화에 보다 부합하는 방식으로(예컨대, 학교장 의사소통 유형에 적절한) 컨설팅을 제공할 수 있다.

### 나) 컨설티와 클라이언트

조직의 역량을 개발하는 것이 목적인 조직컨설팅에서는 컨설티와 클라이언트의 구분이 모호한 경우가 많다(Dougherty, 2009). 컨설티는 컨설턴트와 협력하여 조직의 문제를 해결하는 조직 내부자를 의미하며, 컨설티일 뿐만 아니라 클라이언트이기도 한다. 학교조직의 경우, 컨설티는 컨설턴트와 협력하여 문제를 해결하는 학교구성원 또는 학교조직이며, 학교장 또는 교사집단이 이에 해당된다. 컨설턴트는 컨설티인 교사집단이나 학교장을 대상으로 조직의 문제와 관련하여 컨설팅을 제공한다. 그러므로 조직기반의 학교컨설팅에서 클라이언트는 개별 학생이 아니라 문제를 안고 있는 학교조직의 일부라고 할 수 있다. 조직컨설팅 문헌에서는 '컨설티'라는 용어 대신에 주로 '클라이언트'라는 용어를 사용한다.

Schein(1997)은 조직컨설팅에서 클라이언트의 개념을 보다 세분화할 필요가 있으며, 컨설팅을 시작할 때 누가 클라이언트인지를 명확히 할 필요가 있다고 보았다. Schein에 의하면 클라이언트는 크게 여섯 가지 유형으로 구분된다. 먼저 처음으로 컨설턴트에게 컨설팅을 의뢰하는 조직 내 구성원을 연락담당 클라이언트(contact client)라고 한다. 연락담당 클라이언트는 조직 내 다른 구성원들에게 컨설턴트를 소개하고,

조직 내 구성원은 컨설턴트와 함께 중재방안을 계획하게 된다. 다음으로 중간 클라이언트(intermediate client)는 컨설팅이 진행되면서 인터뷰, 설문조사, 회의, 워크숍 등의 다양한 활동에 관여하게 되는 개인이나 집단을 의미한다. 주로 조직 내의 다양한 부서의 구성원들이 이에 해당된다. 셋째, 일차 클라이언트(primary client)는 계약을 체결하고 컨설팅의 비용을 지불하는 사람이다. 주로 조직의 기관장이나 관리자가 이에 해당된다. 일차 클라이언트는 조직의 문제를 해결하기 위해 컨설턴트와 협력하게 된다. 넷째, 무의식적 클라이언트(unwitting client)는 일차 클라이언트의 상급자, 부하직원, 혹은 수평적 관계를 갖는 사람으로 컨설팅에 의해 영향을 받지만 자신이 영향을 받고 있다는 것을 의식하지 못하는 사람들이다. 다섯째, 간접적 클라이언트(indirect client)는 컨설턴트의 개입에 의해 영향을 받는다는 것을 스스로 인식하지만, 컨설턴트가 직접 접촉하거나 알지 못하는 구성원을 의미한다. 이들은 컨설팅의 효과에 대해 긍정적인 혹은 부정적인 감정을 가질 수 있다. 마지막으로, 궁극적 클라이언트(ultimate client)는 개입의 궁극적인 혜택을 받는 사람들을 말한다. 주로 전체 조직이나 컨설턴트가 관심을 갖는 집단을 의미한다.

위의 유형에서 특히 학교조직에 적용될 수 있는 개념은 일차 클라이언트, 중간 클라이언트, 무의식적 클라이언트, 그리고 궁극적 클라이언트이다. 일차 클라이언트는 해결해야 할 학교조직의 문제를 인식하고 컨설턴트에게 컨설팅을 의뢰하는 학교장이나 관리자이다. 중간 클라이언트는 컨설팅의 모든 단계에서 회의, 워크숍, 조사 등에 참여하게 되는 교사나 학교조직 구성원들이다. 무의식적 클라이언트는 컨설팅 과정에는 개입하지만 자신들에게 미치는 컨설팅의 효과에 대해서는 의식하지 못하는 중간관리자로서, 학교의 경우에 연구부장, 교육부장 등이 이에 해당될 수 있다. 학교조직 구성원의 사기 저하라는 문제를 해결하기 위해 컨설팅을 받는 과정에서 문제의 원인 중 하나가 연구부장의 독단적인 의사결정이라는 점이 파악되었다면, 그는 행동변화가 요구되는 간접적 클라이언트가 된다. 궁극적 클라이언트는 컨설팅의 혜택을 받는 학교조직이나 학생이다.

## 2 학교지원 학습컨설팅의 모형

컨설팅은 목적과 문제의 본질에 따라 다양한 모형을 기반으로 이루어질 수 있다. 유념할 것은 모든 문제유형에 가장 적합한 모형은 존재하지 않는다는 점이다(Kampwirth, 2006). 그러므로 다양한 맥락에서 특정 문제를 해결하는 데 적절한 모형을 선택하거나, 다양한 모형을 절충하여 사용할 수 있다. 학교지원 학습컨설팅은 일종의 조직컨설팅으로, 여기서는 Schein(1988)이 조직컨설팅의 세 가지 유형으로 소개한 전문가 초빙 모형(purchase-of-expertise model), 의사-환자 모형(doctor-patient model), 그리고 과정 모형(process model)을 소개한다. 전문가 초빙 모형은 조직이 조직의 문제를 진단하고 해결하기 위하여 이를 해결할 수 있는 지식과 기술을 가진 전문가(컨설턴트)의 전문성을 구매하는 것으로 개념화된다. 의사-환자 모형은 마치 의사가 환자를 진단하고 병을 치유하기 위한 절차를 처방하듯이, 컨설턴트가 조직이 가지고 있는 문제를 진단·규명하여 이를 해결하기 위한 처방을 모색하는 데 초점을 두는 모형이다. 과정 모형은 문제의 내용보다는 문제가 진단되고 해결되는 방식에 초점을 두는 컨설팅이다.

### 1) 전문가 초빙 모형

#### 가) 교육/연수 컨설팅

##### (1) 목적

전문가 초빙 모형에서 주로 사용되는 접근은 교육/연수 컨설팅이다. 교육/연수 컨설팅은 일종의 교사전문성 개발이라고 할 수 있으며, 학생의 동기유발과 학습개선, 효과적인 훈육과 학급운영, 교사 리더십 함양에 이르기까지 다양한 주제를 다룰 수 있다(Dougherty, 2009). 교육/연수 컨설팅의 목적은 교사나 교직원 등 학교의 하부조직의 변화를 도모하여 궁극적으로 학교조직의 효과성을 증대시키는 것이다. 학교조직의 효과성을 높이기 위해서는 학교구성원들이 효과적으로 기능할 수 있도록 도와주어야 한다. 조직 구성원의 학습을 도모하는 경우에는 교육컨설팅이, 구성원의 태도변화를 도모하는 경우에는 훈련컨설팅이 적합하다(Arredondo, 1996). 교육컨설팅은 주로 정보학습에 초점을 두고, 훈련컨설팅은 기술습득에 초점을 두게 된다. 그러나 실제 교육/연수 컨설팅이 이루어질 때 이 두 가지 방법은 혼합되는 경우가 많다(Dougherty, 2009). 예컨대, 학습부진 학생의 학습 개선을 목적으로 하는 컨설팅에서 부진 학생에 대한 지식교육과 실제적인 교수전략의 훈련이 동시에 진행될 수 있다.

(2) 단계 및 절차

컨설팅의 절차는 일반 다른 컨설팅의 절차와 다르지 않다. 도입 단계의 요구조사는 교육/훈련의 주제를 탐색하고, 현 상황에서 컨설팅을 요구하는 학교의 문제가 무엇인지를 진단하기 위해 실시된다. 예컨대, 한 학교장이 외부 전문가에게 학생들의 학습문제 개입을 위해 컨설팅을 의뢰했다고 하자. 이때 컨설턴트는 교사를 대상으로 학생의 학습문제와 관련하여 어떤 주제로 교사연수 프로그램을 설계해야 하는지에 대한 요구조사를 실시할 수 있다. 요구조사를 위해 가장 많이 사용되는 방법은 설문조사와 면담이다. 설문조사에 비해 면담은 더 심층적인 정보를 수집할 수 있다는 측면에서 효과적이지만, 비용과 시간이 많이 요구되므로 상황에 따라 적절한 정보수집 방법을 선택하면 될 것이다.

전문가 초빙 모형에서는 컨설팅 이전에 이미 문제가 어느 정도 파악된 상태에서 컨설팅을 시작하기 때문에 진단 단계에서 많은 시간과 노력이 요구되지 않을 수 있다. 그러므로 진단 단계에서는 파악된 문제를 좀 더 정교화하고 구체화시키는 데 주안점을 둔다. 진단 단계에서 수집되는 정보유형은 교육/연수 컨설팅인지 혹은 프로그램 컨설팅인지에 따라 달라질 수 있다(Dougherty, 2009). 교육/연수 컨설팅의 경우 대개 학교구성원을 대상으로 하는 설문조사나 문서를 통해 학교조직의 문제를 진단하고 분석하게 된다. 진단 자료는 중재방안을 수립하기 위한 근거자료가 되며 목표수립의 전제조건이라고 할 수 있다. 진단 단계에서는 문제를 규명하기 위하여 어떤 정보를 수집해야 하는지, 무엇이 문제인지 등에 대해 결정해야 한다.

목표설정 단계에서는 이제 어떠한 목표를 세워야 하는지, 그리고 이러한 목표를 달성하기 위해서 어떠한 방법을 사용해야 하는지가 결정된다. 목표를 수립하고 중재방안을 선택할 때는 해당 학교맥락에 가장 적합하고 적절하게 기능할 수 있는 중재방안을 선택한다. 즉, 컨설턴트는 중재방안인 교육/훈련 프로그램이 학교조직의 목표에 부합하도록 설계하며, 어떤 내용으로 구성되어야 하는지를 결정한다. 목표와 내용이 결정되면, 교육/훈련을 실시하기 위한 일정을 계획할 수 있다. 교육/훈련 프로그램의 선택기준은 근거기반 여부와 친숙성이다(Dougherty, 2009). 즉, 컨설티는 실행하기에 용이하고 과학적 연구를 통해 성공가능성이 높다고 밝혀진 활동들을 선택해야 한다. 컨설턴트는 중재내용과 활동을 선택하는 과정에 학교구성원들을 참여시킴으로써 이들에게 권한을 부여하고, 미래의 유사한 문제에 대해 효과적인 문제해결자가 될 수 있도록 도울 수 있다.

실행 단계에서는 기획된 교육/훈련 프로그램을 실시한다. 실제적인 교육적 개입이 이루어지는 실행 단계에서는 목적이 교사교육인가 혹은 교사훈련인가에 따라 상이한 방법들이 적용될 수 있다. 컨설팅의 목적이 교육이라면 주로 강의 방법이 사용될 것이며, 훈련이라면 워크숍이나 실습 등이 이루어질 것이다. 그러므로 컨설턴트는 교육/훈련의 목적에 따라 적합한 방법을 선택할 수 있으며, 이에는 강의, 수업매체 활용, 구조화된 실험, 집단토론, 모델링, 피드백 등 다양한 전략들이 포함될 수 있다(Garmston & Wellman, 1992). 중재의 실행 과정에서도 다양한 정보가 수집되고, 구성원들은 정기적으로 회의를 가지며 실행과정을 모니터한다.

컨설팅의 종결 단계는 컨설팅의 전 과정을 평가하는 것에서 시작한다. 컨설턴트는 중재방안을 실행한 후에 어떠한 변화가 있었는지를 알아보기 위해 중재 이전과 이후에 설문조사를 실시하여 조직의 변화 정도를 측정할 수 있으며, 컨설팅 과정에 대한 질적 평가도 실시할 수 있다. 궁극적으로 학생의 학습과 태도에 변화가 있었는지를 확인하기 위해 학생을 대상으로 만족도 조사나 성취도 검사가 이루어질 수 있다.

### 나) 프로그램 컨설팅

학교에서는 학습자의 학습을 증진하거나 행동문제를 해결하기 위해 다양한 프로그램을 개발하여 운영하고 있다. 이러한 프로그램의 실행에 문제가 있다면 혹은 프로그램의 목적과 내용이 학교교육의 목적과 부합하지 않는다면 프로그램은 개선될 필요가 있으며, 이러한 개선을 위해 학교는 컨설팅 서비스를 받을 필요가 있다. 이때 프로그램의 평가 자체에 초점을 둘 수도 있으며(Caplan의 프로그램 중심 행정 컨설팅), 또는 프로그램을 개발하고 관리하는 컨설티의 능력 계발(Caplan의 컨설티 중심 행정 컨설팅)에 초점을 둘 수도 있다. 궁극적으로 프로그램을 다루는 학교구성원의 능력을 향상시키는 것이 예방적 차원에서 보다 의미 있다고 할 수 있다. 프로그램 컨설팅의 예로서, 학교의 독서교육 프로그램, 인성교육 프로그램, 훈육 프로그램 등 다양한 프로그램의 효과를 조사하고 개선하는 활동을 들 수 있다. 기존의 프로그램을 개선하는 것에 더하여, 행동문제를 예방하기 위해 새로운 프로그램을 개발하고 실시하는 것 또한 프로그램 컨설팅의 예라고 볼 수 있다. 프로그램 컨설팅의 경우 컨설턴트가 컨설팅의 내용(예컨대, 읽기교육, 훈육시스템, 학교폭력 등)과 관련된 전문 지식을 가지고 있는 것이 중요하다.

### (1) 목적

프로그램 컨설팅의 가장 중요한 목표는 학교가 특정 프로그램을 성공적으로 실시할 수 있도록 도와주는 것이다(Dougherty, 2009). 이때 프로그램의 다양한 측면에 관해 컨설팅 서비스가 제공될 수 있다. 예컨대, 학교 내의 통합교육과정 프로그램이 제대로 운영되고 있는지를 확신할 수 없을 때 외부 전문가에게 프로그램 평가에 대한 컨설팅을 의뢰할 수 있다. 나아가, 향후 유사한 프로그램을 개발하고 운영하는 컨설티의 역량을 계발하는 것을 돕기 위해 컨설팅 서비스가 제공될 수 있다. 프로그램 평가는 프로그램과 관련된 자료를 체계적으로 수집하고 분석하는 활동이다. 이러한 자료분석 결과는 프로그램 개선 방향을 제시해주고 새로운 프로그램을 개발할 수 있는 근거를 제공해준다. 이는 특별히 프로그램에 초점을 둔 접근으로, 학교구성원을 대상으로 체계적인 교육이나 훈련이 제공될 필요는 없다. 그러나 현재의 프로그램과 비슷한 향후 프로그램을 개발하거나 평가하는 컨설티의 능력을 계발하는 것이 목적이라면 전문성 개발이 함께 이루어질 필요가 있다. 컨설턴트는 교육/연수 컨설팅을 통해 학교행정가나 교사들에게 향후 프로그램을 개발할 수 있는 지식과 기능을 직접적으로 가르칠 수 있다.

### (2) 단계 및 절차

프로그램 컨설팅에서는 앞서 언급한 컨설팅의 일반적 절차가 그대로 적용되지 않을 수 있다. 예컨대, 학교장은 학교에서 활용하고 있는 특정 상담프로그램이 목표를 달성하고 있는지를 확인하기 위해 컨설팅을 의뢰할 수 있다. 이때 컨설팅의 목적은 프로그램의 효과 평가이다. 먼저 도입 단계에서 프로그램 평가를 계획하기 위해 프로그램과 관련하여 학교구성원들에게 어떤 요구사항이 있는지를 조사한다. 이 단계에서 컨설턴트는 학교장이나 교사와 지속적인 협의회를 갖고 요구사항을 조사하며 수집된 자료를 분석한다. 진단 단계에서 컨설턴트는 가능한 한 자주 컨설티와 만나서 협의회를 가져야 한다. 컨설턴트와 컨설티 모두 기존의 프로그램과 관련하여 무엇이 문제이고 무엇이 개선될 필요가 있으며 어떻게 개선되어야 하는지에 대해 정보를 공유해야 하기 때문이다(Dougherty, 2009). 컨설턴트는 이러한 정보를 종합하여 프로그램 평가를 계획하게 된다. 프로그램 평가를 계획한 뒤에 컨설턴트는 자료를 수집하고 분석함으로써 프로그램 평가를 실시한다. 평가 자료에는 프로그램의 목적이 달성되었는지 여부를 파악하는 사전-사후 검사, 교사와 학생의 만족도 조사, 프로그램 실시과정에 대한 질적 기술 등이 포함될 수 있다.

교육/연수 컨설팅 모형과 프로그램 컨설팅 모형을 구분하는 것은 중요하다. 컨설팅의 초점이 프로그램에 주어져 있는지 혹은 시스템으로서 학교조직의 기능을 강화하는 보다 광범위한 목표에 있는지를 구분할 필요가 있기 때문이다(Meyers et al., 2009). 전문가 초빙 모형 내에서 두 가지 컨설팅이 동시에 이루어질 수도 있다. 프로그램을 개발하는 과정에서 학교구성원들 간에 의사소통과 리더십 부재의 문제가 발견되었다면 이러한 문제를 해결하기 위해 교육/연수 컨설팅이 추가적으로 이루어질 수 있다.

## 2) 의사-환자 모형

### (1) 목적

의사-환자 모형은 컨설티의 특정 기술을 향상시키는 것을 목적으로 하는 것이 아니라 조직의 문제를 정확히 진단하는 것을 목적으로 한다(Dougherty, 2009). 학교컨설팅의 경우 학생의 학업성취가 떨어진다거나 학생의 부적응문제가 심각하지만 정확히 무엇이 원인이고, 어떤 해결책을 강구해야 하는지를 모를 때 의사-환자 모형을 활용할 수 있다.

### (2) 단계 및 절차

도입 단계에서 학교조직의 일부 또는 전체 학교의 효과성을 높이기 위해 학교장은 외부 컨설턴트에게 컨설팅을 의뢰한다. 이때 학교장은 조직의 문제가 정확히 무엇인지 모를 수 있다. 또는 컨설턴트 쪽에서 필요한 서비스가 있는지를 먼저 학교 측에 타진할 수 있다(Dougherty, 2009). 그러므로 도입 단계의 가장 중요한 측면은 학교조직의 문제가 정확히 무엇인지 또는 개선되어야 할 사항이 무엇인지를 예비적으로 판단하는 것이다. 이러한 판단을 위해서는 현황분석이나 조직의 요구를 분석하는 단계가 필요하다. 요구분석이 완료되면 이제 학교와 컨설턴트는 계약을 맺고 컨설턴트는 조직에 물리적, 심리적으로 개입하게 된다.

진단 단계는 도입 단계의 연속선상에 있다. 의사-환자 모형의 주안점이 문제의 정확한 진단이므로 컨설턴트는 학교문서나 기록, 학교구성원을 대상으로 설문과 면담, 관찰을 통해 정보를 수집한다. 정보수집이 완료되면 수집된 정보에 대한 분석을 기반으로 문제규명이 이루어진다. 문제규명은 의사-환자모형 컨설팅의 전 과정에 영향을 미치기 때문에 가장 중요한 절차라고도 할 수 있다. 진단이 완료되면 목표가 설정된다. 이후 컨설턴트는 계약을 종료할 수 있으며, 또는 계속적인 개입이 요구될 때 전문가 초빙 모형으로 전환할 수도 있다(Dougherty, 2009). 전문가 초빙 모형으로 전환하는 경우, 계획 단계에서 컨설턴트는 다양한 중재방안 중 효과적일 수 있는 방안들을 추천하고, 컨설티가 이를 실행하는 것을 점검한다.

### 3) 과정 모형

과정 모형이 전문가 초빙 모형 및 의사-환자 모형과 다른 점은 미래에 독자적으로 조직의 문제를 진단하고 해결할 수 있도록 컨설티의 기술을 계발시키는 것에 주안점을 둔다는 점이다(Schein, 1988). 학교조직 내에서 무엇이 잘못되었는지를 정확하게 파악하기 어려울 때 컨설티는 컨설턴트에게 컨설팅을 의뢰하게 되지만, 의뢰받은 컨설턴트는 컨설티와 함께 문제를 진단하고 적절한 해결방안을 개발하여 실행한다는 점에서, 과정 모형은 전문가 초빙 모형이나 의사-환자 모형과 차별화된다. 즉, 조직컨설팅의 다른 모형에서는 컨설턴트의 전문성을 구매하는 것에 초점을 두는 반면, 과정 모형에서는 컨설턴트가 문제를 정의하고 진단하는 과정에 컨설티를 참여시키고 컨설티의 미래 문제해결력을 길러준다는 점에서, 보다 과정 지향적이다. 그러므로 과정 모형에서는 컨설팅을 학습의 한 과정으로 본다.

컨설티인 교사는 컨설팅을 통해 새로운 역량과 기술을 습득한다. 컨설티는 자신의 학교 조직 내에서 발생하는 문제의 본질을 파악하고 다양한 중재전략에 대해 숙고해야 한다. 결국 조직컨설팅의 목적은 조직의 문제를 진단하고 중재하는 조직(조직의 부서, 교사집단 등)의 역량을 개발하는 것이므로 교사의 역량강화가 매우 중요하다. 교사의 역량이 강화되어야 미래에 유사한 문제가 발생했을 때 교사 스스로 문제를 진단하고 해결할 수 있기 때문이다.

#### (1) 목적

과정 모형에서는 해결해야 할 조직의 문제가 무엇인지를 파악하는 것뿐만 아니라 추후에 유사한 문제가 발생했을 때 이를 진단하고 해결할 수 있도록 컨설티에게 관련 기술을 숙련시키는 데 목적이 있다. 컨설티는 컨설턴트의 전문적 도움을 필요로 하지만 문제의 해결은 컨설티의 참여에 전적으로 의존한다(Dougherty, 2009). 과정 모형은 조직의 구성원이 조직 내에 존재하는 문제를 인식하고 문제 진단에 적극적으로 참여할 수 있을 때에만이 조직의 문제가 효과적으로 해결될 수 있다는 가정에 기반을 두고 있다(Schein, 1988). 모형은 컨설턴트와 컨설티 간의 협력적 관계 속에서 실행되며, 두 이해당사자 간의 협력과 신뢰 구축은 컨설팅이 이루어지기 위한 중요한 토대가 된다.

### (2) 단계 및 절차

Schein(1988)은 다음과 같이 7단계의 과정컨설팅 모형을 소개하고 있다. 조직 내에 문제가 발생하면, 즉 조직이 효율적으로 운영되지 않는다면 조직의 내부자인 관리자나 간부가 외부 컨설턴트에게 컨설팅을 의뢰하게 된다. 컨설턴트와 컨실티는 컨설팅을 할 만한 문제인지를 판단하고 계약을 체결한다. 계약을 체결한 후 컨설턴트는 조직 내로 투입되어(물리적인 개입) 작업할 장소와 시간, 방법 등을 결정하게 된다. 다음으로 조직의 전반적인 가치와 태도를 평가하고 문제를 진단한다. 문제진단을 위해 자료를 수집하고 평가한 후 적절한 중재방안을 결정한다. 이때 컨설티는 컨설턴트와 협력하여 문제진단과 중재방안을 결정한다. 중재가 성공적으로 이루어지면, 컨설턴트는 점차적으로 개입을 줄이면서 컨설팅을 종결하게 된다. 컨설팅을 시작하는 도입 부분에서 컨설턴트는 컨설티와 상호 신뢰의 관계를 구축해야 하며 조직의 문화를 파악하는 데 많은 시간을 할애해야 한다.

예컨대, 학교 내에서 구성원들의 권한부여가 어떻게 이루어지는지를 모르는 학교장이 외부 컨설턴트에게 권한부여의 방법과 교직원들과의 민주적 의사소통 기술을 향상하는 방법에 대해 컨설팅을 의뢰했다고 하자. 컨설턴트는 먼저 의사소통의 문제가 어느 정도로 심각한지 설문이나 면접을 통해 진단할 수 있다. 이때 컨설티는 자신이 가지고 있는 모든 정보를 컨설턴트에게 공개하는 데 주저하지 말아야 한다. 컨설턴트와 컨설티는 진단된 문제를 해결하기 위하여 다양한 중재방안을 공동으로 모색할 수 있고, 구성원의 권한부여 능력과 의사소통 기술을 계발하기 위한 워크숍을 주기적으로 실시할 수 있다.

이들 세 가지 모형(전문가 초빙 모형, 의사-환자 모형, 과정모형)은 맥락에 따라 달리 적용될 수 있지만, Schein(1990)은 조직컨설팅이 의뢰되면 항상 과정 모형으로 시작하라고 조언한다. 즉, 의뢰된 조직에 대해 잘 모르는 컨설턴트는 자신의 무지를 인정하고, 먼저 조직에 대해 탐색적 태도를 취해야 하며, 이러한 탐색의 목적은 단순한 관찰자가 되는 것이 아니라 도와주는 것이 되어야 한다.

## 3 학교시스템 변화의 최근 동향과 학습컨설팅

컨설턴트의 역할은 무엇보다 과학적 연구에 근거하여 학생들의 심리 및 행동문제에 개입하는 방안을 선정하는 데 도움을 주는 것이다. 이러한 과정은 컨설턴트와 학교 구성원들 간의 상호협력 하에 이루어져야 한다. 전통적 의미의 컨설팅에서 학생은 서비스의 간접적인 수혜자이지만 '협력'에서 학생은 서비스의 직접적 수혜자이면서 간접적인 수혜자가 된다(Dougherty, 2009). 즉, 협력은 직접서비스와 간접서비스가 결합된 형태를 말한다. 여기서는 21세기 학교시스템의 변화와 더불어 새롭게 부각되고 있는 협력적 형태의 컨설팅 서비스에 대해 기술한다.

### 1) 중재반응 모형

학교컨설팅은 필요할 때마다 외부 전문가를 투입하여 전문적 도움을 제공하는 전통적 모형에서 점차적으로 학교 내부의 전문가를 활용하여 학교시스템을 변화시키는 통합된 서비스로 전환하고 있다. 그중 대표적인 것이 중재반응(Response to Intervention: RTI) 모형이다. 전통적인 의뢰－검사－배치(Refer－test－place: RTP) 모형이 표준기반 교육(standards－based education)에 의거한 모형이라면, RTI는 학교 전체의 모든 학생들을 위해 실시되는 다층적(multi－tiered) 중재모형이다. 즉, RTP 모형이 의뢰 이후에 이루어지는 개입이라면, RTI는 의뢰 이전에 이루어지는 개입이라고 할 수 있다. 표준기반 교육에서는 명확하게 규정된 국가수준의 교육과정 목표가 있고, 이러한 목표는 수업과 평가를 위한 기준을 제공한다(Hoover & Patton, 2004). 표준기반 교육은 단위학교의 교육과정, 수업, 평가의 기준을 국가 기준에 맞추고, 학생들이 이러한 기준에 도달할 수 있도록 하는 것을 핵심으로 한다. 이러한 관점에서는 자연스럽게 평균수준의 학생들에게 초점을 두게 되며, 학교 내에서 영재나 특수학생에 대한 지원의 기회는 감소된다(Baines & Stanley, 2006). 국가 성취 기준에 충족되지 않은 학생들은 외부 전문기관에 의뢰되어 검사를 받고, 적절한 특수교육 기관에 배치된다.

RTI 모형은 이러한 전통적인 방식에서 발생하는 문제들을 해결하고자 미국에서 국가 정책적 차원에서 도입되었다(Flatcher & Vaughn, 2009). 2004년 장애아동법(Individual with Disabilities in Education Act: IDEA)의 재승인과 더불어, 학업에서 어려움을 갖는 학생들(예컨대, 학습장애, 읽기장애 등)의 요구를 반영하기 위해 '근거기반의 중재'를 활용하려는 노력이 증가하기 시작하였다(Sugai & Horner, 2009). 전통적인 RTP 방식은 학생들이 낙오하면 특수교육 기관에 배치시키는 모형으로, 이러한 접근에서는 교육적 개입 이전에 특수교육에 바로 의뢰되는 학생의 수가 증가하게 된다. 또한 과거 학습장애(Learning Disability)를 능력(IQ)과 성취 간 불일치로 개념화하던 시기에는 많은 학생들이 학습장애아로 진단을 받았고, 이들은 교육적 개입 없이 바로 특수교육 기관에 배치되었다(Fletcher & Vaughn, 2009). 그러나 전반적으로 특수교육에 배정되는 예산이 삭감되면서 교사들은 더 적은 자원으로 더 많은 업무를 수행해야 하는 이중고에 직면하게 되었다(Erchul & Martens, 2010). 이와 더불어, 정규 교육과정에서 실패한 아동이 특수교육의 혜택을 받을 수 있는 기회도 자연스럽게 감소하게 되면서, 학습의 문제를 추가적인 (특수교육) 예산을 투입하여 해결하기보다는 학교 내 전문가들에 의해 해결할 필요성이 제기되었다.

IDEA의 재승인과 함께 학습장애가 '능력—성취 간 괴리'에서 '교육적 개입에 대한 반응부재(nonresponse)'로 재개념화되면서, 근거기반의 교육적 개입은 학습에서 어려움을 갖는 아동을 조기에 판별하고 이들의 교육성과를 향상시킬 수 있는 하나의 대안으로서 강조되기 시작하였다. 이러한 상황에서, 전통적으로 외부 전문가의 투입에 의해 이루어지는 학교컨설팅은 의뢰—검사—배치 모형을 보완하기 위해 학교 전반에 걸쳐 교수적 중재를 제공하는 통합적인 서비스 형태로 발전하게 되었다. RTI는 이러한 통합서비스의 한 유형이다. RTI 모형은 학생이 낙오할 때까지 기다리지 않고 조기에 개입하며, 이러한 조기 개입에 대한 학생반응에 기초하여 개입을 증가시키거나 감소시키는 서비스이다. 그러므로 RTI 모형에서는 많은 학생들이 특수교육 기관에 배치되기 전에 일반 교육현장에서 서비스를 받을 수 있는 기회가 증가하게 된다(Fletcher & Vaughn, 2009; Fuchs & Fuchs, 2006). RTI를 실시하는 과정에서 내용전문성과 과정기술을 갖춘 전문가들이 컨설턴트의 역할을 할 수 있으며, 행동전문가나 수업전문가는 RTI에서 활용할 수 있는 대표적인 컨설턴트이다(Erchul & Martens, 2010).

통상적으로 RTI 모형은 세 가지 수준에서 이루어진다(Meyers et al., 2012). 첫 번째 단계(Tier 1)에서는 학교의 모든 학생들에게 예방적 중재를 제공한다. 전체 학생들을 대상으로 학습문제가 없는지를 확인한 후, 학습이 부진한 학생들에게 교육과정에 기초한 중재를 제공한다. 두 번째 단계(Tier 2)에서는 첫 번째 중재에 효과를 보이지 않는 학생들에게 집중적이고 집단적인 중재를 제공한다. 이때의 중재는 주로 학생의 요구와 특성에 부합하도록 교수방법을 조정하는 것이다. 교육적 개입은 정규 수업 내에

그림 5.1 RTI의 3단계 모형

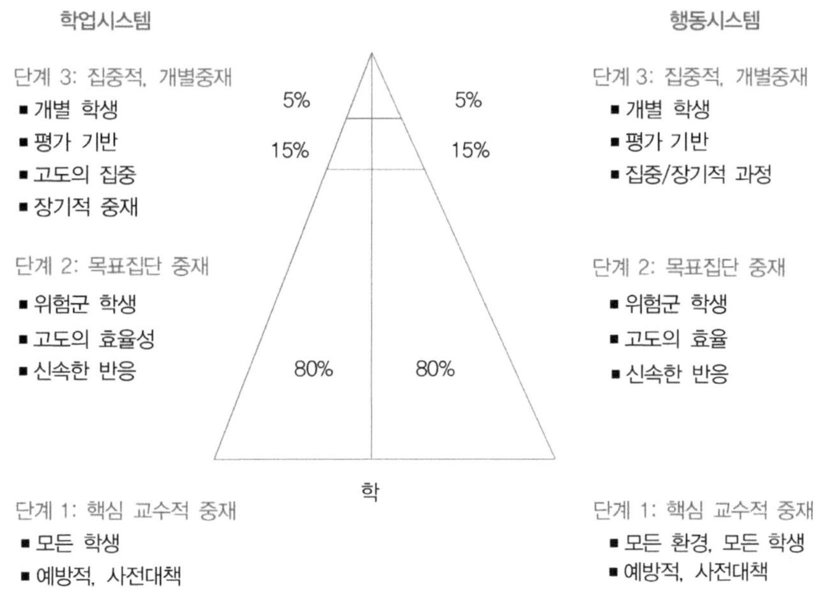


서 이루어질 수도 있지만, 보충학습, 방과후 수업, 또래학습 등 교실 밖에서도 이루어질 수 있다. 세 번째 단계(Tier 3)에서는 복잡하고 지속적인 학습 및 행동 문제를 갖는 학생들을 선별하여 집중적이고 개별적인 중재를 실시한다. 1단계에서의 개입이 성공적이려면 교사는 학습문제가 있는 학생을 파악하고 효과적인 중재를 제공하며 학생의 변화과정을 점검하기 위한 전문성과 역량을 개발해야 한다. 이때 컨설턴트는 교사의 전문성 제고에 도움을 줄 수 있다. 초기에 주로 학습문제(읽기문제)에 초점을 두었던 RTI 모형은 그 범위를 확대하여 사회적 행동(Hawken, Vincent, & Schumann, 2008)이나 정서문제(Gresham, 2005)에도 성공적으로 적용되고 있다. 학습과 행동문제를 해결하기 위한 RTI 모형은 [그림 5-1]과 같다(Fletcher & Vaughn, 2009).

## 2) 학교 전반의 긍정적 행동지원

조직개발의 핵심 요소에는 학교변화 및 개혁과 관련된 협력적 상호작용, 팀 개발, 집단적 문제해결 등이 포함된다(Curtis & Stollar, 1996). 협력은 내부자 간 그리고 외부자와 내부자 간의 협력을 의미하며, 팀 개발은 조직 구성원의 에너지, 창의성, 아이디어를 최대한 활용하는 것을 의미한다. 조직의 문제해결은 상황 분석, 목표 확인, 전략개발, 실행 및 평가 등의 절차를 포함한다. 이러한 조직개발의 요소들은 최근 특수교육 분야에서 활용되고 있는 '긍정적 행동지원(Positive Behavior Support: PBS)' 모형에도 잘 반영되어 있다. RTI가 주로 학업문제(읽기, 학습부진 등)를 갖는 학생들을 위한 중재 모형이라면, 긍정적 행동지원은 행동문제를 갖는 학생들을 위한 중재 모형이다. 그러므로 PBS는 RTI의 핵심 특징들을 모두 가지고 있다. 예컨대, 다층적 중재, 근거기반의 교육실천, 팀 기반의 문제해결 및 자료에 근거한 의사결정, 지역 수준에 기초한 평가 등은 두 모형의 공통된 특성이라고 할 수 있다(Meyers et al., 2012; Sugai & Horner, 2009)

특히 학교 전반의 PBS(School-Wide PBS)는 학생의 행동에 영향을 미치는 개인, 집단, 조직 수준의 변화를 도모하고 관리하기 위한 노력으로 정의된다(Sugai & Horner, 2009). 긍정적 행동지원은 궁극적으로는 학생의 학업성취 향상, 반사회적 행동 감소, 정서 및 사회성 발달 등 학생의 행동변화를 도모하지만, 이러한 행동변화를 야기하는 학교환경의 조성이 직접적인 목표가 된다. 긍정적 행동은 이를 촉진하는 환경에 의해 강화되고 지속될 수 있으므로 조직 수준의 변화가 우선적으로 이루어져야 할 필요가 있다.

Caplan(1970)은 정신건강 컨설팅에서 사용될 수 있는 세 가지 차원의 예방(prevention)에 대해 기술하고 있는데, 이는 1차(primary) 예방, 2차(secondary) 예방, 그리고 3차(tertiary) 예방으로 구분된다. 1차 예방은 보편적 예방으로서 학교전체 시스템에 초점을 두고 있기 때문에 특정한 개인의 행동에 관심을 두지 않는다. 1차 예방은 조직 전반의 변화가 구성원의 변화를 가져온다는 것을 전제로 한다. 즉, 모든 학생이 중재의 대상이 된다. 2차 예방은 1차 예방 전략에서 효과를 보이지 않은 학생들에게 보다 집중적인 중재를 제공하는 것을 말한다. 3차 예방은 2차 예방에서 효과를 보이지 않는 학생들에게 기능적 행동평가(functional behavior assessment)에 기초하여 보다 개별화된 중재를 제공하는 것을 말한다.

요컨대, 1차 예방은 학교 전 영역에서 이루어지는 보편적 지도를 의미하며, 이에는 친사회적 행동에 대해 주어지는 강화물, 특권, 칭찬 전략 등이 포함된다. 2차 예방은 근거기반의 중재를 위해 마련된 표준적인 절차와 전략을 적용하는 것에 초점을 두며, 이에는 학습부진 학생을 위한 방과후 지도, 또래 튜터링 프로그램, 교사의 피드백 등이 포함된다. 3차 예방은 1차, 2차 예방 전략에 변화를 보이지 않는 학생들의 행동 변화에 초점을 두며, 이에는 개별화된 교육 프로그램(Individualized Educational Program: IEP)이 포함된다.

PBS는 주로 Skinner의 행동주의 이론에 기반을 두고 있지만, 이에 더 나아가 Bronfenbrenner의 생태학적 이론도 참조한다(Meyers et al., 2012). 생태학적 이론에 의하면, 개인은 미시맥락, 중시맥락, 거시맥락 등 다양한 층위를 가진 맥락에서 성장하며, 개인의 개별적 행동은 이러한 맥락과의 상호작용을 통해 발달한다. 학교조직은 그대로인데 학생의 행동만을 변화시킨다고 해서 변화된 행동이 유지되는 것은 아니다. 학생의 특정 행동은 특정 환경적 요소와의 상호작용으로 인해 발생하는 것이므로 환경과 행동이 모두 변화되어야 한다. 여기서 환경은 제도적이고 물리적인 측면뿐만 아니라 심리사회적인 맥락도 포함한다. 학생의 학업 및 행동문제를 예방하기 위해서는 불안과 스트레스를 야기하는 환경요소는 제거하고, 자아존중감, 심리적 안녕감, 사회적 유능감 등의 긍정적 심리상태를 유발하는 환경요소를 강화할 필요가 있다(Meyers et al., 2012). 이러한 개입은 복잡한 요구를 갖는 특수학생뿐만 아니라 모든 학생들을 위해 보편적으로 제공된다. 그러므로 학교 전체에 대한 긍정적 행동지원은 일련의 새로운 기술을 학교환경 전반에 도입하는 것을 의미한다고 볼 수 있다.

통상적인 PBS의 일반적인 절차는 다음과 같다. 먼저 컨설턴트(주로 학교심리사, 특수교사, 행동전문가 등)와 학교구성원은 중재방안을 계획하고 중재를 실시할 팀을 구성한다. 보통 문제해결 팀은 학교 내부자들로 구성되며, 개인과 집단 간에 나타나는 부적절한 행동을 확인하고, 진단자료에 근거하여 중재전략을 개발한다. 중재전략으로는 모든 학생들에게 학교규칙을 가르치기, 중재가 필요한 학생들에게 새로운 기술을 가르치기, 행동의 범위 정하기, 학교와 교실환경의 특성을 재설계하기, 긍정적인 행동을 지원하기 위한 자원 마련하기 등이 있다(Todd, Horner, Sugai, & Sprague, 1999).

## 4 학교지원 학습컨설팅의 영역과 국내·외 사례

### 1) 학교지원 학습컨설팅의 영역

학교지원 학습컨설팅의 영역은 다양하다. Meyers와 동료들(2009)은 학교컨설팅의 영역으로, 학교(장) 리더십 계발, 팀 문제해결력 강화, 대인관계 증진, 학교풍토 개선, 교육과정/수업 혁신, 학생학습 및 성취 강화, 사회정서 발달, 학교와 가정(혹은 지역사회) 간의 연계 구축 등을 언급하였다. 여기서는 공교육 강화를 통해 사교육비를 절감하는 동시에 궁극적으로 학생의 학습기회를 확대하고 최적의 발달을 도모하기 위한 창의경영학교의 컨설팅 영역을 소개한다(한국교육개발원, 2010). 이들 영역은 창의경영학교뿐만 아니라 모든 학교의 교육기능과도 관련이 있다. 학교의 기능은 교육과정 운영 및 수업과 관련된 영역, 교과외 활동 영역, 학생학습 지원 및 성과관리 영역, 학교장 리더십 및 교원 역량계발 영역, 학부모와 지역사회와의 파트너십 구축 영역 등으로 구분될 수 있으며, 각 영역에서 컨설팅이 이루어질 수 있다.

가. 교육과정 운영 및 수업
- 학생 개인별 요구와 특성을 반영하는 수업 제공
- 기초학력 부진학생을 위한 보충학습 실시
- 수업방법의 개선(토론수업, 탐구수업 등)

나. 교과외 교육활동 및 방과후 학교수업
- 다양한 창의적 체험활동 제공: 인성교육, 문화·예술교육, 독서지도, 진로교육 등
- 학생·학부모의 수요에 맞춘 맞춤형 방과후 수업 제공
- 학습동아리 운영 및 확대 방안 개발

다. 학생학습 지원 및 성과관리
- 협동학습 지원, 학습 동아리 지원, 학습코칭 등 동기부여 프로그램 제공
- 학생 리더십 프로그램 운영
- 학습 공간 및 시설 지원
- 학습 지원인력 배치 및 활용
- 자발적인 학습동아리 운영 및 지원
- 학생의 자기주도적 학습능력 강화

라. 학급경영 및 생활지도
- 학교부적응아 지도: 상담지도 및 정신건강 프로그램 제공

– 문제행동/학교폭력 개선 및 예방 프로그램 제공

마. 학교장 리더십 및 교원 역량 개발

– 교사 수업전문성 개발 프로그램 제공

– 학교장 리더십 개발 프로그램 제공

– 학교구성원 간의 의사소통 역량 강화 프로그램 제공

– 권한부여 및 민주적 의사결정

바. 학부모 및 지역사회 협력체제 구축

– 학부모 참여: 재능기부, 봉사, 학교행사 참여 등

– 지역사회 참여: 지역의 인적 및 물적 자원 확보, 파트너십 구축

학교지원 학습컨설팅은 이처럼 다양한 영역에서 이루어질 수 있지만, 궁극적인 목적은 학생의 학습기회 확대와 역량강화라는 점에 주목해야 한다. 조직의 변화는 궁극적으로 조직 내 구성원들의 행동, 태도, 가치관의 변화를 통해서 가능하다. 전반적인 학교개혁도 결국은 최종 수혜자인 학생의 학습을 개선하고 문제행동을 감소하기 위한 것이다. 학생의 학습을 촉진하기 위해 학생만을 대상으로 상담을 하게 되면 서비스 수혜자의 범위가 제한되고 시간이 많이 걸리게 된다는 단점이 있다. 컨설팅의 초기 시절에는 이러한 직접서비스의 형태가 주를 이루었다. 그러나 개별 학생이나 개별 교사를 대상으로 단기적인 서비스를 제공하는 것에 비해, 교사 팀이나 학교부서와 같은 조직 수준에서 컨설팅이 이루어지면서 수혜자의 범위가 증가하게 되었다. 이것이 간접서비스의 장점이다.

위의 영역 중 학생학습과 직접적으로 관련이 있는 영역은 교육과정 운영 및 수업혁신과 학생학습 및 성취관리 영역이다. 국가교육과정을 교사 재량으로 재구성하려면 적절한 지식과 기술이 필요하다. 창의적 체험활동의 활성화를 위해서는 이러한 활동에 참여하는 학생들의 동기, 학습, 발달 등에 대한 지식이 필요하다. 교육과정 재구성 및 다양한 방과후 활동 운영에 필요한 기술과 지식을 계발하기 위해서는 교사 개인에 대해서 뿐만이 아니라 교사조직 전체 수준에서의 컨설팅이 필요하다. 이러한 컨설팅은 교육(강의)이나 훈련(실습)의 형태로 이루어질 수 있다. 혹은 창의적 체험활동과 관련하여 기존에 실시되고 있는 특성화 프로그램의 효과를 검증하고자 할 때 외부전문가를 투입하여 프로그램 평가를 실시할 수도 있다. 나아가, 조직 전체의 저하된 사기와 관련하여 무엇이 문제인지를 파악하고자 한다면 의사–환자 모형이나 전문가 초빙 모형을 사용할 수 있다.

### 2) 학교지원 학습컨설팅의 국내·외 사례

#### 가) 충북지역 H 초등학교의 진로지도를 위한 컨설팅 사례[2)]

이 초등학교는 학생들의 진로지도 방안 수립과 관련하여 외부 전문가의 도움이 필요하다고 판단하여 컨설팅을 시작하게 되었다. 학교컨설팅의 목표는 진단 단계에서 실시된 교사들의 면담과 설문조사를 통해 도출되었다. 학교컨설팅의 목표는 초등학생이 자신의 특성과 직업세계에 대한 이해를 증진하도록 하기 위한 구체적인 진로지도 방안을 수립하는 것이고, 교사들이 이러한 진로지도능력을 활용할 수 있도록 하는 것이다. 외부에서 투입된 컨설턴트는 진로를 전문으로 하는 전문가 2인과 학교현장 전문가 1인으로 구성되었다. 학교컨설팅의 과정은 다음과 같다. 컨설팅이 의뢰되고 종결되기까지 약 2개월 동안 컨설팅이 이루어졌으며, 컨설턴트들은 학교에 투입되기 전에 사전모임을 갖고 총 6회의 방문면담을 가졌다. 1차 방문면담을 통해 의뢰학교의 상황과 요구를 파악하고 컨설팅 계획에 합의하였다. 2차 방문면담에서는 진로컨설팅팀을 구성하고 이들의 진로지도 역량을 제고하기 위한 교사워크숍을 진행하였다. 3차 방문면담에서 학생워크숍을 진행하였고, 4차 방문면담에서는 교장간담회와 교사워크숍을 진행하였다. 5차 방문면담에서는 교사와의 진로지도 간담회와 컨설팅의 마지막 회기를 진행하였고, 6차 방문면담에서 학교컨설팅을 총괄평가하고 추후 과제에 대한 논의를 가졌다.

진단 단계에서의 요구조사 결과, 초등학교 진로지도의 목표와 내용 설정, 심리검사 실시 및 활용방법, 학생들의 자기특성 이해와 정보탐색 방법, 체험활동과 진로지도의 연계방안 개발에 초점이 맞춰졌다. 2차부터 5차까지의 컨설팅은 주로 워크숍/간담회/협의회의 형식으로 진행되었고, 이러한 회의를 통해 진로지도와 관련된 교사의 역량을 강화하는 데 초점을 두었다. 학생워크숍은 교사워크숍에서 학습한 진로지도기술을 교사들이 실제 시연해봄으로써 현장 적용력을 높이는 것에 주안점을 두었다. 워크숍 실시 이후에 가진 간담회에서는 워크숍에서 잘 실행되거나 실행되지 않은 내용에 대한 논의의 시간을 가졌다.

이 사례에서 컨설팅의 평가는 컨설팅의 실행과 관련된 중재충실도(중재가 의도한 대

---

2) 강혜영(2011). 워크숍을 활용한 초등학교 진로컨설팅. 교육변화의 실천: 학교컨설팅. 한국교육개발원 연구자료 RMM 2011－04.

로 충실히 실행되었는가?)를 중심으로 이루어졌고, 컨설팅의 수용도(구성원이 컨설팅에 대해 얼마나 긍정적으로 인식하고 있는가?)나 효과성에 대해서는 제한적인 평가가 이루어졌다. 컨설팅의 효과성은 실제적인 학교구성원의 지식, 태도, 행동변화를 보고 판단할 수 있으며 이는 교사와 학생 모두에게서 관찰되어야 한다. 그러나 이 사례에서 학생변화의 평가는 주로 만족도 조사에 한정되어 이루어졌고, 전반적으로 진로진도에 대한 교사의 자신감이나 동기 등 주로 태도적인 측면에서 평가가 이루어졌다. 컨설팅에서는 학교조직과 물리적이고 심리적인 관계를 맺는 처음 도입 단계가 중요하지만, 이 사례에서 도입 단계는 상대적으로 간단하게 다루어졌다. 가장 초점을 둔 단계는 진단과 계획 단계이다. 이 사례는 외부 전문가의 전문성을 구매하는 일종의 전문가 초빙 모형이라고 할 수 있고, Caplan(1995)의 유형 중 컨설티 중심 행정 컨설팅이라고 할 수 있다.

### 나) 서울지역 B 중학교의 교수학습 개선을 위한 컨설팅 사례[3)]

이 사례는 '교원의 자발적 변화를 선도하는 학교컨설팅'이라는 주제 하에, 학교전체 조직의 변화를 도모하고자 컨설팅을 시도한 사례이다. 통상적으로 도입 단계에서 컨설턴트와 컨설티의 협력 하에 요구조사가 이루어지는 반면, 이 학교에서는 단위학교 내에서 요구조사를 먼저 실시한 후 학교컨설팅이 필요한 영역을 선정하여 외부 전문가에게 컨설팅을 의뢰하였다. 학교컨설팅 요구조사 결과, 컨설팅이 필요한 영역으로 교수학습 지도영역(교과별 공동연구, 수업관련 자료 제작 및 활용), 학급경영과 생활지도 영역(부적응학생 지도, 상습적인 흡연과 게임중독 지도), 수업컨설팅 순으로 나타났다. 요구조사 결과에 따라 세 가지의 컨설팅 목표와 영역이 수립되었다. 이는 신임교사의 교수학습 활동에 대한 지원, 교수학습 자료 제작을 포함한 교수학습 지도 지원, 그리고 학급경영, 생활지도와 상담 지원이다. 컨설팅은 학기 초에 의뢰되어 두 학기 동안 진행되었으며, 한국학교컨설팅연구회, 교육청 수업지원단, 교육연수원의 전문 인력 등이 외부 컨설턴트로서 참여하였다.

각 영역별 중재방안으로, 신규교사에게 교내 자율장학에 의한 지도와 수업컨설팅을 받을 기회를 제공하고, 교과교사들에게는 서울시교육청 수업컨설팅 팀의 지원으로 공동연구를 할 수 있는 기회를 제공하는 방안이 모색되었다. 학급경영 및 생활지도 영역에서는 학교부적응 학생, 산만한 학생, 상습적인 흡연학생을 구분하여, 이들이 생활지도 및 상담에 전문성을 갖춘 컨설턴트의 도움을 받는 방안이 모색되었다. 컨설팅

---

3) 정덕자(2009). 교원의 자발적 변화를 선도하는 학교컨설팅—단위학교 주관의 학교컨설팅 사례. 학교개혁의 새로운 접근: 학교컨설팅. 한국교육개발원 연구자료 RRM 2009-3.

의 과정 중에 계속적인 형성평가가 이루어졌는데, 중재충실도의 경우 계속적인 관찰 및 수업참관을 통해 컨설팅의 충실도가 평가되었고 교사 대상의 만족도 조사가 이루어졌다. 총괄평가는 컨설팅이 종료된 후에 이루어졌다. 전체평가회는 운영 전반에 관한 보고, 질의 응답, 컨설턴트와 컨설티의 소감 보고 등으로 구성되었다. 컨설팅의 자체평가보고서에는 교사들의 자신감 향상, 학습공동체 문화 형성, 전문성을 갖춘 다양한 인적 자원의 발굴, 공교육 정립을 주도하는 학교시스템 구축, 학생들의 학력 신장, 수업뿐만 아니라 생활지도, 상담, ICT 활용과 관련된 교사의 역량 강화 등이 언급되었다. 이 사례는 컨설팅의 효과성을 중심으로 평가가 이루어진 앞서의 사례에 비해, 중재충실도, 구성원의 변화를 점검하기 위한 형성평가 등 과정에 대한 관심도 보여주었다.

이들 사례에서 볼 수 있는 것처럼, 아직 우리나라에서는 컨설팅을 시행할 때 도입과 종결 단계보다는 진단과 계획 단계에 초점이 맞춰져 있고, 평가 또한 과정 중에 지속적으로 이루어지는 형성평가보다는 총괄평가의 성격이 강하다고 볼 수 있다. 평균 1~5년 동안 컨설팅이 이루어지는 서구의 경우와 달리, 1~2개월의 짧은 기간 동안 컨설팅이 이루어지다 보니 학교조직과 심리적이고 물리적인 관계를 맺는 도입 단계와 컨설팅을 평가하고 사후계획을 수립하는 종결 단계가 소홀히 다루어지는 경우가 많다. 체계적인 자료 수집이 중요함에도 불구하고, 도입 단계의 요구조사와 종결 단계의 만족도 조사로 끝나는 경우도 있다. 그러나 컨설팅의 핵심은 다양한 자료의 체계적인 수집과 분석이다. 자료 수집은 도입 단계의 요구조사, 진단 단계의 문제확인 및 진단, 실행 단계에서 형성평가를 위한 정보수집, 종료 단계에서 총괄평가를 위한 자료수집 등 모든 단계에서 체계적으로 이루어져야 한다. 자료 수집은 심리검사, 설문조사, 면담조사와 같이 양적인 방법을 통해 이루어질 수도 있고, 심층면담, 관찰 등 질적인 특성을 가질 수도 있다.

### 다) 뉴욕시 지역교육청 산하 공립초등학교의 SBIT 적용 사례[4]

학교기반 중재 팀(School-Based Intervention Team) 프로젝트는 뉴욕시교육청에서 개발한 의뢰전 중재(prereferral intervention) 서비스로, 개인 수준이 아닌 학교조직 수준의 변화를 도모하기 위해 개발된 컨설팅 서비스이다. SBIT는 학교에 상주하는 인력으

4) McDougal, J. L., Clonan, S. M., & Martens, B. (2000). Using organizational change procedure to promote the acceptability of prereferral intervention services: The school-based intervention team project. *School Psychology Quarterly, 15*(2), 149-171.

로 구성된 구조화된 컨설팅 팀이며, 이들은 정해진 역할을 통해 미리 규정된 중재 절차를 실행한다. 문제의 확인, 목표 설정, 중재방안 계획 및 실행 과정 등 모든 단계에서 회의록 작성은 팀 구성원의 기본적인 업무이다. SBIT는 6~10명의 전문가로 구성되는데, 이에는 일반교사, 특수교사, 교사보조인력, 학교심리사, 직원개발인력 등이 포함된다. SBIT는 2000년 현재 4년째 운영 중이며, 처음 네 곳의 시범학교에서 시작하여 9개 학교로 확산되었다. SBIT는 매달 열리는 회의를 통해 학생들을 위한 중재방안을 설계 · 실행하고, 중재과정을 점검 · 평가하며, 효과 여부에 따라 중재를 수정하고 다른 학교로의 확산을 모색하는 역할을 갖는다. 학교장의 역할은 특히 중요한데, 이들은 컨설팅 과정에서 행정적 지원을 제공하고 프로그램을 관리감독하며 필요한 자원을 확보하는 기능을 수행한다. 교사와 학교심리사는 교사연수 자료를 개발하고, 프로그램의 시행을 지원하며, 학생의 행동에서 변화가 있는지를 점검하고, 다양한 자료를 이용하여 평가를 수행하는 과정에 참여한다.

이 사례에서는 프로그램의 효과를 평가하기 위해 형성평가와 총괄평가를 모두 이용하였다. 특히 형성평가에는 컨설팅에 대한 수용도, 중재충실도, 중재의 지각된 효과성을 묻는 컨설티 설문이 포함되며, 학생의 변화는 특수교실에의 배치 비율로 판단되었다. SBIT의 전반적인 과정은 다음과 같다. 먼저 도입/개시 단계에서 개입준비도(readiness for intervention)를 진단한다. 개입준비도는 관리자의 관심, 관여수준, 개혁에 대한 외적 압력, 지역교육청 자원의 가동성 지표에 의해 파악된다. 중재계획 팀(SBIT)은 중재방안 개발, 훈련, 실행 지원, 형성평가 및 수정, 확산 전략에 대한 계획을 수립한다. 두 번째 단계인 실행/채택 단계에서 학교장과 행정직원을 대상으로 비공식 설문조사를 실시하고, 중재 개시를 위해 중재계획 팀에게 훈련절차, 자료, 컨설팅 지원인력을 제공한다. 중재 실행 과정에서는 과정 점검을 위한 중재충실도 조사, 팀 구성원 설문조사, 원탁회의 등을 실시하고, 평가결과는 학교구성원 간에 공유하고 프로그램 개선을 위해 활용한다. 마지막으로, 중재 효과를 평가하기 위한 총괄평가를 실시하고, 학교와 지역사회 수준에서 지속적인 지원을 확보하기 위한 행정적 지원을 제공한다. 세 번째 확산/제도화 단계에서 내부 컨설턴트를 위한 지원을 제공하고, 다른 학교로의 확산/보급을 위한 자원을 할당한다. 즉, 중재가 성공적으로 이루어지면 새로운 시범학교를 선정하여 도입과 실행 단계를 다시 반복하게 된다.

### 라) 미네소타 주의 학교기반 긍정적 행동지원을 위한 컨설팅 사례[5)]

미네소타 주에서 실행하고 있는 학교기반 긍정적 행동지원(School-Wide Positive Behavior Support: SWPBS)은 주 정부 차원에서 학교시스템을 변화시키고 이러한 변화를 지속/확산시키기 위해 마련한 정책이다. 이는 단위학교 차원에서 이루어지는 학생 행동변화 프로젝트가 단발성 계획에 그칠 우려가 있고, 장기적이고 확산적인 변화를 가져오지 못한다는 점을 고려한 것이다. 2005년 미네소타 주 정부는 주 전체의 PBS 시스템을 수립하고 관리하기 위해 '주 리더십 팀(State Leadership Team)'을 구성하였다. 주 리더십 팀은 미네소타 교육부의 재정지원을 받아서 주 전역에 걸쳐 광범위한 PBS를 실행하기 위한 계획을 수립하고 실행과정을 점검하는 역할을 갖는다.

미네소타 주가 학교전체 긍정적 행동지원 프로젝트를 실행하고 확산시키기 위해 사용한 방법은 다음과 같다. 이들 방안은 PBS의 확산을 위한 핵심 요소에 기반을 두고 있다. 먼저, 주정부에서 가장 중요하게 본 중재 지속성의 요인은 맥락적 적합성(contextual fit)이다. 맥락적 적합성이란 PBS를 실행하고자 하는 맥락과 PBS의 기본 전제 간의 부합 정도를 말한다. 처음부터 지역의 모든 학교에서 PBS를 실행하는 것은 학교구성원의 거부감이나 저항을 가져올 수 있다. 이에 미네소타 주정부는 PBS를 잘 실행하고 확산시킬 수 있으며 동시에 지역, 규모, 학생 배경변인의 다양성을 반영할 수 있는 시범학교들을 선정하여 이들 학교에서의 성공사례를 모범사례로 이용하였다.

두 번째 요인은 우선순위이다. 주정부는 다른 모든 업무 가운데서도 SW-PBS를 가장 우선순위에 두고, 이를 지원하기 위해 명시적인 노력을 아끼지 않았다. 예컨대, 주정부는 SW-PBS 계획을 주 수행 계획서(State Performance Plan)에 포함시켰고 이러한 목표를 달성하기 위해 필요한 자원을 제공할 것이라고 공개적으로 발표하였다. 또한 주정부는 기존에 실시하고 있는 RTI의 원리와 전략들을, 공동의 목표와 이론적 기반을 갖는 PBS에 적용함으로써 근거기반의 중재를 최우선 순위로 두었다.

세 번째 요인은 중재의 효과성이다. 주 리더십 팀은 팀작업 모형을 주정부 수준에서 학교 수준으로 확대하였다. 문제해결을 위해서는 개별 전문가보다는 다양한 전문 인력으로 구성된 팀이 더 효과적이기 때문이다. 또한 중재효과성은 PBS를 실행하는 학교구성원의 능력 수준에 달려있기 때문에, 학교구성원의 전문성 개발을 위한 초

---

5) McIntosh, K., Filter, K. J., Bennett, J. L., Ryan, C., & Sugar, G. (2010). Principles of sustainable prevention: Designing scale-up of school-wide positive behavior support to promote durable systems. *Psychology in the Schools, 47*(1), 5-21.

반 훈련과 지속적인 코칭시스템을 계획에 포함시켰다. 나아가, 주 리더십 팀은 학교 리더십 팀에게 고도의 기술적 지원을 제공하기 위해 주 전역에 걸쳐 코칭 네트워크를 구축하였다.

네 번째 요인은 효율성이다. 어떤 프로젝트이든 실행 초기에는 비용이 많이 든다. 초기 시범학교의 실행비용은 주정부가 부담하지만, 지속적인 재정적 지원은 효율적이지 않다. 이에 따라, 주정부는 지역 수준의 훈련과 코칭을 조직할 수 있는 지역의 역량을 강화하고, 공동의 훈련 구조와 자료(예컨대, 워크숍 자료, 훈련 도구 등)들을 지역 학교에 보급함으로써 비효율적인 운영요소를 최소화하였다.

다섯 번째 요인은 계속적인 갱신이다. PBS의 실행과정에서 생성되는 데이터는 서비스의 개선을 위해 활용된다. 미네소타 주의 학교 리더십 팀은 실행데이터와 결과데이터를 토대로 활동계획을 개발하고 수정하였으며, 주 리더십 팀은 학교 데이터를 분석하여 주정부를 위한 장기적 활동계획을 수립하였다. 이러한 데이터는 중재충실도와 효과성을 동시에 파악할 수 있게 해준다. 주정부와 학교 리더십 팀은 학생의 행동목표 달성 여부(예컨대, 행동문제로 인한 학교장의 공식적 소환: Office Discipline Referral Record)를 공동으로 점검하고, ODR 기입방법과 그래프작업 프로그램 사용방법에 대한 교육을 단위학교에 제공하였다.

앞서 두 사례에서 볼 수 있는 것처럼, 학교컨설팅의 역사가 오래된 미국에서는 학교의 전반적인 변화를 위한 컨설팅을 제공할 때 일회성, 단발성의 컨설팅보다는 조직 수준의 장기적이고 체계적인 컨설팅을 제공한다는 특징이 있다. 두 사례 모두 외부 전문가와 내부 전문가를 모두 활용하며, 단위학교 수준의 컨설팅을 지속하고 다른 지역으로 확산시키는 데 주력한다. 컨설팅은 이제 학교에 문제가 있을 때에만 개입하는 일시적 서비스가 아니라, 학교 교육활동의 필수적인 부분이자 독자적인 서비스로 재개념화되고 있다. 개인 수준에서 조직 수준으로, 외부 전문가의 지원에서 외부-내부 전문가 간의 협력체제로, 개발·시행에서 보급·확산으로, 요구에 기반한 단기적 지원에서 조직 수준의 상시 체제로 바뀌어가고 있는 것이다.

## 5 학교지원 학습컨설팅의 실행조건

컨설팅은 이제 교육서비스 체계의 부수적인 요소가 아니라 통합적인 부분으로 자리매김하고 있다. 그러나 컨설팅이 성공하기 위해서는 몇 가지 조건들이 우선적으로 충족되어야 한다. 이제 학교지원 학습컨설팅이 효과적으로 이루어지기 위한 조건들에 대해 알아보자.

### 1) 학교 내외의 전문성 활용

학교지원 학습컨설팅에서는 학교 내외의 인적 자원을 모두 활용함으로써 학교 구성원들의 자발적인 학교변화를 이끌어낼 수 있어야 한다(박효정 외, 2010). 최근 서구에서도 컨설팅 과정에 학교장과 교사뿐만 아니라 학부모와 지역사회까지 참여시키려는 움직임이 일어나고 있다(Zins & Erchul, 2002). 이러한 움직임은 단순히 학생의 학습과 행동변화에 초점을 두기보다는 조직의 전반적인 발전이나 체제개선과 관련하여 나타난다. 최근 국내에서도 창의·인성교육의 실행과 관련하여 개별 학생의 창의성 계발뿐만 아니라, 전체 학교구성원의 창의성 계발을 촉진하는 방향으로 학교문화를 개선하려는 움직임이 나타나고 있다. 이러한 움직임은 학생의 창의성을 계발하기 위해 교수활동이나 수업을 혁신하는 것뿐만이 아니라, 전반적인 학교조직의 문화와 생태가 구성원의 창의성을 촉진하는 방향으로 변화해야 한다는 신념에서 비롯된 것이다. 이에 따라, 다양한 모델학교뿐만 아니라 일선 학교현장에서 창의·인성교육이 어느 정도로 이루어지고 있으며 어떠한 점에서 개선이 필요한지에 대한 학교조직 수준의 컨설팅이 증가하고 있다.

이러한 경우에 컨설팅은 전문가 한 사람의 힘으로는 불가능하다. 이때의 컨설팅은 학교 교육목표의 개선, 학교장 리더십 제고, 다양한 창의적 교수학습 프로그램 개발, 교육과정의 창의적 재구성, 다양한 교과외 활동의 운영, 학생의 창의성 증진을 위한 지원팀 구성, 인적 및 물적 자원의 확보 등 학교 전반의 혁신과 관련이 있기 때문이다. 가용할 수 있는 학교 내외의 전문성은 다양한 형태와 방식으로 존재한다. 구체적으로, 학교장 리더십, 교사 전문성, 학부모 재능기부 및 봉사, 지역사회와의 파트너십 등을 이용할 수 있다. 조직컨설팅에서는 컨설턴트와 컨설티 간의 협력적 관계가 중요하고, 문제의 내용뿐만 아니라 문제를 해결하는 '과정'에 초점을 두기 때문에 컨설티의 전문성을 활용하는 것이 중요하다. 예컨대, 교사 수업전문성을 강화하기 위해 학교 내에서 활동하고 있는 소규모 교사집단을 활용하는 방법을 생각해 볼 수 있다. 이때 컨설턴트는 학교 구성원 중 일부 집단, 예컨대, 이미 활동하고 있는 수업연구회, 학습공동체 등과 함께 작업할 수 있다. 수업연구회는 자생적으로 형성된 모임으로 교사의 전문성 신장을 위해 활동하는 모임을 말한다. 이때 컨설턴트는 빈번한 토론과 관찰 등을 통해 교사의 활동을 점검하고 지원할 수 있다.

조직컨설팅 모형 중 과정 접근은 교육/훈련 접근에 비해 컨설티의 역할이 보다 강조된다. 교육/연수 컨설팅이 컨설티에게 정보를 전달하거나 기술을 훈련시키는 것에 주안점을 둔다면, 과정 접근은 사람들 간의 네트워크 형성과 상호작용이 보다 중요한 접근이다. 그러므로 과정 모형에서는 공식적인 강의나 연수방식보다는 관찰, 비형식적인 면담, 토론이나 집단토의 등이 주로 활용된다(Dougherty, 2009). 과정 컨설팅이 잘 이루어지기 위해서는 컨설티가 향후 독립적인 문제해결자로서의 기능을 수행할 수 있도록 컨설턴트와의 상호작용이 극대화되어야 한다. 이때 컨설티가 전문가의 태도뿐만 아니라 '학습자'의 태도를 갖는 것은 매우 중요하다. 컨설티는 컨설턴트가 파악하지 못하는 문제의 맥락이나 조직의 특성을 누구보다 더 잘 알고 있기 때문에 문제진단 과정에서는 이들의 전문성이 필요한 반면, 문제를 해결하는 과정에서는 새로운 과정지식과 기술(의사소통, 상호작용 등)을 학습해야 하기 때문이다. 한편, 과정 컨설팅을 할 때 조직의 내부자가 컨설턴트로 활동할 수도 있다. 예컨대, 중학교 교사들이 교육과정을 재구성하고 수업을 개선하기 위한 교사연구회 활동에 참여할 때 노하우가 있는 동료교사에게 컨설팅을 의뢰할 수 있다. 이때 동료교사는 학교 구성원이지만 내부 컨설턴트로서 활동하게 된다.

### 2) 행정적 지원 확보

한국교육개발원은 2009년부터 학교컨설팅 관련 연구를 시작하여 국내의 학교컨설팅의 체제 및 현황을 분석하였다(박효정 외, 2010). 이 연구에 의하면, 그동안 학교컨설팅의 어려움이 여러 가지 측면에서 나타났는데, 문화적 측면에서는 폐쇄적이고 수직적인 교직문화로 인해 학교컨설팅이 원활히 이루어지 못한다는 점을 제시하고 있다. 특히 학교장은 소속 학교 교사들이 컨설턴트로서 다른 학교의 컨설팅에 참여하는 것에 부정적인 인식을 가지고 있는 것으로 나타났다. 이러한 결과는 국외 연구에서도 나타난다. Gutkin, Clark와 Ajchenbaum(1985)은 개별 교사가 보고하는 학교컨설팅의 방해 요인으로, 폐쇄적인 학교 분위기, 비체계적인 학교구조, 교사의 교수활동에 대한 낮은 행정적 지원 수준 등을 보고한 바 있다. 마찬가지로, Costenbader, Swartz와 Petrix(1992)의 연구에서 학교 컨설턴트가 인식하는 컨설팅의 가장 큰 방해요인은 시간부족인 것으로 나타났다. 특히 컨설턴트들은 수업일정으로 바쁜 교사와 회의시간을 조정하는 것에서부터, 컨설팅 팀을 구성하고 전략을 계획하는 시간, 컨설팅 사례들을 평가하는 시간 등의 부족으로 어려움을 갖는 것으로 보고되었다. McDougal 등(2000)도 학교장이 참여자(컨설턴트와 컨설티)들의 관심과 우려사항을 점검하고 적절한 훈련서비스와 지원을 제공할 때, 그리고 프로그램이 학교맥락에 적용 가능하도록 조절이 이루어질 때 컨설팅의 효과는 더욱 증대될 수 있다고 보고하고 있다. 이때 학교의 행정적 지원은 컨설팅의 도입 단계, 계획 단계, 실행 단계, 모델의 확산 단계에서 모두 필요하다.

교육청이나 학교장은 재정지원과 자원배분에 대한 권한을 가지고 있고 교사의 자율활동 시간, 전문성 개발 등에 대한 의사결정권을 가지고 있기 때문에 컨설팅 과정에서 이들의 지원은 특히 중요하다(Erchul & Martens, 2010). 학교장은 교사의 수업시간 이외의 업무를 줄여준다거나 혹은 컨설팅 회의에 참석할 수 있는 여유시간을 허용하고, 필요하다면 지원인력을 제공할 수 있어야 한다. 그러기 위해서는 무엇보다 학교장의 의식변화가 필요하다. 개별 교사가 컨설팅의 효과를 기대하고 외부 전문가에게 도움을 요청한다고 하더라도 행정적인 차원의 지원(예컨대, 자유시간의 허용, 교사업무량 감소, 재정적 지원, 사기 진작 등)이 제공되지 않는다면 컨설팅의 효과는 기대하기 어려울 것이다. 단위학교 체제의 책무성이 강조되면서 앞으로 학교의 전 구성원(교장, 행정직원, 교사)이 학교교육 개선에 대해 공유된 책임의식을 가지고 협력한다면 컨설팅의 효과는 더욱 증대될 수 있다.

### 3) 맥락적 적합성 유지

일반적으로 조직컨설팅에서는 컨설팅의 내용만큼이나 과정 또한 중요하다(Schein, 1988). 즉, 문제의 내용과 함께 문제가 어떻게 해결되는가도 중요하다. 이것은 컨설팅을 할 때 조직 내 구성원들의 의사소통과 상호작용 방식에 관심을 기울여야 함을 의미한다(Golembiewski, 1993). 조직 내에는 의사소통, 행동방식, 대인간 상호작용을 통제하는 규칙들이 존재한다(Erchul & Martens, 2010). 이러한 규칙은 언제 누구와 어떤 행동을 해야 할지를 결정하는 일종의 암묵적 행동규칙(code of conduct)이며, 조직의 문화를 구성하는 요소라고 볼 수 있다.

이러한 암묵적 행동규칙은 학교장의 의사소통 방식에도 적용된다. 학교장의 의사소통 유형은 학교의 교육목표를 달성하는 데 핵심적인 역할을 하기 때문에 컨설팅을 하기 전에 학교장의 의사소통 유형을 먼저 살펴볼 필요가 있다. Reeves와 Brandt (1984)는 학교장의 의사소통 유형을 독단성과 사교성 차원을 중심으로 감정형, 지휘형, 지원형, 사려형의 네 가지 유형으로 구분하였는데, 이들 유형은 좋고 나쁨으로 구분되는 것이 아니라 각기 유형별로 독특한 강점을 가지고 있는 것으로 특성화된다. 컨설턴트는 학교장의 의사소통 유형을 진단하여 진단된 유형의 약점은 보완하고 강점은 최대한 살리는 방식으로 컨설팅을 제공할 수 있다. 조직이 최적의 수준에서 기능하도록 돕기 위해서는 이미 존재하고 있는 학교 조직문화(의사소통, 상호작용 방식을 포함하여)에 대한 이해가 필수적으로 요구되므로(Golembiewski, 1993), 학교장의 의사소통 유형을 확인하고 학교장과 교사들이 어떤 방식으로 상호작용을 하는지를 파악하는 것은 중요하다.

또한 조직문화를 분석하기 위해 교사를 대상으로 설문이나 인터뷰를 실시하는 것도 좋은 방법이다(Erchul & Martens, 2010). 도입 단계에서 이루어지는 학교현황 파악 및 조직분석은 컨설팅 이전에 학교 내에서 이미 사용되고 있는 중재 방안에 대한 정보뿐만 아니라, 학교장의 리더십 및 의사소통 유형, 행정적 지원체계와 인적/물적 자원 확보 여부, 학교구성원의 개입준비 정도 등을 파악할 수 있게 해줄 것이다. 조직의 문화를 갑작스럽게 변화시키기보다는 점차적으로 조율하는 방식으로 컨설팅을 수행할 필요가 있다.

## 참고문헌


강혜영(2011). 워크숍을 활용한 초등학교 진로컨설팅. **교육변화의 실천: 학교컨설팅**. 한국교육개발원 연구자료 RRM 2011-04.

김정원, 유균상, 정수현, 김미숙, 박은실, 이명실(2002). **학교교육개혁 지원을 위한 학교컨설팅 사업(III)**. 서울: 한국교육개발원.

박효정, 김민조, 김병찬, 홍창남(2010). **학교컨설팅 체제 구축 연구(I): 학교컨설팅 체제 발전 모형 탐색과 학교컨설턴트 양성 프로그램 개발 및 운영 방안 연구**. 서울: 한국교육개발원.

윤초희(2009). 학습컨설팅 모형과 현장 적용가능성 고찰. **학교심리와 학습컨설팅**, 1, 1-18.

정덕자(2009). 교원의 자발적 변화를 선도하는 학교컨설팅 – 단위학교 주관의 학교컨설팅 사례. **학교개혁의 새로운 접근: 학교컨설팅**. 한국교육개발원 연구자료 RRM 2009-3.

진동섭(2003). **학교컨설팅**. 서울: 학지사.

한국교육개발원(2010). **사교육절감형 창의경영학교 컨설팅 매뉴얼**. 서울: 한국교육개발원.

Arredondo, P. (1996). *Successful diversity management initiatives: A blueprint for planning and implementation*. Sage Publications.

Baines, L. A., & Stanley, G. K. (2006). The iatrogenic consequences of standards-based education. *Clearinghouse, 79*(3), 119-123.

Caplan, G. (1970). *The theory and practice of mental health consultation*. New York, NY: Basic Books.

Caplan, G. (1995). Types of mental health consultation. *Journal of Educational and Psychological Consultation, 6*(1), 7-21.

Costenbader, V., Swartz, J., & Petrix, L. (1992). Consultation in the schools: The relationship between preservice training, perception of consultative skills, and actual time spent in consultation. *School Psychology Review, 21*(1), 95-108.

Curtis, M. J., & Stollar, S. A. (1996). Applying principles and practices of organizational change to school reform. *School Psychology Review*, 25, 409-417.

Dougherty, A. M. (2009). *Psychological consultation and collaboration in school and community settings (5th ed)*. Books/Cole.

Erchul, W. P., & Martens, B. K. (2010). The school as a setting for consultation. In W. P. Erchul, & B. K. Martens (Eds.), *School consultation: Conceptual and empirical bases of practice*. Springer.

Erchul, W. P., & Sheridan, (2008). *Handbook of research in school consultation*. Routledge.

Flatcher, J. M., & Vaughn, S. (2009). Response to intervention: Preventing and remediating academic difficulties. *Child Development Perspective, 3*(1), 30-37.

Fuchs, D., & Fuchs, L. S. (2006). Introduction to response to intervention: What, why, and how valid is it? *Reading Research Quarterly, 41*(1), 93−99.

Fullan, M. G. (1991). *The new meaning of educational change.* New York: Teachers College Press.

Garmston, R. J., & Wellman, B. M. (1992). *How to make presentations that teach and transform.* Association for Supervision and Curriculum Development.

Golembiewski, R. T. (1993). Toward a process orientation. In R. T. Golembiewski (Ed.), *Handbook of organizational consultation* (pp. 383−386). New York: Marcel Dekker, Inc.

Gresham, F. M. (2005). Response to intervention: An alternative means of identifying students as emotionally disturbed. *Education and Treatment of Children, 28*(4), 328−344.

Gutkin, T. B., Clark, J. H., & Aichenbaum, M. (1985). Impact of organizational variables on the delivery of school−based consultation services: A Comparative case study approach. *School Psychology Review, 14,* 230−235.

Hawken, L. S., Vincent, C. G., & Schumann, J. (2008). Resonse to intervention for social behavior: Challenges and opportunities. *Journal of Emotional and Behavioral Disorders.* DOI: 10.1177/1063426608316018.

Hoover, J. J., & Patton, J. R. (2004). Differentiating standards−based education for stu− dents with diverse needs. *Remedial & Special Education, 25,* 74−78.

Illback, R. J., & Maher, C. A. (1984). The school psychologist as an organizational boundary role professional. *Journal of School Psychology, 22,* 63−72.

Illback, R. J., & Pennington, M. A. (2008). Organization development and change in school settings (4st ed). In W. P. Erchul, & S. M. Sheridan (Eds.), *Handbook of research in school consultation* (pp. 225−245). Routledge.

Kampwirth, T. J. (2006). *Effective practices for students with learning and behavior problems.* Upper Saddle River, NJ: Merrill/Prentice Hall.

Kleiner, A. (1996). *The age of heretics.* New York: Doubleday.

McDougal, J. L., Clonan, S. M., & Martens, B. K. (2000). Using organizational change procedures to promote the acceptability of prereferral intervention services: The school−based intervention team project. *School Psychology Quarterly, 15*(2), 149−171.

Meyers, J., Parson, R. D., & Martin, R. P. (1979). *Mental health consultation in the schools.* San Francisco, CA: Jossey−Bass.

Meyer, J., Proctor, S. L., Graybill, E. C., & Meyers, A. B. (2009). Organizational con− sultation and systems intervention. In T. B. Gutkin, & C. R. Reynolds (Eds.), *The handbook of school psychology* (pp. 921−940). American Psychological Association.

Meyers, J., Meyers, J., Graybill, E. C., Proctor, S. L., & Huddleston, L. (2012). Ecological approach to organizational consultation and systems change in educational settings. *Journal of Educational and Psychological Consultation, 22,* 106–124.

McIntosh, K., Filter, K. J., Bennett, J. L., Ryan, C., & Sugar, G. (2010). Principles of sustainable prevention: Designing scale-up of school-wide positive behavior support to promote durable systems. *Psychology in the Schools, 47*(1), 5–21.

National Commission on Excellence in Education (1983). *A nation at risk: The imperative for educational reform.* Washington, DC: U.S. Government Printing Office.

Newman, F. M. (1993). Beyond common sense in educational restructuring: The issues of content and linkage. *Educational Research, 22*(2), 4–13.

Peterson, P. L., McCarthey, S. J. & Elmore, R. F. (1996). Learning from school restructuring. *American Educational Research Journal, 33,* 119–153.

Reeves, B., & Brandt, R. (1984). *Effective human relations in organizations (2nd ed.).* Boston: Houghton Mifflin Co.

Sarason, S. B. (1971). *The culture of the school and the problem of change.* Boston: Allyn & Bacon.

Schein, E. H. (1988). *Process consultation,* Vol. 1. Addison-Wesley, Reading, MA.

Schein, E. H. (1990). A general philosophy of helping: Process consultation. *Sloan Management Review, 31*(3), 57–64.

Schein, E. H. (1997). The concept of "client" from a process consultation perspective: A guide for change agents. *Journal of Organizational Change Management, 10*(3), 202–216.

Schmuck, R. A. (1995). Process consultation and organization development. *Journal of Educational and Psychological Consultation, 6,* 199–205.

Sugai, G., & Horner, R. H. (2009). Responsiveness-to-intervention and school-wide positive behavior supports: Integrating of multi-tiered system approaches. *Exceptionality, 17,* 223–237.

Todd, A. W., Horner, R. H., Sugai, G., & Sprague, J. R. (1999). Effective behavior sup-ports: Strengthening school-wide systems through a team-based approach. *Effective School Practice, 17*(4), 23–37.

Zins, J. E. (1992). Implementing school-based consultation services: An analysis of five years of practice. In R. K. Conyne & J. M. O'Neil (Eds.), *Organizational con-sultation: A casebook* (pp. 50–79). Newbury Park, CA: Sage.

Zins, J. E., & Erchul, R. J. (2002). Best practices in school consultation. In A. Thomas & J. Grimes (Eds.), *Best practices in school psychology-IV* (pp. 625–643). Bethesda, MD: National Association of School Psychologists.

# 찾아보기

[ㄱ]
Gardner 79
간접서비스 155
개별화 117
거시체제 32
계획 158
과정 모형 32, 34, 142, 147
교사 119, 120
교사의 신념 72
교사의 업무 64
교사의 열정 87
교사전문성 76
교사지원 학습컨설팅 59
교사지원 학습컨설팅의 단계 90
교사지원 학습컨설팅의 영역 71
교사-학생관계 74
교수-학습 관련 신념 73
교육/연수 컨설팅 142
교직문화 65, 68
귀인 120
근거기반실천 138
급진적 행동주의 이론 28
긍정적 행동지원 152

[ㄴ]
능력-성취 간 괴리 150

[ㄷ]
다문화가정 109, 112
도입 158
도입 단계 41, 42, 158
동기부여 88
동기증진전략 88
따돌림 124
또래 관계 118, 119

[ㄹ]
라이언트 중심 사례 컨설팅 26
라포 123

[ㅁ]
맥락적 적합성 160, 164
메타인지 116
멘토 13
멘토링 13
멘티 13
목표설정 단계 41, 42, 49
문제행동 83
미시체제 32

[ㅂ]
Bandura 23
Bergan 23, 29
배려 75
부모역할 자존감 108
부모-자녀 관계 117
Bonfenbrenner 31

[ㅅ]
사토마나부 60
사회인지이론 컨설팅 모형 23
사회학습이론 28
사회학습이론 모델 29
Ⅲ 수준 19
상담 14
생태학적 발달 이론 31
수업 61
수업관리 89
수업관리 전략 90
수업의 생태적 특성 63
Sheridan & Kratochwill 30

Shulman 63
시간관리 116, 129
시스템 중심 20
시스템 중심 컨설팅 21
실체적 관점 115
실행 단계 41, 42, 50, 158

[ㅇ]
Adler의 개인심리학 이론 23
ACCEPT방법 70
연구기반 12
예방적 차원 19
OSC 31
외체제 32
우울감 120
우울증 120
의뢰-검사-배치 모형 149
의뢰인 15
의뢰전 중재 158
의사-환자 모형 32, 33, 142, 146
인식론적 신념 73, 74, 115
인지주의 60
인지행동이론 28
Ⅰ 수준 19
Ⅱ 수준 19
입양가정 109, 111, 112

[ㅈ]
자기관리 116
장상호 74
장애아동 111, 112
저항 121
전문가 역할 17
전문가 초빙 모형 32, 33, 142
정서적 분리 117
정신건강 컨설팅 35, 136
정신건강 컨설팅 모형 24, 25, 26, 34, 36
조건부적 신뢰 88
조손가정 109, 112
조작적 이론 기반 컨설팅 모델 29
조직개발 31, 135
조직개발 컨설팅 24
조직역동성 모델 31
조직 및 체제 컨설팅 24
조직 컨설팅 31, 32, 35, 134
조직 컨설팅 모형 24, 36
종결 158
종결 단계 158
종료 단계 41, 42, 53
주의집중 129
중년기 108, 109
중재반응 모형 149
중재의 효과성 160
중재조력 컨설팅 24
중재충실도 156
증가적 관점 115
직접서비스 155
진단 158
진단 단계 41, 44

[ㅊ]
총괄평가 159
치료적 차원 19

[ㅋ]
Caplan 19, 25
Caplan의 모형 22
Caplan의 정신건강 모형 22
컨설턴트 15, 16, 138
컨설턴트의 역할 17
컨설티 15, 16, 138
컨설티 중심 20
컨설티 중심 행정 컨설팅 136
컨설티 중심 사례 26
컨설티 중심 사례 컨설팅 27, 136
컨설티 중심의 치료적 컨설팅 21
컨설티중심 컨설팅 모형 24

컨설티 중심 행정 26
컨설티 중심 행정 컨설팅 28
컨설팅 15
컨설팅의 목표 19
컨설팅의 목표와 역할 20
컨설팅의 수용도 157
코치 13
코칭 12
클라이언트 16, 138
클라이언트 중심 20
클라이언트 중심 사례 26
클라이언트 중심 사례 컨설팅 136

[ㅍ]
표준기반 교육 149
프로그램 중심 행정 26
프로그램 중심 행정 컨설팅 28, 136
프로그램 컨설팅 33, 144
피그말리온 효과 81
피코치 13

[ㅎ]
학교 부적응 77
학교 전반의 긍정적 행동지원 151
학교개혁 138
학교기반 중재 팀 158
학교기반의 조직컨설팅 134
학교 내외의 전문성 활용 162
학교지원 학습컨설팅 133
학교지원 학습컨설팅의 영역 154
학교컨설팅 134, 156
학부모 105, 106, 130
학부모지원 학습컨설팅 105, 130
학생 수준 31
학생들의 의도와 목적 82
학생에 대한 이해 77
학생의 기대 81
학습 60, 61
학습동기 115
학습된 무력감 115
학습자 이해 85
학습장애 150
학습전략 115, 116, 127, 128
학습지원 서비스 활동 41
학습컨설턴트 17
학습컨설팅 11, 124, 127, 130
학습컨설팅의 과정 41
학습컨설팅의 사례 95
학습컨설팅의 차원 20
학업 107, 126
학업문제 123
학업스트레스 108
한부모가정 109, 110, 112
행동 컨설팅(BC) 23, 29, 35
행동 컨설팅 모형 23, 24, 28, 29, 36
행동수정 기반 컨설팅 모형 29
행동주의 29, 60
행정적 수준 31
행정적 지원 확보 163
협력자의 역할 17
협력적 과정 11
협력적 관계형성 68
협력적 정신건강 모형 36
협력적 컨설팅 35, 36, 113
협력적 컨설팅 모형 24
협력적 행동 모형 36
협력적 행동 컨설팅(CBC) 29, 30
형성평가 159
효과적인 수업 62, 85

**공저자 약력**

이 명 숙
Kent State University 교육심리학(Ph.D)
현) 대구교육대학교 교수
관심 분야: 교육심리학
주요 저역서: 비판적 사고와 교실수업, 협동학습과 탐구, 교육적 질문하기, 교사교육: 반성과 설계, 교육연구의 질적 접근, 구성주의 교육학, 학습을 위한 수행평가(공저, 교육과학사), 교육심리학, 학교심리학, RTI의 원리와 전략(공역, 아카데미프레스), 교실에서의 창의성 교육(공역, 학지사)

김 민 성
University of Texas at Austin 교육심리학(Ph.D)
현) 조선대학교 교수
관심 분야: 교육심리, 수업상호작용, 교사교육, 교사의 배려, 사회구성주의 학습이론
주요 저역서: 교육심리학(공저, 교육과학사), 교육심리학 서설(공저, 교육과학사), 학습과학(공역, 학지사), 교육평가의 이해(공저, 학지사)

최 지 영
University of Minnesota 교육심리학(Ph.D)
현) 한남대학교 교수
관심 분야: 사회성 및 도덕성 발달, 협동학습, 학교폭력
주요 저역서: 교육심리학(공저, 교육과학사), 인간발달과 상담(공저, 학지사), 학습과학(공역, 학지사)

윤 초 희
University of Washington 교육심리학(Ph.D)
현) 동국대학교 교수
관심 분야: 인지발달, 학습과학, 창의성, 비판적 사고, 영재교육
주요 저역서: 사고와 언어(역, 교육과학사), 마음의 형성(역, 교육과학사), 학교와 지역사회를 위한 심리 및 학습컨설팅(공역, 센게이지러닝), 교실에서의 창의성교육(공역, 학지사)

한국교육심리학회 학습컨설팅 총서
학습컨설팅: 이론과 설계

초판발행 2018년 8월 10일
중판발행 2023년 8월 10일

지은이 이명숙, 김민성, 최지영, 윤초희
펴낸이 노 현

편 집 배근하
기획/마케팅 이선경
표지디자인 권효진
제 작 고철민·조영환

펴낸곳 ㈜ 피와이메이트
서울특별시 금천구 가산디지털2로 53 한라시그마밸리 210호(가산동)
등록 2014. 2. 12. 제2018-000080호
전 화 02)733-6771
f a x 02)736-4818
e-mail pys@pybook.co.kr
homepage www.pybook.co.kr
ISBN 979-11-89005-16-0 93370



정 가 16,000원